経済的人間と規範意識
法学と経済学のすきまは埋められるか

嶋津　格

経済的人間と規範意識

法学と経済学のすきまは埋められるか

学術選書
265
法哲学

序にかえて——ハイエクに至るまでの思想遍歴など

　現在75歳，自分の学者人生全体の意味を意識する歳になった。いい加減な私の思想遍歴も，団塊と呼ばれた世代に属する人々が経たそれの一例としての意味なら少しはあるかもしれない。そう考えて，本書に収録した諸論文の背景にある思想遍歴を簡単に述べさせていただく。

　私が19歳，駒場（東大教養学部・文Ⅰ：法学部進学予定）で2年生になって間なしの1968年5月に，いわゆる東大紛争（もちろん当時は「東大闘争」と私も呼んでいた）が始まった。本郷のキャンパスに機動隊が導入されたというニュースに大きなショックを受けた学生たちが，自然発生的に大挙して本郷に駆けつけた。左翼学生運動にそれほど関心も知識もなかった私も「一般学生」として，時計台前の広場を埋め尽くす学生群の中にいた。当時あまりにも権威的だとしてその「身分制」がカリカチュアライズすらされていた医学部内部で進行中の局所的な左翼学生運動があり，大学当局による機動隊導入はその破壊的活動鎮圧のためであった。それが与えたショックがきっかけとなって大学批判の運動が全学に拡大したのである。当時大学キャンパスは学問の自由が（焦点的にいえば左翼思想の横行が）保障された場であり，警察の立ち入りが許されない聖域のはずだ，と何となく考えていた学生が多かったことも，この広汎な「ショック」と反大学当局感情伝播の要因となった。後知恵としてはこの事件は，左翼学生たちが意図したことであり，機動隊導入と紛争の全学化は彼らの筋書が成功した結果だったと思われる。それに続いた学生ストによって「学園紛争」は拡大・長期化し，すべての学部・大学院の授業は，翌年1月の「安田講堂攻防戦」以後に復活するまで停止となり，授業再開後も1969年の東大入試は中止となった[1]。

---

(1)　ここで東大紛争の意味を詳論する用意はないが，現在から見た簡単な評価を書いておくのも，体験した者としての義務かと考える。活動家たちはそこに，（ロシアや中国のそれをモデルとする）「革命」を見ていたと思うが，もちろんそれはまったくの夢想でしかなかった。実際に起こったのは，社会の中にある見えない階層化の頂点にいるエリートたちの，平等という価値を背景とする自虐的自己批判と，現実か主観かを問わず抑圧的と感じられる社会をもっと自由なものに変えることが可能かもしれないという変革への憧れの発露とでもいうべきものではなかったか。いずれにせよその運動がつかの間実現した，既存の社会常識や規範意識からの自由が感じられる希な空間と空気の味は，その後二度と味わうことのない開放感あるものだった。

序にかえて

しかし実は私は,「安田講堂攻防戦」はニューヨークでテレビで見ただけで,授業再開の詳細も東大入試中止をめぐる経緯もほとんど知らない。1969年1月初旬に日本を発って,当該の時期は米国にいたからである。ニュージャージー州にあるシートン・ホールという小規模な大学で,駒場で同クラスだった今は亡き友人Yと落ち合った私は,同年9月までの1学期間,同大学の学生（単位取得を目的としない special student）であった。学内にあった寮でも二人は遠く離れた別の部屋に入ることにしたので,私は,当時進行中のベトナム戦争にグリーン・ベレー（米陸軍特殊部隊）として従軍して勲章なども受けた後,退役軍人用奨学金（G.I. Bill と呼ばれる）を得て同大学で医大への進学をめざしていたビル（William Hall）と2人部屋になった。日本の当時の平均的学生の例にもれず私は米軍によるベトナム戦争に反対の立場で,ビルは自分が命をかけて戦った米軍擁護だったから,よく議論をしたが,もっぱら彼の温和な性格のお陰で,争いになったことは一度もない。ビルは私の英語を手伝ってくれ,私は彼が苦手の数学を教える関係で,よきルームメートだった[2]。

---

(2) ベトナム戦争についての評価も簡単にではあってもしておくべきだろう。当然だが同戦争は二つの面をもつ。一つ目は,植民地人民の民族自決をめざす解放戦争という側面であり,米国はフランスから宗主国の役割を代替した帝国主義者にすぎない,と見る。これは日本の主流マスコミを含む世界のベトナム反戦を唱える人々が採った立場である。二つ目は,朝鮮戦争に続く東西冷戦下における局地的熱戦であって,東側の武力による領域拡大運動と西側のそれに対抗する防衛戦という,米軍が（そしてビルが）見ている側面である。朝鮮戦争では東側の侵攻目的は挫折して現状維持に終わったが,ベトナムでは東側の侵攻が軍事的に成功し,戦争後統一されたベトナムは社会主義圏に属することになった。結論としてはこの両面が真であるが,問題は現在から見たその評価である。米軍と共に自国軍も果敢に戦って戦線を押し戻した韓国の場合〔私が印象深く読んだ将軍の自伝として白［2000］〕と異なって,南ベトナム政府には軍事的勝利によってフランスを駆逐した連戦錬磨の北ベトナム軍と対峙して南北の境界を維持する力（単なる軍事力というより政治的統合力の全体）がなかった以上,この結果はやむを得ない。しかし共産主義政権は他の場所でと同じく,統一の前後を通して過酷な肉体的・思想的弾圧を国内で行うことになった。この結果は,ベトナムの多数の人々——特に一掃された仏教の僧たちや非共産主義のインテリ,教師など——にとって悲劇だったとしかいえない。勝てない戦を開始した点で米国の選択は（後のアフガニスタンなどでと同じく）戦略的誤りだったといえるだろう。しかし,冷戦下の対ソ防衛には米国の自衛が含まれるとはいえ,他国民の自由のために命をかけて戦ったビルのような米軍兵士たちには,賞賛をおくりたいと今の私は思っている。事実問題としても,もし「南ベトナム解放戦線（ベトコン）」なるものが北の軍隊と独立に存在した,などと（当時の私のように）今でも信じている人がいたら,それは単なる勉強不足にすぎない。この点での決着はついているのだから。〔ベトナム国内での弾圧に関連する文献は多数あるが,私が強い印象を受けたものとして,米国のアンティファの実態を暴露したルポの中で,自分の親がボート

序にかえて

　さて思想遍歴だが，東大紛争が始まる直前まで私は駒場で，長尾龍一先生の
ゼミで宮澤俊義のケルゼン論を読んでいて，授業が停止になっている期間にそ
れについてレポートをまとめたりもした［後に嶋津［1973］として緑会雑誌に
発表］。私は自分をケルゼニアンだと考え，その立場から相対主義的民主主義
を支持していたのである。新左翼の活動家たちは一般に，敵に対する暴力行使
を好むとともに「絶対主義」者として行動する。学生大会で自分たちが勝利し
た時には，自分たちを学生代表と呼んで大いにそれを強調するが，敗北した時
にも相対主義者としてとるべき態度——民主主義的決定を尊重して当面敗者と
して行動する態度——は決してとらない。民主的決定と独立に自分たちの正し
さと学生大会決定の無効を主張し続け，それに従って行動するからである[3]。
相対主義からすればこれは定義上，反民主主義的行動である。そう判断して私
は，全共闘に反対するようになった。同時に，当時の学生運動の中心にあった
反権威主義に魅力を感じ，ある種の革命願望のような気持ちも維持していたの
で，その種の主張を理論的に基礎づけているらしいマルクス主義にも興味を惹
かれていた。そして上記のレポートの末尾にそんな文章——マルクス主義を学
べば相対主義を乗り越えることになるのだろうか——を追加したりしていた。こ
んな思想情況（の名に値しない幼稚なものだが）の中で米国へと出発したのであ
る。
　9月にシートン・ホールを離れ12月に帰国したが，3カ月のヨーロッパ旅行
の半分は社会主義圏の諸国（東欧とソ連）を，親マルクス主義の色眼鏡で見な
がら巡って過ごした。そして帰国から数年間，私はマルクス主義者だった。翌
1970年は，「70年安保」と沖縄返還の年であり，私は東大法学部緑会の学生執
行部（実質は学生自治会）の一員として，その反対運動に加わった。マルクス
主義者としては当然，冷戦を東側が有利に戦い，いずれは世界全体が社会主義
圏になってほしいと考える。だから日本を西側の軍事圏に留める日米安保条約
には反対だった。しかし沖縄返還については，沖縄にある米軍基地を日本全島
に拡散する結果となるから，という理由で予定された形での返還に反対するの

　　ピープルとしてベトナムを脱出した経緯を語っている Ngo［2021］がある］
（3）　（社会民主主義者と区別される意味での）共産主義者が民主主義を尊重しないのは，
　　その政治思想——自分たちを，歴史を先導すべき労働者階級による階級闘争の前衛と見
　　る——からして理論上当然ともいえる。60年安保時代の話ではあるが，当時ブント＝全
　　学連主流派に属し学生運動のリーダーの一人だった西部邁氏は自伝で，駒場の学生自治
　　会選挙において不正によって勝利を偽造していたことを，当事者として告白している
　　［西部 1986］。

vii

が公式見解だったが，戦時に占領された領土が平和裏に返還されるのは歴史的に希有なことであり，沖縄住民を含む日本人としては歓迎すべきだ，というのが本音だった。当初は返還を大いに歓迎していた沖縄の多くの人々が，（共産主義者になったわけでもないのに）途中から返還反対に変わっていったことも，不思議な現象だった。いずれにせよ70年安保反対運動は，条約が自動更新であったこともあり，盛り上がりに欠けたまま終わった。代々木系の学生運動と見られていた我々の仲間も，これを機会に大半が司法試験の受験勉強に入り，驚いたことに，2年ほどで私も含めて受験したほぼ全員が合格した。（アジビラ書きで鍛えた文章力に加えて）反体制学生として背水の陣で司法試験に臨んだからかもしれない。

　受験勉強中に起こった大きな事件として，浅間山荘事件がある。1972年2月に，連合赤軍の残党5人が人質をとって10日間にわたって山奥の山荘に立てこもり，1500人も動員された警察隊との間で銃撃戦を繰り広げ，死者3名（警官2名と民間人1名），重軽傷者27名を出した事件である（外国なら連合赤軍側の学生は射殺されたはずだが，日本社会の価値観を反映して，警察隊はこれを極力回避し，身内に犠牲者を出した）。これは連日テレビで実況中継され全国の注目を集めたが，このグループが直前に犯していたことがその後の取り調べで判明した「総括」名で行われた仲間計12人の殺害（山岳ベース殺人事件）の方が，思想上の衝撃はずっと大きかった。その凄惨な詳細が世に知られることで，よど号事件などによってもそれまで支持者を一定程度維持していた新左翼運動は，一挙に衰退に向かったといえる。山岳ベース殺人事件では，リンチ殺人の加害者も被害者も「革命」と「階級闘争」に情熱を燃やす広義のマルクス主義者であったが，こんな事件とマルクス主義は一体どう関係するのか。受験勉強に追われながらも心が波打ち，新事実を次々とスクープする週刊誌を買いあさったことを覚えている。

　1973年に司法試験に合格し，翌年第28期修習生として司法研修所に入所したが，その前後に大学の仲間と『資本論』の読書会をした。しかし，第1巻の最初の方，労働価値論が登場する部分には，ほとんど論証がなく突然結論が出てくるのに驚いた。〈異なる使用価値をもつ物の間で交換がなされる場合，両者は同量の（交換）価値をもたねばならぬ。では両者に共通に含まれる何が同量なのか〉と問い，何の論証もなく〈それは労働である〉という答が出てくるのである。資本論に至るまでの経済学史の中では，労働価値論はスミスとリカードなどの議論が前提になっているらしいが，この点は以後ずっと私には疑

序にかえて

問であり続けた。後知恵としては，この部分がマルクス理論の根本的弱点だと
思う。結局，大がかりな政治・経済・歴史理論を貫通する理論全体のキー概念
となる「（資本家による労働者の）搾取」も，労働価値説を前提にしない限り成
立の余地がない。搾取されるはずのモノは，その価値なのだから。しかし資本
論以後の経済学史としては，1870 年代に登場する限界革命によって，労働価
値説を含む客観的価値論は打倒されたことになっている。ここが崩壊すれば，
それを基礎とするマルクス理論全体が瓦解するはずなのである[4]。

　しかし，理論偏重の気味のある私にマルクス理論を放棄させた直接のきっか
けは，むしろそれが政治に導入された場合の実態つまり歴史を，はじめて本気
で学んだことにある。司法研修 1 年目の夏休み前後に，アイザック・ドイッ
チャーのトロツキー三部作（『武装する予言者・トロツキー』『追放された予言者
……』『武力なき予言者……』）を和訳で全部読んだ。ドイッチャー自身はトロツ
キストとしてその本を書いており，スターリンを批判しながらもマルクシスト
であり続けているのだが，私はそこで詳細に描かれる，初期ソ連内の主導権争
いと，そこでの勝者による敗者の弾圧（「粛清」）の醜悪さに強く印象づけられ
た。それはスターリンだけの責任だろうか。私にはそう思えなかった。「（将来
を含む）歴史の必然的発展を知る者」と自己規定する者たちが基本政策で対立
するなら，闘争は宗教戦争に似て血みどろにならざるをえない。私にはこの争
いの根本的責任は，この種の対立を不可避とするような理論を組み立てたマル
クス自身にあると思われたのである。これは立憲主義とか民主主義とか人権と
か，平和的な政権転換を可能にする制度を蔑視することの結果であり，後知恵
としては（ミルに見られるような）可謬主義的な自由論の不在が生みだす悪夢，
とでもいうべき事態だろう。元々の理論が，権力者への批判の自由を制度的に
許容する理論になっていなかった（階級対立さえなくなれば理性的認識の結果人々
の意見は一致するはず，と考える）ことに根本原因がある，と当時の私は考えた
のである。そしてこれも後知恵だがマルクスは，スターリニズムとマオイズム

---

(4)　大学 1 年の最初に受講した経済学原理（？）の授業で，（マルクス経済学と近代経済
　　学の統合をめざす）玉野井芳郎先生は学生に口述筆記を求められたが，そこで「年々
　　歳々繰り返す」ものとして経済を語られた。今思えば，定常状態モデルで経済を考えれ
　　ば，労働価値論もそれなりのリアリティをもつのかもしれない。もちろん，現実の経済
　　は定常状態からほど遠く，シュンペーターの言うような企業家による様々な大小のイノ
　　ベーション（商人による異なる（価値）環境への商品の移動を含む）と，それが（定常
　　状態に向けて）全体に拡散してゆく過程でのタイムラグが経済価値の源泉であるような
　　側面が大きい。素人経済学としてだが，私はそう考えている。

ix

序にかえて

とクメール・ルージュと……による蛮行にも責任があり，社会主義圏崩壊後に書かれた Courtois [1999] では，共産主義による犠牲者を各国ごとに加算し，世界全体での数をおおよそ1億人と見積もっている（特に北朝鮮では現在も犠牲者数が増加中である）。

　この種のことを考え始めた私は，マルクス批判で「悪名」高かった碧海純一先生の下で根本からこの問題を研究してみたいと思い，司法研修所修了時に法哲学専攻の大学院生として大学にもどった。

　3年かかって（実際には締切直前の数週間で）やっと書いた修士論文や，その間主に学んだポパーのことについては，第3論文集(5)への説明の中で書く予定なのでここでは省略する。修士課程にいた間私は，科学哲学とか認識論，言語哲学など，少なくとも一見本書（第2論文集）の対象から遠い研究テーマに寄り道し，それに没頭していた（マルクス理論が「科学」の名に値するか，という問題設定とは関連していたのだが）。そして裁判での事実認定と哲学の認識論の間に問題を設定しようとした修士論文を書き終わった後になって，Hayek, *The Sensory Order* [1952-2] に出会ったのである。人間の意識や言語の外側に広がる無意識的な心的（脳の）活動のモデルを描いている点でこの本には，ポパーへの一部批判を意識して書いた修士論文で私が考えたこととほぼ同じことが書かれていると（勝手に）思って興奮して読んだのを覚えている。ただこの本は，若きハイエクが心理学専攻に進む可能性を考えていた時に得た着想を後に展開したもので，経済学者ハイエクの市場経済擁護論などと，少なくとも直接の関係はない。私は，かなり異例ではあるがこの心理学原理論を経由して，博士課程ではハイエク研究に進んだのである。

　結果としてこの研究テーマはまさに，「マルクス主義のどこが誤っているのか」をゆっくり考える，という元々の私の関心に適合するものであった。私はその後の長年の研究生活を経た今でも，この問いに対してもっとも優れた答を出しているのはハイエクだと考えている。これについては，1982年12月に学位を受けた際の博士論文が嶋津 [1985] としてほぼそのまま（オンデマンドで現在も）公刊されているので，本来はそれを読んでいただくのがよいと思う。本書にはそれを補足するべく，第IV部にハイエク研究に関連して書いたエッセーを集めた。

---

(5)　嶋津 [2011] を「第1論文集」と呼び，本書を「第2論文集」，その後出版を予定している法哲学関連とポパー論などを収めたタイトル未定の論文集を「第3論文集」と呼ぶことにする。

序にかえて

　本書最後の第15章は，博士論文に着手する前に研究の見通しをつけるため
に1980年に書いた幼稚さの残る論文で，収録すべきか迷ったが，形式上の弱
点はあるが内容上修正の必要は感じないので，入れることにさせていただいた。
第11章は，一般向けに法哲学者ハイエクを紹介する文章なので，入門編とし
てお読みいただきたい。ハイエクの法理論について私がもっとも中心的な問題
として設定しているのは，『法と立法と自由』の第1巻（法概念論）と第3巻
（理想憲法論）の関係（第1巻で導入される新しいキーワード群が第3巻では放棄
されている）である。第1巻の訳書には1987年版と2007年版があり，その双方
への解説を求められて書いた文を，本書第12章の第1節と第2節として挙げ
させていただいた。世界的にも，この点を論じたものを私はこれまで目にして
いないが，第3巻との関係を考えないと第1巻の理解を誤る（人が多い），と
私は考えている。第13章はハイエク知識論のエッセンスを，第14章はハイエ
ク理論の適用例としてもっとも関心の的になることが多い社会福祉政策につい
て論じている。私の文章には解説の域を出ない部分もあるので，評価は読者に
委ねたい。

　この間の自分の思想遍歴を振り返って感じるのは，私は自分の思想を壊して
ゆくことを好むらしい，という点である。ケルゼン，マルクスには一時傾倒し，
その思想世界の中にいた気がするが，今は全面的に批判的である。ではハイエ
クはどうなのか。博士論文では，「もしハイエクが誤っているとしたらそれは
どの点だろうか」という趣旨の文を書いた覚えはあるが，その答を当時は思い
つかなかった。その後社会主義圏の崩壊があり，ハイエクが理想とする個人的
自由と市場経済が中心の世界に人類は向かうのだろう，と考える理論家も多
かった（フランシス・フクヤマの「歴史の終わり」論はハイエク的なそれとは異な
る観点からのものだが）が，実際にはそうなっていない。その経緯もふまえて
今はこの問いに対して，以下のように答えたい。「グローバリズム」という言
葉を批判的に使う人々はいたが，以前の私がそれに共感することはなかったか
ら，私はグローバリストだったのだろう。ではハイエク自身はどうだろう。実
際には微妙だし，知人の代表的ハイエク研究者であるブルース・コールドウェ
ルなどにこれを問えば何と答えるかは，尋ねてみたいところである。ただ一般
にハイエキアン達（一部はリバタリアンと重なる）は，グローバル化をよきもの
と見なしていると思う。しかしこの点について，現在私は自分の見解が変化し
つつあるのを感じている。もちろんグローバリズムの反対にあるのは（何らか
の形態の）ナショナリズムである。第3論文集にはこの点に触れた論文も入れ

xi

序にかえて

る予定だが，老学者に許される自由を利用して，もっと簡潔でくだけた議論を
どこかでしたいものだと現在考えているところである。

・・・・・・・・・

　さて記述の順番が逆になったが，本書の第Ⅰ〜Ⅲ部は，直接間接に法学（規
範を考える）と経済学（因果を考える）の隙間に関連する論文からなっている。
　規範の世界の中で物事を考え判断を下す法律家たちは，判断の結果が実際の
社会の中でどのような帰結をもたらすかをも，できれば知りたいと考えるだろ
う。自分が良かれと思って下した判断が，実は逆の結果をもたらすようなこと
は，避けたいはずだからである。そして，人間の善良な意図が時に悪しき結果
を生みだすという話，そして逆の場合の「私悪イコール公益」論（個人の欲得
ずくの行動が社会的な利益を生みだすという話）は，経済学が得意にしてきた分
野であり，規範適用の社会的帰結を描くについて，経済学は一定の洞察力を発
揮する。
　ただ，第Ⅰ部〈「法と経済学」をめぐって〉の第1章と第2章では議論の基
本的スタンスにずれがあることに，鋭敏な読者は気づかれると思う。第2章は，
米国で盛んな（狭義の）「法と経済学」を紹介するとともに私なりにそれを評
価したものである。規範判断の帰結を経済学的モデルの中で追う議論は，法学
徒にとって新鮮で面白いが，それをそのまま真に受けるべきかについては，い
くつもの留保が必要になる。こんなことを述べている。一方第1章は，規範意
識を伴う人間モデルを採用して，そこでの進化論的プロセスを考えようという
もので，標準的経済学からは外れるが，道徳を含む規範的世界の一見自律的に
見える発展を，進化論モデルによって帰結主義的に描こうとしている。時間的
に後に書いた第1章の方に，今の私はより惹かれている。しかし進化は一般に
経路依存的（pass-dependent）であるからこれは，世界均一の収束的経済発展
のモデルよりもむしろ各文化・経済圏で多かれ少なかれ独自の歴史的段階を積
み重ねてゆく分化的発展という（保守主義的）描像に整合的という面ももつ。
進化論モデルという着想はハイエクのアプローチから得ているが，ハイエクに
は後者の観点（自由民主主義を一つの種とみなす，または自由民主主義内部におけ
る特徴を異にする種の分散的発展の視点）が弱いように私は感じている（これは
前述のナショナリズムへの対応にも通じる）。第3章は，法と経済をテーマにした
法哲学会において，4人の大家による報告に対して僭越にも私が行った素人的
コメントである。これもご笑覧いただければと思う。
　第Ⅱ部〈所有権・契約・民事責任——私的秩序の構成要素〉は，民事法の構

成要素となる各分野について，私なりの問題意識から書いた３つの論文からなる。各論文は，ノージックの正義論を構成する獲得・移転・匡正の原理にも，ゆるくは対応するかと思う(6)。リバタリアンなら，国家をミニマイズして正義はこれだけで足りる，とでも言いそうだが，実はここには民事法の要素として重要なものが抜けている。それは家族である。私がこの論点を本気で研究したことがないのは，今考えると残念なことであり，今はその点に言及することしかできない。

　第Ⅲ部〈現代社会のテーマ群〉はほとんどが，委嘱されたテーマで書いたエッセーを集めた。第7章は主に東北大震災を想定したリスク論，第8章は知財法を中心とするIT社会論，第9章は規制緩和擁護論，第10章はロールズ正義論への批判，である。しかし第9章については，どれだけ第3論文集にそれが書けるかは未定だが，上記のようにナショナリズムの観点から一定の改訂なり限定の必要を感じている。また第10章は，ロールズを「平等妄執」として批判するものだが，亀本洋の著書への長文の肯定的書評という体裁をとっており，問題設定自体を他者の議論に依存している。

　「イデアの虜（captives of ideas）」は，自由民主主義者を（一時的に）時代遅れの少数者にした社会主義イデオロギー（イデア）の伝播力を批判する時のハイエクの語であるが，人間はよくこの罠に陥り虜となる。現代のcancel culture（批判者から主張の機会や職を奪おうとする独善的態度）を伴うDEI（diversity, equity, inclusion：多様性・強制的平等要求・包摂）の追求とか，世界経済にかかる巨大なコストを無視する気候変動対策の推進とか，普遍主義的ヒューマニズムに取り憑かれた国境無用論とか，があるいはその例になりそうな気がしている。30年もしくは50年後の世界で，これらのイデアがどう評価されているか。私にそれを知ることはできないが，想像してみることはできる。

　本書での私の議論への反論を歓迎します。自分の議論の誤りを指摘され，それに賛同することができれば，それは喜ばしいことです。ギリシャ以来の「哲学＝愛知」の伝統とはそのような，ある種の倒錯的態度をとる人々の活動のことだ，と学生たちには教えてきました。

---

(6)　あまりこの点を論じるリバタリアンはいないが，私は彼の「匡正原理」には時効のルールが含まれるべきだ，と考えている。匡正の原理は永遠に有効なのではなく，一定の条件が充たされる場合には匡正しない，というルールを含むべきだからである。これと別に獲得の原理が原始取得としての時効取得のルールを含んでいるのも，当然だろう。

目　　次

序にかえて（*v*）

第Ⅰ部　「法と経済学」をめぐって

第1章　経済的人間と規範意識 ———————————— 5

第1節　取　引　費　用 ……………………………………… 5

第2節　規範意識をもつ人間 ………………………………… 7

　　1　ルールに従う動物（*7*）

　　2　規範の進化論（*8*）

　　3　ディレンマの解消？（*10*）

　　4　ウェーバーによる宗教と経済（*11*）

第3節　取引費用再論 ……………………………………… *12*

　　1　集合的カント主義（*13*）

第4節　R.コースのA.スミス論——人間モデルへの補論 …………… *16*

第2章　経済学の洞察と法学——「法と経済学」を論ず ———— *21*

第1節　序　　　論 ………………………………………… *21*

　　1　法学と経済学の総合領域——思想史の中で（*21*）

　　2　「法と経済学」の登場（*23*）

第2節　「法と経済学」の衝撃 ……………………………… *25*

　　1　契約の自由に対する制限の効果（*25*）

　　■非良心性による契約の効力否定——余計なお世話か？（*26*）

　　■他の事例（*28*）

　　2　不法行為法（*29*）

　　■コースの定理の仮定とその意義——法学はいらない？（*30*）

第3節　推論の前提にあるもの ……………………………… *33*

　　1　金銭評価可能性（*34*）

　　2　豊かさの，拡大と分配の局面の分離可能性（*36*）

　　■パレート基準（*37*）

xv

目　　次

　　　　■カルドア＝ヒックス基準（39）

　　　3　人間モデル（42）

　第4節　暫定的結論 ……………………………………………………… 43

　　　1　演繹的法解釈論としての法と経済学（43）

　　　2　法哲学としての法と経済学（44）

　　　3　法学徒の教養としての法と経済学（46）

第3章　法と経済——総括コメントの試み ——————————— 49

　　学術大会「法と経済——制度と思考法をめぐる対話」における（49）

　　　1　八 代 報 告（49）

　　　2　井 堀 報 告（51）

　　　3　鈴 村 報 告（53）

　　　4　亀 本 報 告（55）

　　　5　おわりに（57）

第Ⅱ部　所有権・契約・民事責任——私的秩序の構成要素

第4章　所有権は何のためか ————————————————— 61

　第1節　はじめに——歴史的に生成した制度の目的または機能を

　　　　論じること …………………………………………………… 61

　第2節　効　　率 ………………………………………………………… 62

　　　1　ホッブズ：パレート的効率（62）

　　　2　進化論的効率（64）

　　　3　現代的論点（66）

　　　4　所有者のいない悲劇（67）

　　　5　譲渡可能性（69）

　第3節　決定権の分散化 ………………………………………………… 69

　　　1　共同体的所有の悲劇（70）

　　　2　決定権の分散化としての私的所有（71）

　　　3　市場の交換ネットワーク（72）

　第4節　規範的所有権論にむけて——基本的問題群 ………………… 73

目　次

第5章　進化論的契約論素描 —————————————— *77*

第1節　はじめに………………………………………………… *77*

　　　1　「約束はなぜ義務づけるのか」は真正な問か（*77*）

　　　2　意思説・信頼説・関係説……（*77*）

第2節　遂行的発話としての約束とその背後……………………… *78*

　　　1　背後のルール（*78*）

　　　2　約束による義務の「創造」（*81*）

第3節　制度の生成…………………………………………………… *81*

　　　1　なぜ約束の制度が成立するか（*81*）

　　　2　進化論的説明（*83*）

第4節　ヒュームによる説明………………………………………… *85*

　　　1　コンヴェンションによる守約義務の発生（*85*）

　　　2　社会の必要と利益（*87*）

　　　3　制度的事実（*88*）

第5節　契約の制度とその進化……………………………………… *89*

　　　1　約束の制度と「意思の自由」（*89*）

　　　2　創造の自由と選択の自由（*90*）

　　　3　新類型の発生と淘汰（*91*）

　　　4　契約における自由（*92*）

第6節　要　　約…………………………………………………… *93*

第6章　不法行為法における「不運」の位置について ————— *95*

第1節　はじめに…………………………………………………… *95*

第2節　不法行為法の目的………………………………………… *96*

　　　1　法の普遍性（*96*）

　　　2　行動制御への誘因（*98*）

　　　3　保険＝コストを伴う不安の回避（*102*）

第3節　不法行為責任拡大の限界………………………………… *103*

　　　1　「残念ながらあなたとの保険契約はお断りします」（*103*）

　　　2　「保険の危機」の原因（*106*）

　　　3　第三当事者保険の限界（*109*）

xvii

目　次

　　　　4　精神的損害（112）
　　第4節　お わ り に ………………………………………………… 113

第Ⅲ部　現代社会のテーマ群

第7章　リスクと「安全・安心」———————————— 117
第1節　は じ め に ………………………………………………… 117
第2節　イデア的世界でのリスク対応 …………………………… 117
第3節　現実世界で ………………………………………………… 121
第4節　リスク評価の「誤り」——「心配」の過小と過大 ……… 122
第5節　民主主義下のリスク対応 ………………………………… 123
第6節　安全と区別される「安心」の問題 ……………………… 126
第7節　おわりに——主観世界における不安への対応 ………… 130
　　　　1　ス ト ア 派（130）
　　　　2　仏　　　教（132）

第8章　IT社会の規範的考察——知財法を中心に ————— 135
第1節　はじめに：「情報社会の秩序問題」
　　　　（2001年度日本法哲学会）………………………………… 135
第2節　知的財産権は何のためか——その1 …………………… 136
第3節　知的財産権は何のためか——その2 …………………… 139
第4節　IT社会——その1：フリーソフト …………………… 140
第5節　IT社会——その2：クリエイティブ・コモンズなど … 143
第6節　お わ り に ………………………………………………… 146

第9章　規制緩和・民営化は何のためか——国家の位置を考える – 149
第1節　企業の経営 ………………………………………………… 149
第2節　計画経済からグローバル市場へ ………………………… 152
第3節　官から民へ ………………………………………………… 154
第4節　国家の役割 ………………………………………………… 157

xviii

目　次

第 10 章　ロールズの平等妄執（obsession）を抉る ———— 161
第 1 節　は じ め に ……………………………………………………… 161
第 2 節　市民の社会的協働と所得分配 ………………………… 162
第 3 節　分配的正義 ………………………………………………… 167
第 4 節　基礎構造と社会的協働スキーム ……………………… 170
1　解　釈　a（170）
2　解　釈　b（173）
第 5 節　市場について …………………………………………… 174
第 6 節　デザート論 ……………………………………………… 177

第Ⅳ部　ハイエク研究余滴
第 11 章　F. A. ハイエク（1985 年）
　　　　　　——忘却の淵から蘇った自由主義の不死鳥 ———— 185
第 1 節　法哲学者ハイエク ……………………………………… 185
第 2 節　ハイエクの略歴 ………………………………………… 186
第 3 節　自生的秩序 ……………………………………………… 187
第 4 節　自由の法——ノモス …………………………………… 188

第 12 章　『法と立法と自由』第 1 巻の解説 ———— 193
第 1 節　解説Ⅰ：イデオローグ・ハイエク（1987 年）………… 193
第 2 節　解説Ⅱ：自由と秩序を両立させる規範のコスモロ
　　　　　　ジー（2007 年）………………………………………… 196
1　基本的訳語の変更——その背景的理解（197）
2　「立法議会」が制定する法はノモスかテシスか？（199）
3　ハイエクの抑うつ，その他（202）
4　「法の支配」の理解と日本国憲法（204）

第 13 章　理性の射程（1992 年）
　　　　　　——ハイエク社会理論における立法の位置 ———— 207
第 1 節　社会主義批判——ハイエク社会哲学の出発点 ……… 207
第 2 節　知識の利用——自由 …………………………………… 211

xix

目　次

第3節　立　　法……………………………………………………213

第14章　ハイエクと社会福祉（2004年）————————219

第1節　二つの見方…………………………………………………219

第2節　自由の体制と法——不人情の擁護………………………220

第3節　国家の役割——夜警国家を超えて………………………224

第4節　累進課税の否定……………………………………………226

第5節　社 会 保 障…………………………………………………228

第6節　結論にかえて………………………………………………231

第15章　ハイエクの法理論に関する一試論（1980年）————235

第1節　序　　論……………………………………………………235

第2節　秩 序 と 法…………………………………………………237

　　　1　正しい行為のルール（*238*）

　　　2　進化論的な合理性の概念（*241*）

　　　3　法 と 目 的（*244*）

　　　4　立法の役割（*246*）

第3節　お わ り に…………………………………………………247

【文　　　献】（*249*）

【初出一覧】（*257*）

経済的人間と規範意識
法学と経済学のすきまは埋められるか

第 I 部
「法と経済学」をめぐって

第1章　経済的人間と規範意識

第1節　取　引　費　用

　取引費用（transaction cost）の概念は，R.コースによる。この用語自体はG.
スティグラーによって現在の形に洗練されたもので，コースはそれがない状
態を「円滑に機能する価格メカニズム」などと表現していた［本書第2章参
照］。標準的経済学教科書に登場する「完全競争」のモデルは，後知恵として
は取引費用を捨象するところに成立している。ただし，取引費用の概念に何を
含めるかについては，専門家の間でも必ずしも深めた議論はされていないよう
であり，論者によって様々なものが考えられている[1]。以下では，可能なかぎ
りこの概念を拡張して，考え得るすべての取引に関する費用を含むものとして
使いたい。もちろん，取引費用ゼロの仮定は，それらすべてがない状態という
ことになる。

　取引費用は，動力学における摩擦に似ている。それを捨象すると，運動を記
述する数学的に扱いやすい美しい体系が成立するが，その体系が描く像は，天
体の運動を記述するような場合を除いて，人間が生活する現実世界の在り方と
は大きくずれている。二つの世界の差は「誤差」という範囲にはとどまらない。
たとえば，飛行機が空を飛ぶためには流体力学上の粘度，つまりある種の摩擦
が必要である。それを考慮しないと，飛行機というものの存在が物理学で説明
できなくなり，「飛行機（または空を飛ぶ鳥）などというものは理論上ありえな
い」と言わねばならなくなる。動物は平坦な面を歩くことができず，坂を上る
こともできない。摩擦のない世界像と現実の世界の間には，それだけ根本的差
異がある。そして，前者の世界は，後者の世界で容易に実現できているあれこ
れのことを，「理論的にはできないはずだ」と推論する世界なのである[2]。もち

---

(1)　クーター［1997: 68 et seq.］そこでは transaction cost は「交渉費用」と訳されてい
　　るが，本稿では「取引費用」に統一する。
(2)　ここでの記述が普通と逆になっている点にも注意されたい。摩擦では普通，摩擦が
　　なければ達成される，たとえば永久運動などが想定され，摩擦があるからそれが実現し
　　ない……，と語られる。法と経済学の文脈でも同じで，取引費用がなければ権利関係如

5

第1章　経済的人間と規範意識

ろん逆も成立して，摩擦のない世界で起こることは現実の世界では通常起きないが，近似的に実現することはでき，理科実験（真空中では鉄球と羽毛が同じ速さで落下する）で人々を驚かせたりする。

　現実の経済社会には，あらゆる種類の取引費用が存在する。このコストを削減することは，コストという語の定義上効率化となる。たとえば私的所有権の制度は，社会的決定のコストを削減するためにある，と考えることが可能である［本書第4章参照］。所有権とは「その対象について所有者が個人の資格で下す決定を，そのまま社会的決定として是認する社会制度」と考えることができる[3]。このような制度がないと社会は，すべての財の処分について集合的な決定を行わねばならなくなるが，そのコストは社会が大きくなるほど飛躍的に増大する。私的決定を許容するとともにその結果を競争にさらすことで，社会的決定はずっと少ないコストで，それも多数の人が気づいていない選択肢を個人の資格によって各自が試すことができるものとして，高い効率をもって運営される。イノヴェーション後の模倣過程を考えるなら，このシステムのもつ効率性はさらに大きくなる。社会主義の体制に対する資本主義の優位を説明するために知識の社会的利用に着目するハイエクの議論（「発見過程としての競争」論）は，このように要約することも可能だろう。この場合，所有物に関する処分その他その人の権限行使として行われる個人の決定は，それを他に対して正当化しなくてよいこと，がこの観点からは重要である。問題になった場合には，権限の存在は論証する必要があるが，その行使内容を正当化する必要はない（「私のものだから私が決めました」）。所有権とはそのような制度なのであり，この場合の権限行使の内容的正当化ももちろん，もしそれが要求されるなら，大きなコストを伴う取引費用の一部に加えるべきものとなる。もし取引費用ゼロの世界なら，社会的合意も瞬時に成立するから，あるいは私的所有権も必要ないことになるかもしれない。社会的にもっとも正しい（効率的な）[4]利用法を発

何にかかわりなく効率的な資源配分が実現するはずなのに……，と語られる。しかしここでは，摩擦がなければできないことは何かを問い，類似の文脈で，取引費用があるからこそ意味をもつことになる規範（と規範意識）の意義を問題にしている。亀本［2009］参照。

(3)　嶋津［2011：50 et seq.］「社会的決定ルートとしての「私」」参照。

(4)　これの定義をめぐってはもちろん錯綜した論争がありうる。社会選択論などが扱っているのは，その種の問題であるかと思う。ただ，取引費用ゼロを明示的な・非明示的な前提にしながら論じられることが多い正義の定義論は，取引費用の低減下が主要な課題である現実の世界に対しては，大きな意味をもたないという可能性がある。本書第3章

見・決定して，その用途に各財を利用すればよいだけだからである（これは単純な社会主義者の思い描く世界に似る）。

取引費用については後に再度論じるが，以下の論考では常に議論に伏在しているものとお考えいただきたい。

第2節　規範意識をもつ人間

1　ルールに従う動物

ハイエクのモデルでは，「ルールに従う動物（rule-following animal）」という人間像が，ある種公理的に最初に与えられている。ルール遵守は，認知にも行動にも適用される。認知では，この世界の複雑性が，人間の限られた認知能力で処理できる限度の法則性の内に，少なくとも当面収まっていること（人間に理解可能な限度での「自然の斉一性」公準）を，ある種偶然の幸運であるかのように，彼は描いている［Hayek 1952］。これは，人間が必要とする限度で人間の枠組みの中で法則的認識が成立しているにすぎない，ともいえるし，このように解釈した場合のハイエクは，真理論においてプラグマティズムに接近する[5]。しかし，世界の方がこれを可能にするようになっているのでなければその種のプラグマティズムすら成立しないから，その意味で人間による世界の認識可能性は，論理的というより偶然または奇蹟に属するといってもよいだろう。

ここでは後者，つまり行動の方が論考の主な対象となる。ハイエクによる規範のモデルは基本的にタブー・モデルである。何故従うべきかの理由は行為者には与えられないが従うべきだという結論は彼にとって自明であるようなルール，それも様々に異なる内容のルールに人々が従うことができるという点に，生物としてのヒトがもつ圧倒的な実践的利点がある，というのである。「非合理主義（irrationalism）」というヒュームを連想させる用語（オークショットなどは自分をそう呼ぶ）は，後期には捨てられるが，あるところまでハイエクによって好意的に採用されていた。その理由の一つは，このようなところにある。

参照。この方向をもっと突き詰めた場合，われわれが問題にする正義はむしろ，この取引費用の多加をめぐって成立する社会的エンティティーであるのかもしれない。このような文脈では，「各人に彼のものを」という法諺の意義も異なったものに見える。つまりこの諺は，正義の定義ではなく機能（または帰結）を述べている，という見方である。

(5)　'Primacy of the Abstract' in Hayek［1978］.「抽象的なるものの先行性」丸佑一訳，ハイエク［2010］所収。

第1章　経済的人間と規範意識

この人間像からなる社会を以下に素描してみよう。

　外界に即しているとは限らず（「○○の動物は自分たちの守り神だから殺したり食べたりしてはならない……」），かつ自分たちの利益になる保障もない（「敵を愛せよ」）ような様々な規範を守るべきものと考え，実際それに従うことが，この種の人間にはできる（これ——迷信深いこと——は公準であるから，なぜできるかという問いは一応的外れである）。そして普通，一つの社会をなして共同生活をしている集団内では，同じタブーが信じられ守られている，とする。そうするとここから，異なるタブーの間の進化論が展開可能になる[6]。

2　規範の進化論

　進化の過程は，当の動物に理解されていなくとも進行するから，未開のヒトが従う規範は，ヒトの理解と独立に進化論的に優れたものへと変化してゆく。つまり，それに従う集団の存続と繁栄を可能にする規範が，常により豊かになりながら残ってゆくのである。これは文化上の進化（cultural evolution）[7]であるから，遺伝上の変化よりずっと時間的なスピードは速いのだが，構造は似ている。そのために必要な条件は生物進化の場合，盲目的変異にあたる部分と，自然淘汰の部分，そして生き残ったものの保持の部分である。そしてこの過程が繰り返されることで累積的に進化が展開する。

　規範について，異なる規範の間の淘汰と保持を考えるのは容易である。優れたルールに従う集団が生き残り，他がそれを模倣し……ということだからである（ただ，模倣と保持の段階では，それを可能にするある種の知性が前提となる[8]）。

---

(6)　本稿報告にたいする橋本努のコメント（他の可能性を不可視化する閉鎖的なタブーの機能について）に関連していえば，規範の中にも様々な種類がある。ハイエクの分類では，大きな社会（Great Society）を可能にするタイプの規範と部族社会以前の社会関係に対応するもの，との間の区別が重要である。私の理解をつけ加えれば，たとえば，clementia（寛容）などは，ローマ時代以来西欧で重視された徳である。この種の徳は，一定の環境では大きな社会を可能にして結果的に人々を繁栄へと導くだろう。これと逆の集団の凝集に資するタイプの徳が重要な環境と，大きな社会を可能にするタイプの徳が肯定的帰結を伴う環境とは相互に変遷するだろうから，これらの徳の間にも，複雑な進化論的関係が想定される。このような態度が本稿で採用しているものである。

(7)　【後注】文化的進化が合理性に優る場面を多く描くものとしてヘンリック［2019］。

(8)　橋本コメントから触発されて述べれば，模倣と保持だけでなく，他の集団で行われている多くの例の収集・比較とその効果の検討，などという機能も理性が果たすべき機能といえる。これを広範に行うなら「哲学」や「科学」の名にも値する知的活動となるだろう。その点，理性には「後発優位」を実現する力があるといえるし，明治期以降の日本の近代化も，この文脈で捉えることもできるだろう。それにもかかわらず，「なぜ

第 2 節　規範意識をもつ人間

しかし，生物の進化論でも盲目的変異の部分はランダム性を仮定されているだけだから，理論的にはここが公準的な扱いになっているのも事実である（表現型から遺伝子型に向かう方向の因果連鎖がないことは，遺伝子生物学の「セントラル・ドグマ」と言われる）。その変化が存続にとって有利なものである保障（または見通し）はまったくないまま様々な変化が起こる（試みられる），ということ自体が，決定的に重要な点である。この文脈では，「迷信深いこと」はその意味で，人類がもっている最大の資産といえることになる。もちろん迷信は，それの真理性または成功を保証しない。これは迷信の定義である（ただ，方法ではなく内容が反科学的であることは，ここでは迷信の定義とはならない。生成時点において成功を保証されていないというだけである）。しかしそれは，これまでなかった新たな可能性を開き，それの成功と失敗を試みるための条件を，人間に提供するのである。進化論モデルでは，世界に適合するという意味の合理性は，淘汰の過程によって与えられるものだから，変異・生成の段階には必要ないのである。必要なのは変異そのものであり，規範的進化の文脈でいえばそれは，何らかの（それも多様なヴァージョンを含む）規範を（明示化された根拠なく）信じそれに従うこと，である。

　ヒトは，明確な見通しや根拠もないのに，ある種偶然またはランダムネスの結果，一定の規範，それも集団によってそれぞれ内容の異なる様々な規範に従うようになる。この点さえクリアできれば，進化論的な展開が先に開けている。モデル論的には，このような「迷信」的能力をもつグループとそうでないグループのどちらが進化論的場面で有利か，を考えるのもよいかもしれない。結論は多分，これをもつ者たちの集団の方が有利だ，ということになるだろう。誤った迷信をもつグループは滅亡したり，他のグループに併合されたりするだろうが，偶然ではあるが正しい迷信（形容矛盾に見えるが，ここではこの概念が必要なのであえて使用する）をもつことになったグループは，一切迷信を持たないグループより高い効率を実現し後者を駆逐するのではないだろうか。迷信の能力さえあれば，その内容はより優れたものへと進化する。この点がポイントである。そして迷信を信じる能力は，保持（retention）と学習の段階でも必要となる。内容が叙述として非科学的であってもなんらかの教義（ドグマ）は，

その規範に従わねばならないか」を，それに従う個人の利益の観点から説明してみせることができるとはかぎらない，という点では，その規範は結局「合理的」ではないであろう。この論点は思想史上，功利主義の様々なヴァージョンの間で論争されてきた問題群に関連する。功利主義の分析については，たとえば，安藤［2007］参照。

第1章　経済的人間と規範意識

それが外的に「正しい」行動の保持と学習と一体となっているかぎり，この文脈ではプラスに機能することになるだろう。逆に，その時点で自分たちがその規範のよき効果を理解できるような規範だけに従うような「理性的」グループは，その理性のレベルに規定されて，前者が享受するようなこれを超える進化を止めてしまうことになるだろう。人間がもつ実際の理性はここで働くのではなく，このような進化の過程がずっと進んだ後になって，それら蓄積された多くの（一部は理解の外にある）規範の上に成立し，そしてそれら規範の間の微調整を，一部意図的に行うことができるようになるのだ，ということである。「理性」が成立した後でも（換言すれば「経済人」にとっても），タブー的規範遵守の能力は機能すべきか。これが実践的には中心的争点の一つである。そして本稿の立場は，理性人は依然としてタブーを必要としている，というものである。

3　ディレンマの解消？

カントは経済人モデルとは逆の極端であって，規範遵守が利益の動機に還元されない場合にはじめて人間は自由なのだ，と主張する。みずからが義務と認めることを，それが義務であることを根拠にして履行するのが，理性的存在たる人間の自由の本質であり，それが利益になるということを根拠または動機にして行為する人間は利益の論理から逃れられない奴隷にすぎない，というのである。カントの名で語られることが多い義務論（deontology）という立場は，倫理の基礎づけ論とか義務の存在論というより，人間行動のモデルとして考えた場合に，ずっとリアルなものになるだろう，と私は考えてきた。

カント的人間は，いわゆる囚人のディレンマには陥らない。自分の利益と無関係に，何らかの規範に，それが規範であるという理由で従う者は，「利益の（タームによる判断力しか与えられない人間が陥る）ディレンマ」に捕らわれる必然性がないからである。たとえば，「仲間を裏切ってはならない」という規範に従う人は，囚人のディレンマに煩わされない。もしくはカント的に，裏切り行為は普遍化可能性がないので，理性的存在である自分は行わないのだ，と言ってもよいだろう。むしろ，そのようなカント的人間，もしくは仲間の信頼を重視する普通の人間，をモデルから排除するためにこそ「囚人の」という形容詞が，このゲームの条件づけとして必要だったのである。つまり囚人は，規範意識と社会のしがらみから自由に自分の利益を純粋に追求する，という点で「合理人＝経済人」のモデルにもっとも近い存在なのである。

囚人でない普通の人は相対的に，経済人または囚人よりはカント的な人に近

第2節　規範意識をもつ人間

いので，囚人のディレンマの少なくとも一部からは逃れることができる。経済人より経済的パフォーマンスがその限度で高いのである。カントの実践理性は一見不自然な倫理的怪獣を生み出すように見えるが，この機能が「理性」による，つまりこの倫理判断が自覚的に行われねばならない，という彼の想定を捨ててしまえば（もちろん伝統的カント論からは外れるが），カント的人間は規範的進化のモデルとも整合する。つまりカントの要請は，本稿が「公準」として述べた，自分の行動を何らかの規範に従わせようとする人間の基本的な能力（特定の言語の基底にある一般的言語獲得能力に似た）の事実を極端化した形で，要請または規範（定言命法）として，述べているにすぎない，とも考えられるからである。

　もちろん，自分が従っている規範について，「何故それに従うのか」と問われた場合の答えは，カントの場合と進化論モデルの場合では異なる。カントの答えは「私は理性的で自由な存在だから」であり，この進化論モデルでは「なぜかわからないが自分の規範意識（または「良心」）がそれを要求しているから」またはより単純に，「それが規範だから」，「なぜそんな自明なことを尋ねるのか」……といった形になるだろう。後者のポイントは，規範意識は生物であるヒトが生来的にもっている能力にかかわる現実の問題であり，規範はそれが指向するイデア的世界の問題だ，という点にある。まずは前者（能力と意識）がリアルなのであり，だからイデア的世界と現実世界の間の相関に関する表見上のアポリアは，実は存在しない。言語上の依存関係と逆に，規範があるから規範意識があるのではなく，規範意識があるから規範がリアルな問題になるのだからである。

4　ウェーバーによる宗教と経済

　人が主観的にもつ信念の体系と，それが主体の理解と独立に人にもたらす経済的効果との間の間隙を劇的な形で論証してみせたのは，M・ウェーバーの宗教社会学である。「プロ倫」[9]では，来世的な関心による宗教的動機が，それがなければ不可能な程度のいわゆる世俗内禁欲を可能にし，完璧な商人を作り上げる経緯を，行為者の主観的世界の「理解」を通して解析して見せる。いわゆる「理解社会学」の優れた適用例である。

---

(9)　'Die protestantische Ethik und der Geist des Kapitalismus' in Weber [1972]

第1章　経済的人間と規範意識

「プロ倫」と類似の表題をもつ彼のもう一つの著書[10]では，米国内の新教諸派（Sekte）が，遠隔地を旅して回る見知らぬ他人間の主に商業的な信頼関係の形成に果たす役割を論じている。あるパッセージでは，「あなたは神を信じない人をどうやって信じることができるのか……」[11]とある商人が問いかける。特に短期的な人間関係において，この問いの含意は深刻である。「神を信じる」とはこの文脈では，自分の短期的利害のみによって行動する誘惑を阻止する力をもった規範的行動への動機付けが，その人にはある，ということである[12]。他の社会でも，暖簾や先祖への忠誠心，社会関係への長期的コミットメント，ギルドなど，機能的には多くのものがこの役割を果たすが，建国以来今に至る米国社会の特徴は，宗教的信仰を媒介にしてこの種の信頼関係が，半匿名的関係においても瞬時に成立するという点にあるように思われる。その意味で，少なくともウェーバーが論じた時代の米国は宗教を基礎とした超効率社会であって，信仰は（社会的にも個人的にも）ペイするのである。

個人の信仰内容とその行動がもつ客観的・経済的効果の関係を論じるウェーバーには，本来の経済学はない。それら個人の行動が，市場その他の関係の中で，特に希少財の利用・配分・生産をめぐって，また所得の分配をめぐって，どのような社会的帰結をもつことになるのか，を論じるのが経済学の本体だとすれば，ウェーバーの議論は個人の内面的信仰と外的行動の間の間隙をともなう関係のモデルを提示するに留まっており，その後の社会経済関係を論じることが少ないからである。それでも，経済人モデルの再検討を主なテーマとする本稿との関係では，その洞察から得るものは多い。

第3節　取引費用再論

もちろん，上記の規範意識を媒介とする規範の進化によって蓄積される規範のシステムは，取引費用の軽減に資する。相手がウソをつかない倫理的（もしくは篤信の）存在であることが信用できるなら[13]，モニタリングコストをある

---

(10)　'Die protestantische Sekten und der Geist des Kapitalismus' in Weber［1972］

(11)　*ibid.* p. 209.

(12)　「繰り返しゲーム」などゲーム自体の構造上の差にかかわる問題とそのゲームをする人間のモデルの違いという問題とが，どの程度截然と区別できるのか，は興味深いが，一応ここでは両者は区別可能だという前提で議論を進めることにする。

(13)　【後注】信頼の重要性を強調するものとして，たとえばホー［2023］。

場合には全面的に節約できる。その他，人間のプライドと倫理意識に期待ができるなら，公共選択論が描く個人的（組織的）利得にしか関心のない公務員モデルを，状況に応じて捨てることも可能になるだろう。そして裁判官を含む法曹について，規範にコミットする人物像を議論とモデルの前提にすることもできるようになる。このような，公益に主たる関心をもつ公務員とか，正義を自己の目的として司法を運用する法律家は，若干の理想化を含んでいるとはいえ，ごく常識的な人間像である。こちらが現実であって経済人モデルの方が架空なのだ，というのはある意味当然のことだが，この関係は当初に述べた，摩擦のある現実世界と単純な動力学の描く理想的物理空間の間の関係と対応している。そもそも経済学では，市場で活動するはずの経済人のモデルと経済政策（より大きくは政治と行政の全体）を実行するはずの主体のモデル（多分経済学者の自己意識では自分はこちらに含まれる）とが乖離している点が，学問的に大きな欠陥であると私は考えてきた。つまり理論が，学問的営為を行う自己自身に適用可能ではない（つまり，経済政策の理論家は個人利得を主要な動機として理論活動を行っている——と理論上想定されている——わけではない），という点である。この点も，規範的人間モデルによって一部改善できるように思われる。このモデルでは規範性は，分析の対象にも主体にも等しく共有されているからである。

　規範というものが，利益（少なくとも当人に自覚されている利益）に還元されない形で人間の行動の動機を形成することができる，という人間モデルを採用した場合，経済学はどのように変化するだろうか。この点を詳細に語る能力は私にはまだないが，十分展開されれば，経済学・法学・倫理学を統合する方向での理論展開に，大いに期待がもてそうに思われる。

1　集合的カント主義

　自由市場を批判的に論じる C. サンスティンの議論［サンスティン 2002］を，私は勝手に「集合的カント主義」と呼んできた。代表的凡人ジョン・ジョーンズ氏は，ゴミの分別収集に賛成しているが，分別を実行してはいない。この場合，顕示選好論（行動に選好が顕示される）からすれば，分別をしないことがかれの選好である。しかし分別に賛成だ，という彼が表明する意見もウソではない。むしろ賛成論の方が彼の規範的判断を正直に表明しており，結果的にそれが実行されないのは，ソクラテスの倫理学が無視したアクラシア（弱き意志）問題の結果である。そこでサンスティンは，地域の自治的会議体で様々に議論をした後，分別収集を議決するとともに，違反者への罰金制度などを導入する

第1章 経済的人間と規範意識

なら，むしろジョーンズ氏の規範意識は満足させられやすくなる（罰金を払い
たくないという動機も加わって，ゴミの分別を実行するようになる），というので
ある。社会正義を口にする人とそれを無視する人という二人のジョーンズ氏が
いるのだが，どちらも本物である[14]。サンスティンの理解では，一般に選好は
「諸規範の関数（function of norms）」であると理解されているから，規範を変
えれば選好も変化することになる。だから，よりまっとうな行動が実現するよ
うに規範的環境を改善することを，民主主義的な立法を通して行おう。だいた
いこのように彼は主張しているように思われる。

純化したモデルでは，この決定によって強制されるのは他者というより弱き
自己であり，集合的決定はある種の集合的自律と考えることが可能である。集
合的カント主義という呼称はこれに由来するが，この呼称が妥当かどうかは読
者に委ねる。しかしいずれにせよ，集合的決定には膨大な取引費用がかかるこ
とは前述した。会社などでは，個々人が常に新たに契約をし直すのではなく，
決まった組織に組み入れられて，見知った同じ相手と同じ業務を毎日継続して
協力的に遂行する方が，取引費用が小さくなる。これがコースの会社（firm）
論である。もし取引費用がゼロなら，会社は不要であり，もっとも相応しい
人々を結合した契約的関係がいつも新たに組み直されて成立することになるは
ずなのである。

では民主主義はどうだろう。会社は（軍隊に似て）経営者と社員を，上下の
役割分担と命令服従関係からなる組織に組み入れ，意志決定のメカニズムから
発生するコストを最小化する制度を備えている。しかし民主主義（当面直接民
主主義を考えている）は，参加者の間の意見表明と説得，反論と再反論，党派
の形成と諸党派間の離合集散，と気が遠くなるようなコストがかかる（要する
にこれが，独裁制を合理的とさせる条件である[15]）。それでも，規範定立（立法）
は民主主義の制度を通して行われるのが現代社会の原則だから，サンスティン
に従って選好を変化させるために「規範的環境」を意図的に変更するというな
ら，このルートを通らねばならない。

その場合に，手続の費用のみでなく認識の費用が決定的に増大することを考
えねばならない。もし個人がそれぞれ，自分が考えるとおりに行動し，それが
成功したり失敗したりしながらその結果が他に知られて他の人々の行動に

---

(14) 拙稿「「運命」代替としての倫理——生殖技術利用の自由と枠づけ——」（初出 1996）
嶋津［2011，第 15 章］で述べた「意志の弱さへの予防」論参照。
(15) ワイマール期ドイツの民主主義が崩壊してゆく過程などを想起されたい。

第3節　取引費用再論

フィードバックする，という個人的自由の体系であるなら，このコストは小さい。失敗する人は確かにそのコストを担うのだが，そのコスト負担は個々人にとって人生の意味そのもの（自分の考えに従って行動した結果が成功や失敗につながる）を形成するのだから，無意味ではないように私には感じられる[16]。一方集合的意志決定においては，弁論上の説得力と表見上の倫理性が力を持つから，提案されている規範を現実に適用した場合に発生する成功や失敗（それはごく不正確にしか予見しえない）を決定に反映するのに，ずっと時間と手間がかかり，そして言語によって定着された規範は，集合的に訂正しないかぎり変化しない。だから，個人倫理の問題を集合的決定に委ねる，というサンスティンの発想には，依然として反個人主義に伴う危険性が感じられるといわねばならない。カントの自律＝自由論において，個人主義を本質的要素と見るなら，「集合的カント主義」はオクシモロン（形容矛盾）となる[17]。

　それよりも，個人に対する非難と賞賛のメカニズムによって維持され変化してゆくのが，伝統的な個人倫理の機序である[18]。規範的存在としての人間には，その系または条件として，非難と賞賛に反応する，という能力が付随している[19]。物質的利得を伴わなくとも，賞賛はそれ自体で利得または満足の源であり，非難は場合によって大きな損失または痛みとなる。痛ましい子供の自殺報道などには，子供社会の中での非難その他の心理的攻撃がもつ力が子供に与える打撃の大きさを感じさせるものが多い。逆に，他者からの非難と賞賛に反応する能力を欠いた子供は，その種の攻撃に鈍感だろうが，何らかの病理的タームで語られ，その後の社会化について大きな困難を抱えることになるだろう。

　いずれにせよ，社会は均一ではないが規範のプールであって，その一部が法として司法制度の中で運用されているが，大半の規範は倫理規範として人間の行動に現実の影響を与えている。自由な個人は一定の範囲でこれに対抗したり，これに変革を加えようと努力したり，他者の行動に感動したり，他者（や自

---

(16)　人生における大胆な冒険と大規模な失敗は，個人が行うものとしてはむしろ賞賛に値するが，集団的な営為（明示はしないが共産主義革命を想起させる）としては愚挙となる，と論じる，オークショット「バベルの塔」森村進訳，オークショット［1988］所収　参照。

(17)　ちなみにサンスティンはオクシモロンが好きなようで，最近の著書 Sunstein［2008］では，「libertarian paternalism（自由尊重論的温情主義）」がオクシモロンであることを自認しながらそれを肯定的に論じている。

(18)　See Shimazu［2005］

(19)　See Robinson［2002］

第1章 経済的人間と規範意識

分）を非難したりして暮らしている。ある場合には倫理改善運動（名称はジェンダー，多文化主義その他多様だが）が起こり，社会の規範のプールに大きな変化をもたらす。これに対して，個人のレベルによる倫理の変革に期待する私の立場からは，規範のプールに対して集合的決定による操作を大規模に加えるべきだ，という（最近米国では「woke（覚醒した）」などと呼ばれる）主張にはまだ留保をしておくべきかと考える。ちなみにこれは，法哲学の分野で「法と道徳」などという題目でこれまで延々と論じ続けられてきているテーマそのものなのだが。

第4節　R. コースの A. スミス論——人間モデルへの補論

人間がどれほど博愛的かまたは自己中心的かはもちろん，個人と文化と環境とによって様々である。たとえば有名なものとして，中国での大地震にヨーロッパ人がどう反応するかを描くアダム・スミスのユーモラスなパッセージがある。ロナルド・コースがこれらを引用してスミスの人間モデルを論じているエッセー[20]があって興味を引かれたので，少し言及しながら，補論として考えてみたい。

論点は，『道徳感情論』と『国富論』の議論，特に両書で前提されている人間像，が整合しているのか，というアダム・スミス論で繰り返される主要問題にも関連する。この論争の中では多分少数派かと思われるが，結論としてコースは，両者は矛盾せず補完関係にあると考える。ではそれはどのような人間像であるのか。もちろんこれはスミスが，そしてそれに肯定的に言及するコースが，市場はいかなる人間によって運営されると考えているのか，という問題にフィードバックする[21]。

スミスは，もっともよく言及される『道徳感情論』のこのパッセージで，遠い中国の大帝国が地震に飲み込まれ無数の人々が被害を受けた時に，ヨーロッパの人道家（man of humanity）がどう反応するかを述べる。人道家は，無数の

---

(20)　'Adam Smith's View of Man', in Coase [1994] コースは主にスミスの『道徳感情論』，場合により『国富論』，からかなり長文を引用しながら議論している。ここでは簡便のため，スミスからの引用部分は当該論文から孫引きして訳出する。

(21)　以下の議論は，橋本コメントにある，ウェーバーが想定したプロテスタンティズムに駆られるような人間が消失した後の資本主義がどうなるのか，に関する間にも一定の回答を与えそうに思われる。

第4節　R.コースのA.スミス論

人々の悲劇に同情し，人生の儚さに思いをはせ，ヨーロッパと世界経済への影響を憂慮するだろう。ただ，その種の人道主義的感情がみごとに表現された後，彼はあたかもその悲劇が起こらなかったのと同じように，心乱されることなく仕事や安眠を続けるだろう。ところが「明日自分が小指を失うことになっているとしたら，彼は今夜眠れないだろう」というのである。

　ここで人道家が何をどのようにみごとに表現するかについては，文化の差があるだろうし，そこにはキリスト教の隣人愛の教えも影響しているだろう。しかし，地球の裏側の何十万もの人々の命よりも自分の小指の運命の方が気になるのは，人間本性なのかもしれない。これは人間行動を決定するについて利己心または自己愛の影響力がいかに強いかを示している。

　しかしコースは，この文章がむしろスミスが人間の良心を論じる章に出てくることに注意を促しながら，スミスの人間観の微妙さを強調する。そして，では仮に，自分の小指を犠牲にしたらその何十万もの人々の命が救えるとした場合に，人道家はその犠牲を払おうとしないだろうか，と問うのである。これはコースが提示している問だから，スミスが直接それに答えているわけではないが，中国の地震を述べる同じパッセージに続くスミスの文章からスミスの答えを推測することはできる。その部分を自由に抜粋させてもらえば，以下のようになる。

　「われわれの受動的感覚は上記のようにあさましく利己的なのに，積極的行動原理はしばしば非常に気前がよかったり高貴であったりする。この差はどこから来るのか。」「自己愛からくる最強の影響力と対抗することができるものは，人道の弱い力ではない。……そのような場面で普通生起するのは，もっと強い愛，より強力な情動である。つまりそれは，名誉と高貴さへの愛，自己の性格の華麗と威厳と卓越への愛，なのである。」

　つまりコースの解釈では，もちろん場合によってではあるが，人道家はやはり小指を犠牲にするのである。『道徳感情論』におけるスミスの人間モデルは基本的に，他者からの評価に反応する存在としての人間である。この他者が内在化・観念化され，例の「中立の第三者」になる，という話はスミスが正義または道徳とマナーを論じる時のポイントだが，そのもっと基礎には，他者のプラスまたはマイナスの評価を自己の幸福と不幸の源泉とする存在，として人間を捉える視点がある[22]。

---

(22)　日本語訳から引用するなら，「もし，人間の幸福の主要部分が，私がそうだと信じ

17

第1章 経済的人間と規範意識

これは私の考えだが，他人（それを内在化した自己を含む）の評価に反応しそれを幸福と不幸の源泉とすることは多分，人間本性であろう[23]。そしてこれは自己愛の中に取り込まれることで，一定の範囲ではあるが，狭い意味の利己心と対抗する力をもつ。『道徳感情論』の中にはこの種の卓越した洞察が頻出する。たとえば彼は，虚栄を論じる箇所で，「富裕な人がかれの財産について誇るのは，その財産が自然に世間の注目をかれにむけさせること……をかれが感じているからである。……そしてかれは，かれの富を，それがかれにもたらす他のすべての利点によってよりも，この理由で愛好するのである」[24]という。

スミスは，プライドと虚栄の人は本人が思っているほどではないが，世間で軽蔑されるよりは価値があり，プライドと虚栄にはしばしば尊敬に値する多くの徳が伴っている，という。プライドは，真実，道徳的一貫性，名誉心，友人思い，決断力などを伴い，虚栄は，人道性，丁寧さ，小さなことでいつも恩恵を与えたがること，そして時に大きなことで真に気前のよいこと，などを伴う，という。いずれにせよ『道徳感情論』は，人間の相互評価というルートを通して，結果として道徳的な行動を取ることができる存在としての人間を語っている。

一方『国富論』は，他者の慈悲（benevolence）に頼るのではなく他者の自己利益に訴えることで日々の必要性を満たすことができるメカニズム，として市場を論じる。この点で『道徳感情論』との不整合を指摘されることが多いが，コースは市場が，見知らぬ人々の間で経済活動，つまり相互扶助，を組織する唯一の方法だとしながら，市場中心の社会の中にも家族その他の愛と献身を前提とする制度が必要であることを述べ，スミスの文章を引用する。そして法と経済学の中心であるコスト論に軽く言及しながら次のようにいう[25]。

道徳諸規範の遵守は，他者とビジネスをする場合のコストを大幅に引き下げ，それゆえ，市場での取引に資するに違いない。スミスがいうように「社会は，いつも他者を傷つけ害しようと身構えているような人々の間で存続することはできない」のである。

るとおりに，愛されているという意識からくるとすれば……」スミス［2003: 106］

(23) 約束について論じているヒュームの論理（結論として，約束を守るのは人間本性に含まれないとする）に従うなら，このような本性（nature）をもたない人間はいるかもしれないが，そのような人間は定義上，病理現象またはなんらかの疾患とみなされる。

(24) スミス［2003: 130］

(25) 'Adam Smith's View of Man', in Coase［1994: 115］

第4節　R. コースの A. スミス論

コースの論文の最後のパラグラフは次のようである[26]。

　ふつうそう考えられているように，アダム・スミスが，ひたすら合理的に自己利益を追求する「経済人」という抽象物を自分の人間像としていた，と考えるのは誤りである。人間を功利の合理的マクシマイザーと扱うことが分別あるとは，スミスは考えなかったはずである。彼は人間をありのままに考えていた。実際に自己愛に支配されているが，他者への関心もないわけではない。理性使用もできるが，いつも正解にいたるわけではない。自分の行動の帰結を見通しはするのだが，それは自己欺瞞のヴェールを通してのことである。……［スミスの人間像に，真理の全部ではなくとも大部分が含まれていると認めるなら，］彼の思想が，ふつう想定されているよりもずっと広い基礎をもつことを理解することで，彼の経済的自由の擁護論はより強力になり，彼の多くの結論はより説得的になるだろう。

　この補論の目的は二つある。一つは，コースが見ている市場像は，近代経済学的な像を再度アダム・スミスの描いた像に近いものに戻そうとする側面をもつ，ということである。ここでは詳しく述べられていないが，コースが開いた（もしくは取り戻した）取引費用込みの市場像は，そのコストを低減させるための多くのメカニズムを伴うことになるが，その中心的部分として，人間による道徳その他の規範遵守が含まれる，ということである。
　これはあくまで暫定的な議論だが，下手をすると，最低賃金制，利息制限法，借地借家法，各種強制加入保険，医師会や弁護士会を含む排他的特権ギルド，その他「社会主義的」として標準的な経済学者によって批判される，社会に現存するほぼあらゆる制度は，取引費用を持ち込むことで，正当化の可能性が出てくるように思われる。もちろん，これらの制度がない場合のコストと，制度によって低減させられるコスト，そして制度が新たに持ち込むコストの値によって，それらは全体としてプラスやマイナスの帰結をもたらす。これに，それらが分配について及ぼす効果を加えるなら，議論が錯綜してくることは避けられそうもない。しかし，単純な摩擦なき世界ではなくその種の錯綜した議論が必要そうな世界にわれわれが直面しているのだ，という理解そのものが，分別ある議論につながるのだと私は考えている。

---

(26)　*ibid.* p. 116.

第1章　経済的人間と規範意識

　二つ目は，上記のような（自己を含む）他者の評価に反応する人間モデルは，反応の能力そのものはヒトに生得的なものと思うが，それが結果として生み出すものは多様でありうる，という点である。『道徳感情論』は，ヨーロッパ人を人間モデルとしているきらいがあり，あちこちで，18世紀のキリスト教徒にしかいえないことを人間に共通であるかのごとく語っているように感じる。しかし，同じプライドや虚栄，自尊心などが発揮されても，その環境においてどのような道徳が促進されるかは，場所と時代によって異なってくるだろう。ヨーロッパ史に限っても，多神教ローマからキリスト教のローマに転換する時，騎士などを中心にする中世から商業中心の近代に転換する時，などに大きな道徳的転換が見られた。つまり，スミスの人間モデルは，本稿で素描した規範進化論的な人間モデルともかなりよく整合するものと思われる。マルクスの上部構造論は，下部構造の発展が決定論的になっている点で魅力に乏しいが，規範や倫理と社会経済が相関することは当然であろう。ミクロ経済学の中に，そのような歴史的に発展する社会の構成を可能にするような人間モデルを組み込みたい，という希望は，まったく的外れなのだろうか。しかしそうでなければ，法学と経済学のもう一段進んだ統合という野望は，画餅に終わりそうに思われるのである。

第2章　経済学の洞察と法学——「法と経済学」を論ず

第1節　序　　論

1　法学と経済学の総合領域——思想史の中で

　若きアダム・スミスのいわゆるグラスゴー講義は，自然神学，倫理学，法学（法制史と基礎理論），政策学（経済学）の四つの部分からなっていたらしい。このうち第二の部分は前期の大著『道徳感情論』へ，第四の部分は後期の大著『国富論』へと発展した。そして第一の部分はともかく第三の部分をなす法学については，『国富論』完成後の晩年のスミスの研究の中心をなした，とも考えられている。しかし，死の直前に本人の希望により未定稿やノート類が焼却されたために，グラスゴー講義以後の円熟期のスミスのこの分野での思索の成果を示すものは，ほとんど後生に残らなかった[1]。ただこれと別にも，彼の『道徳感情論』で中心を占める「不偏の観察者」の概念は，明らかに裁判の場における裁判官の像と重なるし，『国富論』における市場の分析は，所有と随意的交換を通じた自動制御のメカニズムによって実現される分業の体制として市場を把握するものであって，現在の用語でいえば，法（私法）の機能に対する経済学的アプローチを伴うものである。いずれにせよ彼の「経済学」の対象は，現在のそれよりもはるかに広く，経済学と法学（それと倫理学）との総合領域（当時の用語では「道徳哲学」）を対象とするものであった。

　これはスミスの同郷の先輩かつ僚友であるヒュームの社会理論についても言えることである。ヒュームには経済学の分野でも貨幣論などに見るべきものがあり，法の支配を中心概念とする浩瀚なイギリス史も書いている。特に『人性論』の中で所有と契約の制度の生成を論じる部分（BOOK Ⅲ, Part Ⅱ）は，法と権利の成立過程について，意図的に創設された制度にのみ理論が偏りがちな我々の目から見て特に斬新な，自生論的説明を導入している。これは社会諸制

---

(1)　グラスゴー講義における法理論の部分の内容は，それを聴講した者のノートからの清書と思われるものが二つ発見されているので，それらからうかがい知ることができる。それを編集したものとして，Smith [1982]。その経緯については，同書 p. 5 以降の解説参照。

第2章　経済学の洞察と法学

度にたいする経済学的な洞察と説明法を先取りしている面がある［本書第5章参照］。この二人を生み出したいわゆる「スコットランド道徳哲学」学派は，今あるような形の独立した学としての経済学が我々の知的世界に登場してきた主要なルートの一つであって，ここでは法学と経済学とは密接に関連するものとして扱われていた。

　「法と経済学」を法学と経済学の総合的研究として，語の意味どおりに捉えるなら，ここには上記のスミスやヒュームをはじめとして，広範な社会思想家群が含まれる。あるいは，めぼしい社会理論家はほとんどすべて，この領域を議論の対象としてきたのだ，といってよいかもしれない。包括的な社会理論は，普遍主義的な社会規範システムとしての法およびそれに対応する個人の権利を論じる一方で，法によってそれらの処分権が諸個人へと分配される結果として現実に生じる，希少資源全体の社会的利用，諸用途への配分のあり方，の全体像を理解して，それに対する（なんらかの正義の観点からする）規範的判断を論じようとするからである。権利として是認される個人レベルの様々な目的追求とその過程で行われる個々の資源の処分が，社会的相互作用の下に置かれた場合に，総体として生成する希少資源の利用法の全体に関心を向ける限り，法学と経済学の対象が総合的に論じられることになるのは当然だからである。

　もちろん，市場に懐疑的なヘーゲルの理性主義的社会・国家理論と，人間全体に共通の均質的理性（客観的かつ歴史的理性）を帰すことを否定しながらさらに市場批判を先に進めて，経済的階級規定論に立ったマルクスの社会理論も，高次の視点から法学と経済学の対象を総合しようとするものであった。また，経済学的発想を基礎にして，社会全体の幸福をある意味で計測可能と考え，その増進を立法の明示的目的として掲げる「立法の科学」を提唱した，ベンサムやミルの功利主義でも，この事情は同じである。他方，このような設計主義的な功利主義を批判して反理性至上主義（「批判的合理主義」との呼び名もあるが）にたつハイエクの法・経済理論も，この総合を別の形でめざすものである。それは，人間の把握において，帰結を知らぬまま行われる，ある意味で自己目的的なルール遵守の活動に，意図的理性と同等の重みをおき，この文脈で法・社会規範と市場秩序との自生的成立を論じようとするもので，（ウィーン学団の）経済学からくる洞察が，近代的法学の原型に忠実な理論の意義を再評価するために利用される。

　いわゆる近代経済学の中でも，ピグーなどの厚生経済学や，国家による経済政策への含意を強くもつケインズ以降のマクロ分析の流れもまた，法学と経済

第1節 序 論

学の接点に焦点をあててきた。ただこれらは，何らかの意味の「市場の失敗」を論じ，それに（設計主義的に）対処するものとしてあれこれの公共部門の積極的活動を要請するという傾向をもっていた。それゆえこれらには，本来の市場が，人々の理解の有無と無関係に果たしている社会的機能を積極的に評価しようとする姿勢は希薄だったといえる。こうして経済学の内部でも，市場メカニズムにとって不可欠な枠組みを構成する私法自体に，市場論の視角から光をあてようとする研究は後回しにされ，むしろこれに対する概括的で消極的な評価を前提として，外部からそれを操作しようとする傾向が強かったといえるのである。もちろん，ミクロ分析といわれる経済学の中心部分では，市場の機能にたいする積極的理解は堅く保持されてきたのだが，（自然）科学の模範に従おうとする傾向の強いこの分野では，難解な数学モデルの構成に努力が集中するか，さもなくばその含意を経済政策として論じることはあっても，その洞察を，体系的な規範学としての長い伝統をもつ法解釈学の内部にまで敷衍して，具体的な判例などを評価しようという準備は乏しかったのである。

2 「法と経済学」の登場

経済学が専門化の度合いを深めるにつれて，経済学者が法学を学ぶことはほとんどなくなり，一方，判例研究に重点をおく伝統的な方法を維持する法解釈学の中でも，進歩を続ける経済学の新たな洞察を理解し応用しようとする法学者もまた，まれになった。初期において連携する傾向にあった法学と経済学はその後，大学での教育と研究の上でも相互に独立性を強める方向へと進んだのである。その結果，以下に述べる「法と経済学」の登場まで，含意の上ではともかく，主に伝統的な法学の対象領域である私法の分野で，実際の問題把握とそれへの解答に経済学の方法を直接に利用しようとする者は，ほとんどなかったといってよい。

これは，単に専門化のせいだけでなく，あるべき法解釈を論じる規範学である法学と，経済現象の記述学である経済学とは根本的なところで方法を異にするのだ，という認識の下，両者をまったく異なる科学のジャンルへと分類することが，方法論的要請として是認されたためでもある。こうしてそれぞれがノーマル・サイエンス化[2]した後では，法学と経済学とは，異なる対象に対し

---

(2) 特定の学問分野で，研究の方法と評価法が確立し，学問の範型（パラダイム）が学者たちに共有されていて，それに従えば新しくかつ意義のある業績が次々と生み出されることが，専門家間で確信されているような状況にあるとき，それを「ノーマル・サイ

第 2 章　経済学の洞察と法学

て異なる方法によって接近する，基本的な視角を異にする別の専門分野だ，と考えられるようになった。そして，大学内におけるそれに応じたカリキュラムと学部編成がおこなわれた結果，実際に双方を深く理解する研究者の数自体が，ごく限られたものとなってしまったのである。そのような状況を打破すべく登場したのが，「法と経済学」学派である。

　現在いわゆる「法と経済学（Law and Economics）」の語で指示されるのは，1960 年代以降米国を中心として活発に理論構築が行われつつある，基本的に法学内部の一つの学問的潮流のことである。これは，均衡分析に焦点をあてたミクロ経済学の適用範囲を市場取引以外の分野に拡張しようとする，ロナルド・コースやゲーリー・ベッカーなどの経済学者が開いた経済学理論[3]を，法学に適用して実際の判例の背後にある原理を解釈したりより実践的な法政策上の提言を行ったりしようとする，グイド・カラブレジやリチャード・ポズナーなどの法学者が開始した潮流のことである。

　ただ，経済学とはそもそも何であるのか，をめぐっても専門家の間で様々な論争があるから[4]，経済学を法学に利用する可能性についても，論理的には多様なものがありうるはずである。いわゆる「法と経済学」で実現されているものは，その一般的名称にもかかわらず，この学問領域がもつ潜在的可能性の一部にすぎない，と考えねばならない。多様なものを包摂している経済学の広がりの中で，かなり極端で非現実的な仮定に立つ一般均衡論またはその周辺のミクロ分析の手法を，一定の単純化を加えて法学に導入する，というこのやり方が，決して法学と経済学の総合がもっている潜在的可能性の全体を尽くすものではない，という点には，あらかじめ注意しておく必要がある。

　実際，新たに登場したこの潮流をいかに評価するかは，当初から今にいたるまで，伝統的法学の内部でも見解がわかれている。法学が直感的な方法によって実際に行ってきたことの本質を，より精密な言語で語ることを可能にする新たな知の体系だ，と見なす者から，実際の法解釈においてそこから得られることはほとんどなく，むしろこのような割り切りすぎた方法の安易な適用は法実

　　エンス（通常科学）」という。しかしそのような時期がいつまでも続くとは限らず，ある場合には，従来の方法で克服できない種類の問題が頻出する時代を経て，科学革命によるパラダイム転換へといたるとされる。クーン［1971］参照。

(3)　コースについては後に詳述するが，ベッカーについては，Becker［1976］に収められた初期のものを含む諸論文参照。

(4)　経済学の方法についての経済学内の自覚の変遷については，Caldwell［1982］参照。

践において危険かつ有害である，と考える者まで，受けとめ方は法学者内部でも広いスペクトラムにわたっている。

そこで以下の論述においては，まずこの学派の典型的な主張を例示して，その衝撃を振り返ってから，そのような結論へと導く論理を検討する。そしてその後でこれへの評価を試みる。

第2節 「法と経済学」の衝撃

それが押しやる方向がよきものなのか否かはさておき，伝統的な法解釈学者にとって，「法と経済学」はある種の衝撃力をもっている。異なる学問分野では異なる常識が通用するのが一般であるから，それらが出会うところでは，相互に常識が通用しないという驚きが支配することも希ではない。法と経済学にも多分にその傾向があり，それが前提とするようなタイプの経済学に依拠する経済学者から見ると，これまで常識と考えられてきた法学内部の議論が，全くの見当違いだとされるような場合も多い。その適用例をいくつか挙げてみよう。

1 契約の自由に対する制限の効果

これまで欧米でも日本でも，私法，特に契約を対象とする法解釈学の内部では，当事者間に交渉力の優劣があるような場合に，強者の横暴が放置される状態を不正義とみなして，いかに弱者を保護して対等な法律関係を形成させるかに腐心する傾向が強かったといってよい（その典型は労働諸法である）。この傾向は，アメリカにおいては，大恐慌後のニューディール期に劇的に登場する福祉国家的発想が，裁判の場にも流れ込んだ，という側面もある。これより前の時期には裁判所は一般に，契約の自由をかなり厳格かつ形式的に適用していたのだが，国家の役割と正義（または人権）についての観念の変化にともない，連邦最高裁判所も，いくつかのニューディール立法への違憲判決で一定の抵抗を示した後，保護主義的な法運用へと転じたのである。この傾向は第二次大戦後ますます強くなり，1950〜60年代のウォーレン・コートに代表される司法積極主義で頂点を迎える。しかし「法と経済学」は総じて，この種の法運用を否定して，私的取引への裁判所の介入に消極的評価を与え[5]，契約の自由の形式的適用を是とする。そして契約の自由を制限する場合には，経済学の論理に

---

(5) 裁判所の役割一般の観点からこれを論じるものとして，Posner [1985]。

第2章　経済学の洞察と法学

従ってそれを正当化するような，特別の事情を要求するのである。

■ 非良心性による契約の効力否定——余計なお世話か？

　アメリカで使われている法と経済学の教科書が挙げている，次のような判例(6)について考えてみよう。

　割賦販売の方式で家具などを売る会社である甲は，買い手との間で少し変わった契約を結ぶことにしていた。一般の場合と同じく，割賦代金が完済されるまで商品の所有権が売り手に留保されるのだが，同一の買い手が，ある商品の代金を完済しない間に次の商品を買った場合に，すべての商品に対する残代金について案分比による弁済充当が行われるような契約内容にしてあるのである。これによると，すべての割賦代金の完済時期が同一となり，その最終の払い込みが行われるまでは，最初の商品の所有権も売り手に留保されることになる。こうして甲は，1962年4月に被告乙が買ったステレオ・セットの代金が購入直後に不払いとなったので，1957年12月以降に乙が甲から買ったすべての商品を対象として，動産の占有回復を求める訴えを起こしたのである。

　前審は甲の請求を認めたが，スケリー連邦巡回控訴裁判所判事が書いた多数意見は本件に対して，非良心性（uncoscionability）の法理(7)の適用の余地を認めて，事件を前審に差し戻した。日本ではさしずめ，公序良俗違反による契約の無効，の法理の適用が問題になる事件と思われる。

　もちろん，伝統的な法理論の中で本件の多数意見のような法解釈を否定する議論も可能である。たとえば，裁判所は，契約の形式的側面を越えてその内容の妥当性如何を判断すべきではない，とか，本件に詐欺や錯誤が認められない

---

(6)　Williams v. Walker Thomas Furniture Co., US Court of Appeals, District of Columbia Circuit, 1965, 350 F. 2d 445. マーロイ［1994］第9章より。ただしこの教科書がこの判例を挙げる場合の意図は，法と経済学の立場の正しさを例証することにあるのではなく，法の解釈は，それを行う者が基礎に採用しているイデオロギーの如何によって，劇的な差異を生じさせることを示す点にある。また私の以下の記述は，法と経済学の適用例を示すことを目的としているので，同書の議論に忠実には従っていない。

(7)　同じ判決の中で非良心性を定義している箇所では，「非良心性は，一般に，一方当事者に実質的な選択可能性（meaning choice）が欠如しており，かつ契約条項が不相当なほどに他方当事者に有利であるような場合をさすと理解されている」としている（内田［1990: 33］の引用より）。これを紹介している内田も，本判決は，「契約内容の不公正に対する裁判所の介入が正面から認められた」点と，「契約環境の不公正として，交渉力の不均衡」を勘案しているように見える，点に特徴がある，と説明している（同34頁）。

第 2 節　「法と経済学」の衝撃

以上，単純な当事者間の交渉力の不均衡は，契約の効力を左右しない，という議論である。しかし「法と経済学」は，もっと経済学的な論理をここに持ち込んで問題に対処しようとする。

本件では乙は，生活扶助を受けている貧しい女性だったようである。彼女は，売り手にとって信用度の低い危険な顧客であるから，本件のような形での実質的な担保設定を裁判所が認めない場合には，甲は次のどれかの対処法をとらざるを得なくなる。1) 商品の価格または利率を，増加した危険に対応する分だけ値上げする。2-1) このような営業分野から撤退する。2-2) 字義通りの撤退以外にも，割賦販売の際の信用調査を厳格にし，一定の基準に通らない顧客には現金売りしか受け付けない，など，部分的な契約拒否を行う。3) 他の安全性の高い顧客から得られる利益によって，危険な顧客について発生する損失を埋め合わせる（その場合には，その限度で前者から後者への実質的な所得移転が生じる）。

しかし競争的環境の下では，3) の選択肢は，同業他社にも一律に強制される（例えば，割賦販売の際の信用調査一般の禁止を法定するなど[8]）のでない限り，早晩維持不可能となる。信用調査の費用がそのメリットを帳消しにする水準までは，2-2) を採用する企業の方が 3) を採用する企業より有利であるので，甲はこれに対抗できず，その企業自体またはその営業方法が，この業界から駆逐されるだろうからである。

この背後にあるミクロ経済学の理論は明快であって，新規参入に開かれた競争的市場では，原理上長期的に「暴利」を得続けることは不可能だ，というものである。だから，もし本件の契約方法が甲に有利であるなら，その分の利益は（低い価格なり，さもなくば享受できない割賦による購入方式が可能になるなりの形で）買い手側に還元されているはずなのである。それゆえ，法が甲に有利な契約を禁止すると，実質的な不利益は乙（個人ではなく類型化された場合のこの種の状況におかれている買い手一般）に及ぶことになる。つまり乙は，当該の時点で所持している現金を越えて，信用によって家具の購入を行うことができなくなる。

---

(8)　たとえば，現在アメリカ諸州の法律は，任意加入の健康保険について，加入者にエイズの検査を行うことを要求するような営業方法を禁止しているが，この場合の関係はこれに当たる。このような場合には，安全性の高い顧客から低い顧客へと，強制的な（つまり，この強制がなければ実現するはずの保険料より高い金額を払わされる者から逆の者への）所得の移転が行われていることになる。

第2章 経済学の洞察と法学

このような不都合は発生せず，このような契約を無効と見なして乙を法的に保護することが望ましい帰結を伴う場合もないわけではないが，それは，その事例における市場が競争的でないこと，つまり甲に独占利潤が発生していることが論証される場合に限られる。その場合には甲は，より不利な契約内容を採用してもなお，そこから利潤をあげることがありうるからである。

このような論理に立つ場合には，裁判所が判決を下すに際しては，当該市場の競争性如何を判定するための資料（当該の企業と同業他社との販売方法や条件の比較，その企業において毎期に発生している利潤額，など）の取り調べが必要だ，と考えられることになり，これをしないまま上記のような判断を行った判例のやり方が，批判されることになる。

ちなみに，もし法と経済学の主張を本気で裁判に取り入れる場合には，訴訟において取り調べの必要な訴訟資料の範囲が，伝統的なそれよりもずっと拡大することが予想される。拡大する部分は，それぞれのルール解釈に対応する，各当事者のコストまたは利益の評価・査定に必要な情報と，取引費用に関する情報であり，これなしに判断することが批判される，ことになるだろう。つまり，個々の事件は常に一般化された形で問題にされ，そこでのもっとも効率的な解決が何かを問われるのである［Ackerman 1984: ch. 4 参照］。

■ 他の事例

競争的市場のメカニズムを前提とするこの論理は，広い対象に対して適用することができる。これは，取引の公正（および，弱者にとっての現実的に可能な水準の利益）は，最終的に市場の競争によって確保される，とする考え方である。取引の内容のバランスは，個々の当事者の交渉によって相互の力関係で決まるというより，売り手は売り手間の，買い手は買い手間の競争によって，大量の個々の契約が結ばれる市場で決定される，と考えるのである。もちろん，公正な競争の確保・促進のための法が整備され機能していることは，このメカニズムの条件または，ゲームのルールとして必須のことだが，この過程に法が特定の目的をもって直接介入することは，このメカニズムの機能を損ない，法の目的をも挫折させる場合が多いのである。たとえば上記のようなタイプの「弱者保護」を目的とする法解釈は，むしろ結果として弱者の被害を拡大することになる，と考えられるのである。

同様に，最低賃金を法定することは，その賃金水準以下の利益しか雇用者に

28

もたらすことができないような未熟練労働者から雇用の機会を奪うので，彼ら
は職に就きながら熟練を得るチャンスも失う，という効果をもつ，と主張され
る。つまり最低賃金法は，失業の原因を人為的に生み出すのである。また，借
家人の地位を保護するような立法や法解釈が定着すると，貸家業が資本の運用
として危険性の高いものとなるので，貸家の供給が減って家賃が高騰し，良質
で安価な貸家が供給されにくくなる。そしてそれでも供給される安価な物件は，
さもなくば住居などには利用されないような遠くの土地にあるなど，条件の
劣ったものしかなくなる。すでに借家を得ている者を法が保護することは，こ
うして，まだそれを得ていない若年層などの入居条件を悪化させることにつな
がる。この論理を進めるなら，法政策的には，税制なども含めて，できるだけ
家主に有利な法的条件を実現することが，事業として貸家業一般を魅力あるも
のにしてこの業態への参入を増加させ，貸家業内部での競争が激しくなること
で貸家の供給が増え，結果として良質で安価な借家獲得の可能性を借家人側に
実現するのだ，ということになる。

　後により詳しく述べるように，この種の議論の基礎には，「すべての随意的
契約（の潜在的実現可能性）は，それが結ばれない場合よりも結ばれる方が，
両当事者をより満足させる」という，「限界革命」以降の経済学にとっての基
本的な洞察があると考えられる。

　ただ，後に述べるように，「完全競争」は，あくまでも経済学者が描いてみ
せる架空のモデルである。私法的問題の市場的解決に対する一般的評価を単純
に分類するなら，①市場全体への不信論，②完全競争モデルによる市場擁護論，
③完全競争モデルには批判的だが，別の根拠から市場を擁護する立場，と三つ
の立場が可能である。法と経済学の主流は②であるように見えるが，③に傾斜
する論者もいる（法と経済学の創始者の一人であるカラブレジには，その傾向があ
るように見える）。

2　不法行為法

　不法行為法の分野は，法と経済学が最初に取り上げた分野であり，多くの議
論が蓄積されている。その基本戦略は，この分野でも当事者間の取引を観念上
想定して，その結果成立するはずの取引を経て効率化された資源利用の状態を，
実現すべき状態として，法適用の目標とする点にある。

第2章　経済学の洞察と法学

■ コースの定理の仮定とその意義——法学はいらない？

1991年にノーベル経済学賞を受けたロナルド・コースが，有名な「社会的費用の問題」という論文で提示した「コースの定理」は，以下のように要約される。

取引費用がゼロであれば，（当事者間の取引によって常にもっとも効率的な資源配分のあり方が実現するので，法的な）権利関係の如何は，最終的な資源利用のあり方に対して何ら影響を与えない[9]。

一見，法と法学の役割を否定するかに見えるこの定理が成立するには，後に述べるいくつかの前提が必要である。この帰結は，それらを考慮するなら当然のことにすぎず，そしてこれは，前節で述べた，「当事者間に取引が可能な場合にはそれを実現する方が，そうでない場合よりも双方にとって有利な結果となる」という基本原理を，取引費用ゼロという理想状態で機能させた場合に，その単純な系として生じるはずの事態でもある。特定の仮定の下に行われる演繹的推論が，論理として誤っているのでない以上，問題は常にその含意にあるが，我々はそれを知るために，まずその適用例を見てみよう。

コース自身が挙げている多数の例の中からよく引用がなされるが，それらはたとえば，①牧場から迷い出た牛が隣の農場の作物を踏み荒らすという被害の例，②菓子製造業者の出す騒音が隣に越してきた医師が開いた診療所に与える被害の例，③鉄道の機関車が出す火のついた薪が鉄道に隣接する農場にもたらす火災被害の例，などである。いずれの場合も，取引費用ゼロを仮定すれば，被害者による加害者への差し止めまたは賠償の請求を認める場合とそうでない

---

(9) 類似の定式は多いが，ここでは私なりに定式化してみた。Posner［1986:7］は所有権についてこの点を述べるものをコースの定理とする。ただし，不法行為の責任如何も，広義の所有権の境界設定問題とみなす（たとえば，被害を受けた場合にその賠償を相手からうける権利が当該の所有権——身体を含む——の内容として含まれるかどうかの問題と考える）ようである。

　元になる，コース［1994-1］では，たとえば以下のように述べられている。

　（権利の初期的な限界設定——責任の有無のこと——の確立は，市場取引にとって不可欠であるが）最終的な結果（それは生産の価値を最大化する）は，もし価格システムが費用なしで機能するとすれば法的責任の有無とは無関係に定まる。［23頁］

　……

　裁判所が直面している問題は，誰に何をする法的権利があるかであって，誰によって何がなされるべきかではないということは記憶されるべきである。初期的な権利の法的限界設定を市場の取引によって変更することはいつでも可能である。そしてもちろん，そのような市場取引に費用がかからないなら，生産の価値の増大につながるかぎり，そのような権利の再調整がいつでも起こる。［32頁］

第2節　「法と経済学」の衝撃

場合とで，最終的に成立するであろう資源配分に関わる帰結には，なんら差は生じないとされる。そうなる理由は，法的な権利関係が確定した後で，当事者間で負担を最小の水準に軽減するような取引が（仮定によりなんらのコストと障害なしに）行われるからである。その場合，権利関係の如何は，その解決のための金銭的出費が誰の負担になるか（法的な責任を認められる者は，自分で現実に問題の非金銭的コストを負担するのでなければ費用を払って他の者にそれを負担してもらうのだから）の差，つまり所得分配上の差異をもたらすのみで，当該の問題解決の内容自体には差異をもたらさない，とされるのである。

　これは，一定の仮定の下では論理的な帰結であるが，それを論じる場合のコースの意図は，かならずしも広く理解されているわけではない。コースの核心的主張は，たとえば次のように述べられる。

　問題を因果関係の観点から論じようというなら，両方の当事者が損害をひきおこしている。それゆえ，もし資源の最適配分を達成すべきなら，両方の当事者が，活動の方針を決めるときに，有害な影響（ニューサンス）を考慮するのが望ましい。……有害な影響による生産の価値の低下が両方の当事者の費用となるというのは，スムーズに機能する価格メカニズムのひとつの美点である[10]。

　この文の意味はこうである。たとえば②の事例でいうなら，もし菓子製造業者がそこで営業を続けることの（他の場所に移る場合などと比べた時の）利益がp，同じく医師がそこで診療所を開き続けることの利益がqであり，両者は両立不能だとすれば，「もし資源の最適配分を達成すべきなら」，p＞qなら菓子製造業者が，p＜qなら医師が，そこにとどまるべきである。その場合に，法的に逆の結論，たとえば，p＞qの時に，菓子製造業者に対する操業の差し止めが裁判所で認められたとしよう。それでも，取引費用ゼロ（コースの論文では「スムーズに機能する価格メカニズム」と表現される）であれば，菓子製造業者は医師にたいして，p＞x＞qとなるような金額xを支払って，医師にその権利を放棄してもらうことができる。この場合医師が同意すれば，xはもちろん菓子製造業者にとっての費用となる（完全に賠償されるとの仮定の下では，医師側には費用は発生しない）。しかし，もし医師がその申し出を拒むなら，彼は提供されたxの受け取りをあきらめながら，それより少ないqの利益を得続けることになるので，理論上彼は差額分の費用を払い続けていることになる，というのである。ここではすべてのことが「費用（コスト）」に含まれるので

────────────

(10)　コース［1994-1］30頁。

31

第2章　経済学の洞察と法学

あって，提示された補償金を受けないことも，それを払うことと同じく，それ
の中に含まれる，というわけである。「有害な影響による生産の価値の低下が
両方の当事者の費用となる」というのは，このことを言っている。

　この理論の含意を理解する上でもっと重要なのは，最初の二つの文である。
ニューサンス（たとえば公害）は，この論文でコースが論敵として設定してい
るピグーなどの厚生経済学が，「市場の失敗」として好んで取り上げた対象で
ある。その場合，公害を排出する企業は，その社会的コストを「外部化」して
いることが問題の根元であるから，それを内部化させるために，（被害に対する
賠償義務——という私的方法はあまり論じられないが——），税制上の措置，補助
金，またはもっと直接的な国家による規制が不可欠だ，と論じられた。単純化
すれば，市場内部では公害の水準を低くするという社会的目的が実現不可能な
ので，外部から政府または裁判所がそれに介入することが要請される。その際，
公害の水準は低ければ低いほどよい，というような前提が，明示的でなくとも
含まれていることが多いのである。コースの「両方の当事者が損害をひきおこ
している。それゆえ，……両方の当事者が，……有害な影響（ニューサンス）
を考慮するのが望ましい」という文には，これに対する批判が込められてい
る[11]のである。

　すべての費用が考慮された完全競争下の均衡状態を想定すると，ここでも公

---

(11)　より正確には，コースの議論は以下のように進行する。上記の③の例（汽車の火の
　　粉と農場火災の例）では，厚生経済学なら，鉄道に社会的費用を内部化させる——「私
　　的純生産物と社会的純生産物の乖離」を修正する——ために，農場火災の全損害を賠償
　　させればよい，と考えられるだろう。しかし，もし農場火災が鉄道の責任ではないとい
　　うルールが確認されるとしても，農場の側ではそれに対応して被害を最小化する（被害
　　にあう資源を別の次善の場所で利用する）ことが可能であるから，実際に発生する社会
　　的損失は，この次善の利用法による利益と元の農場での利益との差にすぎない。ところ
　　が，鉄道に火災の責任を負わせて農場の全損害を賠償させると，農場ではこの対策を取
　　る必要がなくなる。ここで発生する不効率は普通「外部性」とは呼ばれないが，それも
　　社会的不効率であることに変わりはないのである。つまり，鉄道の責任をゼロにしても
　　全部にしても，社会的な観点からの資源の誤用は起こる可能性があるのに，厚生経済学
　　的な発想では，この点が無視されているのである。
　　　結局コースが批判しているのは，ピグー的議論では，誰が責任者であるかが，ものご
　　との性質上決まっていて，いかにしてその者に社会的費用を内部化させかが問題だ，と
　　いうような，一種の（責任に関する）自然主義が前提されているが，これは経済学的に
　　誤りだ，といっていることになる。公害や事故の費用を最小化することは，加害者の問
　　題であるとともに，被害者の問題でもあって，この間に論理的差はない。単純化すると，
　　彼の主張のエッセンスはこうなるだろう。

32

害はゼロにはならないであろう。なぜなら，公害を出しながら実現される利益がその費用（つまり公害の被害）を上回る場合があるからである。そうすると，そこで公害を差し止めると，その利益の実現も阻まれることになる。公害も社会的費用を発生させるが，機会費用の考え方によるなら，ここで実現を阻止される利益もまた社会的費用であることに変わりがない。だから解決すべき問題はむしろ，いずれの費用の方が小さいのか，を確定することによってこれに対処することにある。

　もし，取引費用（その中には，上記の各費用の大きさを認識するための費用も含まれる）がゼロであれば，当事者は，裁判所の判断と無関係に，最小の費用で問題に対処できる者に，それを負担させるような取り決めを結ぶはずである。不法行為の分野に適用された場合の「法と経済学」の顕著な特徴は，この種の論理を広い対象に対して徹底して適用する点にあるといえる。取引費用ゼロの仮定は，社会全体ではなく，当該の問題に関わる当事者の範囲に限定してではある（もし一部で均衡の内容が変化すると，計算上は，すべての部分，つまり経済全体にその変化が及ぶはずだが，そこまでは議論されない）が，一般均衡の状態に類似した効率的状態の特徴を観念上思い描くための道具として，導入されているというべきである。コースの「法と経済学」はあきらかに，上記の区別では，一般均衡論のモデルに依拠するタイプのそれである。

第3節　推論の前提にあるもの

　取引費用ゼロ，または「スムーズに機能する価格メカニズム」が，現実にありえないのは当然である。ただそれを仮定することが，物理学における摩擦のない動力学系の仮定の場合のように，法と権利の問題という形で問われていることの重要な一側面を理解させてくれる可能性をもつのも事実である。しかしこのことは，取引費用がゼロでない現実の世界へと議論を戻す時に，得られた推論結果をいかに利用するのか，の問題が，この後で生じることを意味する。取引費用は実際はゼロではないが，そうと見なしても大きな問題は生じない，と考えて，問題を市場における当事者間の交渉に委ねようとするのか，それとも，取引費用がゼロでない以上，市場にまかせても結果は理想から外れることが明らかだから，想定された理想状態に近づけるための国家や裁判所の役割が

第2章　経済学の洞察と法学

大きくなる，と考えるのか[12]。このようにまったく逆向きの二つの対応がありうるから，この仮定が現実にもつ意義も一義的ではありえない。もちろん，広域にわたる公害のような，相対的に取引費用の大きな被害事例と，相隣関係のような，それの小さな被害事例の区別は可能であるから，この問題にケース・バイ・ケースで答える，という対応も可能ではある。

1　金銭評価可能性

　しかし，この議論が進行するためには，この明示化されている仮定の他にもいくつかの，それも議論の余地のある仮定が必要である。それはたとえば，すべての利益と費用は金銭評価が可能である，という仮定である。被害の場合には，一定の確率で発生する被害の可能性から逃れるのに，あなたはどれだけ金銭を支払う用意があるか，を問うことで，その被害を消極的な金銭評価の対象にする。もちろん，危険行為の従事者に対しては，その行為をし続けるのに，あなたはどれだけの対価を支払う用意があるかを問う，ということになる。これらを仮定しないかぎり，仮想上の市場メカニズムによってあるべき結論を演繹的に導く，という手法は適用できない。健康や生命の被害の場合，法律家にとって被害の賠償というのは一般に，取り返しのつかない被害を起こした者の責任として，一定の方式によって算出した賠償金を支払うことが法的に要求される，とういうことに過ぎないだろう。しかし法と経済学では，被害発生が一般的には予想される，危険な行為に利益を見いだす者と，彼の行動に不利益を見いだす者とが，それぞれそれに価格をつけた場合に，いずれが大きくなるかで，許されるか否かの帰趨が決することになる（取引費用がゼロなら，それも，裁判や立法の内容から独立して――ただし，たれが金銭的費用負担をするかは法的取り決めに依存しながら――自主的に行われるはずだが）。その場合，事故が発生した後の賠償金の額は，具体的に発生した被害を帳消しにするもの（そのような説明をする解説書もあるが）というより，事前に危険行為をいかなる利益と評価するかの取り決めで，その抑制の費用として設定される額が，事故の発生によっ

---

(12)　Posner［1973］は前者，Carabresi［1970］は後者のアプローチを取る傾向が強い，と B. アッカーマンはいう。これは前者が「法と経済学」入門のための教科書であるという事情のためでもある。Ackerman［1984: 56, note 11］参照。「取引費用は決してゼロではないが，当事者にとって取引費用が取引の価値よりも低い場合にはつねに，コースの定理は現実を記述するのである。」Posner［1973: 44, note 2］
　　コース自身も，後者の論点（取引費用がゼロでなければ，裁判所の活動が重要になるということ）は積極的に認めている。コース［1994-1: 36］

34

て具体化された，と見なされるのである（この「具体化」の確率は事故発生の確率に一致するから，後述の所得効果と危険回避の傾向などを無視するなら，金銭被害の場合，この両者は一致する）。

刑事罰についての議論も，この応用として可能である［Becker 1976: 39］。つまり特定の違反，たとえば駐車違反の罰金額は，それ以上でも以下でもない，適正な額でなければならない。それは，違反行為の頻度を最適の水準に保つためのものであるから，もし罰金×捕捉率が高くなりすぎて違反行為が減少しすぎると，最適性が損なわれるのである。つまり，もしその額以上の価値をその違反行為にたいしてあたえる者がいれば彼は，罰金（×支払の確率）を一種の「違反料」とみなして，それを払う用意を持ちながらむしろ違反することが，社会的効率性を高める，と論じられるのである。たとえば，肉親の急病で薬を買いたいのに駐車場がないなど，特別な理由がある者は，罰金を払っても駐車違反すべきだ，というのである。だから，「道徳的非難」「良心の呵責」というような議論は，一般に法と経済学には馴染みにくい。これは，民事の契約違反についても同様で，違約金を払っても契約に違反する方が，社会的に見てより有益な用途に資源が利用されるような場合（つまり，元の当事者よりも高い価値をその資源に見いだすためにより高い対価を提示しうるような，新たな契約相手の登場の際）には，むしろ契約を破ることが当事者に認められるべきだ，と論じられる（このことは，適切な約定違約金額の水準などをめぐって論じられる）。

ここでの問題はもちろん，駐車違反のような道徳的非難の軽い犯罪ではなく，殺人などの重大犯罪では，この議論は妥当しにくいだろう，ということと，刑事でも民事でも，法や契約に「違反してもいいのだ」という理解が一般化した場合の，より長期的一般的影響のコストであろう。しかしそれは，影響を限定することが困難で，単純な計算に取り入れることが難しいことから，便宜上理論の中では無視される（もしくは，「非金銭的コスト」という語の中にすべて含まれていると想定される）場合が多い(13)。

---

(13) これは，「（問題処理から直接発生する第一次効果と区別される）第二次効果」の概念とも，その一部が重なっている。本来，正確な経済計算のためには，すべてのコストの大きさがわかっていなければならない。しかしたとえば，「規範意識のゆるみが未来の諸世代にもたらす全影響」などというものが，個別法分野の立法や法解釈の場面で定量的に斟酌できるものでないことも明らかである。このように，明示的な帰結に還元できないにもかかわらず，漠然としたしかし広範な社会的帰結と関連していると思われるような規範的判断が問われるのは，法解釈において日常的な事態である。規範的判断のパラダイムをこのような場面にとるなら，規範は，原理上（少なくともその一部）は帰

第2章　経済学の洞察と法学

2　豊かさの，拡大と分配の局面の分離可能性

　伝統的な（人々の幸福の総量を最大化しようとする）功利主義に立つ経済学が政策上の提言を行う際によく採用する仮定は，社会の生産物全体を拡大する局面と，個々人へのそれの分配の局面との分離が可能だという仮定である。それを国内総生産その他何で計るのかはさておき，生産の総量を中心にすえるタイプの経済学では，これはわかりやすい議論である。そこでは，分配問題と切り離された意味の全生産物総量の増大は「パイの拡大」とみなされ，それ自体としては正義だ，という主張が一応の説得力をもつ。たとえば望ましい状態は，「パイは大きく分配は平等に」という格律が妥当するそれである，といわれるかもしれない。ここで，あるべき分配の基準として，「平等に」の代わりに「働きに応じて」とか「必要に応じて」などの他の原理を代入することも可能であるが，パイの拡大と分配の局面が分離可能であるかぎり，分配問題は後回しにしたまま，パイの最大化に専心して取り組むことも許されるはずである。あるべき分配をめぐる議論は様々な対立を含むので容易に収束しそうにないが，パイの拡大（もちろんここには負財の最小化も含まれる）に限定するなら，それを目標とすることに反対する者がいるとも思えず，議論はもっと扱いやすい，技術的——経済学的——問題の性格を帯びる，というわけである。

　法と経済学の擁護者の中にも，この種の議論を自覚的に採用する者もある。もちろん問題は，生産の拡大または資源利用の効率化の局面と，その分配の局面を分離することが可能だ，という前提にある。この問を実質的に回避するやや巧妙な議論の進め方は，まずこれを前提して議論した後で，それを一種の誤差として検討する，というものである。この場合，議論は次のような戦略に従って進むだろう。まず，いかに最大のパイを実現するかを論じた後で，達成された大きなパイの「再分配の費用」を論じ，衡平と効率の間のトレード・オフについて語る，という戦略である[14]。こうして，あるべき再分配または正義

　結に還元されるとしても，具体的にそれがいかなる帰結なのかの全部を特定することができないからこそ，「規範」として扱うべきなのだ，という発想へと向かうだろう。この観点からは，法と経済学は，帰結主義のゆえにではなく，むしろその帰結への配慮の不徹底のゆえに，批判されるべきだ，ということにもなりうる。

(14)　ごく簡単な記述であるが，ポリンスキー［1985］参照。第二章では，「所得が費用をかけずに再分配されるならば，効率性と衡平との間の対立はなくなる」（16頁）とし，パイの分け方と区別されるパイの最大化問題を，経済学的アプローチが解決しようとする問題として設定する。こうして以下の議論を展開した後，14章では，実際の所得移

論についてはほとんど正面から語られないまま，議論はふたたび（再分配の）コスト論として，それ自体が経済学的枠組みの中で処理される問題だと見なされるのである。

このような前提にともなう一つの問題は，分配結果の蓄積が，定義される「効率性」の具体的内容を変化させるということにある。たとえば，裁判所がある権利関係を確定すると，分配上の利益と不利益がそれぞれの当事者に割り振られる。これは「再分配」しない限り，そこに留まることになる（そのこと自体は「社会的利益」と区別される「個人的利益」の問題にすぎない）。しかし所得とは，その人が財を支配できる力の指標とみなせるから，誰がより多くの所得をもつかによって，財の社会的構成または資源配分のあるべき内容に向けた発言権の割合が変化する。そして結局はこうして，各人の所得に応じた発言権を勘案して想定される，目標としての「最適の資源配分状態」の内容（これが「社会的利益」の内容をなすとされる）が変化するのである。だから，たとえ観念上の架空の議論であっても，効率化の側面から分配の側面を省略することが正当なアプローチであるのか，には疑問が残るのである。裁判所の権利判断が直接関わっている分配問題は，こうして特に長期的な形で，社会的なパイの大きさを計る物差しの内容自体に変化を与えると考えられる。

■ パレート基準

しかしパイの拡大問題と分配問題の分離というアプローチは，もっと直接的な問題を生じさせる。なぜなら近代経済学のいう効率性は，物理的な量としての生産物の物理的拡大ではなく，人々の満足の度合いを計測しようとするものだからである。もちろん，この両者は無関係ではない。しかし限界革命以後，

転の費用を論じ，そのためのルートとして，租税によるものと法ルールによるものを考え，その得失を概説する。

ちなみに，この仮定を逆にしたものは，J. ロールズの「格差原理」の基礎にある洞察でもある。それは，社会的・経済的成功へ向けた競争という各個人の努力へのインセンティブがまったくない平等社会よりも，それのある社会の方が，分配上の格差は存在しても，社会全体を豊かにさせるので，結果として（もっとも）恵まれない者たちの条件が（絶対的スケール上において）改善される余地がある，というような認識である。そして，その限度で格差の存在が（「格差原理」として）正当化されるのである。基礎にあるのは，ある種の格差を伴う分配は，社会の財の総量を飛躍的に拡大するという，認識である。ただし，この場合の「パイ」の大きさや分配を，「基本財」と呼ばれるものについて考える点に，ロールズ理論の特徴の一つがある。Rawls [1971] 参照。この解説として，クカタス＝ペティット [1996]。

第2章　経済学の洞察と法学

一定単位の商品が人に与える満足は，同じ相手に対しても変化する（限界効用の逓減）し，もちろん人が異なれば変化する。いやそれどころか，満足度の「間主観比較」の可能性すら否定し，満足度についても，（普通の数で計れる，「満足度aはbのn倍だ」といえるようなものとしての）基数的効用概念ではなく（「aよりbの方がよい」という順序づけのみが可能な）序数的効用概念を取るのが，洗練度を高めた標準的な経済学の立場である。それなら，社会の「パイの大きさ」は何で計りうるのか。

　まず考えられるのは，「パレート基準」である。本来は，その極限に想定される「パレート最適」を定義し，それが満たすはずの条件などについて議論するのが，この概念の目的だが，以下では，数学的に定義されるパレート基準を交換に当てはめたものに限定して，説明を簡易化してみる。

　随意的交換は，交換の当事者双方に，交換以前よりもより大きな満足をもたらす（だからこそ交換に双方が同意する）。だから社会で行われる個々の交換の前と後について，「社会全体の分配状態pは，それ以前の状態qに比べて，社会構成員のうち少なくとも一人（交換ではそれを行う二人）をより満足させ，他の者（交換と無関係の者全部）は無差別（どちらでも同じだと判断する）」というパレート基準からして，（社会全体の）状態は改善されている。そしてこれ以上もうこの種の改善が不可能になった状態（つまりもう双方を満足させる随意的交換が不可能になった状態）は，「パレート最適」となる。この状態を「パイの最大化」つまり，最大の効率が達成された状態として観念する，というわけである。ここでは，随意的交換が行われたことは，定義上パイが拡大したこと（しかし，序数的概念を採用すると，それがどれほど拡大したのかはいえない）とみなされるから，「交換によりパイが拡大した」というのは同義反復のきらいはあるが，これでパイの大きさを計れるなら，比較的理論上の問題は少ないと考えられている。パレート基準は，一種の全員一致と見なしうるからである。

　もちろん，交換の当事者以外の者（他の全社会構成員）は，個々の交換に対して無差別だ，という（独立性の）仮定に無理があるのは事実である。たとえ「嫉妬」の問題を別にしても，ある当事者の立場を強化する交換は，それと競争関係にある第三者の立場を弱化させるから，その第三者の利益を損なう（たとえば，優秀な選手が特定のプロ野球チームと契約することは，他のチームにとって無差別ではありえない）。これを無視するためには，競争関係の中で敗者の受ける不利益は勝者の受ける利益によって相殺されている，というそれ自体必然

第3節　推論の前提にあるもの

的ではない（ゼロ・サムの）仮定を置かねばならないだろう。より一般的には，
この「改善」過程内のどのステップも，それと矛盾する他の「改善」を不可能
にするから，その点を考慮に入れるなら，交換が当事者の利益にのみ関わる，
という前提は実際には成立しない。つまり，あるパレート最適でない状態にい
る当事者が，潜在的に実現可能な多数のパレート改善のどれに自分の利益を見
いだすか，まで考えてその「利益」を問題にするなら（つまり現在の利益には
その改善の可能性も含まれると考える），それと矛盾する「パレート改善」また
は「パレート最適」はすべて，その可能性を奪うという不利益を彼に課す点で，
この語の元の定義に反することになる。そうすると，この概念は自己崩壊して
しまいかねないのである。

　この点は無視するとしても，この基準では，パイの大きさと分配とを区別す
ることが不可能なことが明らかである。むしろ，「パイの拡大と分配」の比喩
を使うことが，ここでは不適切となるのであって（なぜなら，①パイは分け方に
よって全体の大きさが変化したりはしないし②問題は均質的なパイではなくその部
分が質的に異なる財の分配だから），ここで起こっている変化は（観念的なものも
含めて）「交換（つまり分配内容の変更）による各人の満足度の向上」である。
この交換によって生じた分配の結果に対する再分配を，租税などを通して随意
的交換と独立に行うなら，この意味のパイは明らかに（定義上）縮小するにち
がいない。ただ，「本来行われるはずの交換が，取引費用が高い結果実現しな
い場合」に限っては例外である。このようなものはたとえ強制的に行われても，
「パレート改善」であることにかわりないからである（もちろん，何がそれに当
たるかを同定するコストが禁止的な高さになる可能性も高いが）。

　いずれにせよ，社会状態qからpへの変化がパレート改善であるためには，
誰一人としてこの変化によって不利益を受ける者があってはならないのであり，
これがこの基準の意味である。しかしこれは，任意の初期状態（分配状態）か
ら出発して，それを全員一致により改善するだけだから，どんな分配状態であ
ろうと，それを誰かの不利益にもかかわらず修正する，というような変化を
「改善」と呼ぶことがまったくできない基準である。その意味ではこれは，
まったく保守的なものというべきである。

■ カルドア＝ヒックス基準

　このような，誰一人として不利益を受けない変化のみしか扱えないような社
会理論，に限界があるのは当然であるから，この基準を緩和することが試みら

39

第2章　経済学の洞察と法学

れ，そこで登場するのが「カルドア＝ヒックス基準」である［奥野＝鈴村1988：326 et seq.］。これは，「一方で発生する利益によって他方で発生する不利益を補償しても余剰がある場合」といういわゆる「補償原理」によって，パレート原理を拡張しようとするものである。この形では，金銭による媒介には必ずしも言及されていないが，非経済的利益（被害）の場合も含めて，それを媒介せずにこの原理の働きを理解するのは困難だと思われるので，ポズナー流の「富」と整合するように，すべてを金銭評価で媒介する形で以下に説明する。

　現代の経済学では，効用そのものは個人間比較が不可能と考えられるが，人にそれを金銭評価させることは可能である。それから受ける満足といくらの金銭から受ける満足との間で「無差別」になるかを判定する能力は，経済人に仮定されているからである（この点は「金銭評価可能性の仮定」として述べた点である）。苦痛の場合であれば，その苦痛は，いくらの金銭とともに受けるなら，それがないこととの間で無差別になるか，を判定する，というわけである。社会変化のうち，一部の人に満足を，他の人には苦痛をもたらすようなものを評価する際に，これを使って，それを金銭評価した場合に，人Ａの受ける利益が人Ｂの受ける損失を補ってもまだ余りがあるような変化は，この基準を満足する，と考えるのである。もちろん，その補償が現実になされて，実際に人Ｂの受ける損失が完全にない状態と同じ（プラス幾分補償を余計にもらって満足度が向上する状態）になれば，これはパレート改善そのものである。しかしカルドア＝ヒックス基準は，このことを要求しない。この補償はあくまで可能性で足りるのであって，現実に実行されることは必要ないのである。

　法と経済学の指導的理論家であるポズナーが主張する「富」の基準もこれと同値であるとされる[15]。これは，人が自分の享受している利益・不利益を金銭で評価（様々な財・サービスを，享受者がそれに支払おうとする意欲にもとづいて金銭評価）した場合に，その総量を「社会的富」とみなし，それが拡大することを，法＝経済政策の目標または「倫理」として掲げよう[16]，という立場であ

----

(15)　これについて，主に経済学内部の文献を紹介しながら，詳細かつ批判的な理論上の検討を加えているものとして，川浜［1993］がある。以下の「所得効果」の指摘は，同論文に負っている。

(16)　ポズナー［1991：69-93］「倫理概念としての富の最大化」参照。そこではたとえば，「社会的富は，その社会で生産されたすべての財・サービスの価格かける数量という意味での市場価値を含むだけでなく，これらの財・サービスによって生み出された消費者余剰と生産者余剰の総計を含んでいる」と説明される（69頁）。

第3節　推論の前提にあるもの

る。ここから導かれる第一の原理は，「各財は，もっとも高価にそれを評価する者に（負財の場合は，もっとも低廉に評価する者に）所属させるべきだ」というものである。これは，分配の正義の問題に対する一つの態度（「再分配が事実上まったく行われなくとも，その可能性があるだけで，大きなパイはそれ自体として正義である」）を採用し，それを織り込んだ形で構成された，社会的効率を評価するための物差しであるといえる。

　カルドア＝ヒックス基準またはポズナーの「富」基準の第一の問題点は，「所得効果」といわれるものである。これは，金銭自体の効用が，人により，また所得に応じて変化することをどうするのか，の問題である。簡単に言えば，同一の個人であっても，所得の少ない時はわずかな金銭でも満足したり，感激すらするかもしれないが，所得が増えれば，同じ（これが何を意味するのか，厳密には不明だが）満足を得るにはずっと多額の金銭を必要とする，と予想されるからである。金銭の限界効用を常に一定と仮定しないかぎり，この「補償理論」では，金持ちほどより多数の票を持っているのと同じ結果となるのである。これは，一種の競りによる価値評価だから，金持ちが有利になるのは元々予想される事態でもある。つまりこの基準は，利益は金持ちに，不利益は貧乏人に集中するような結果を，利益額を最大に不利益額を最小にする状態とみなして「効率的」と評価する結果となる可能性が高い。恣意的な初期配分の効果が，後まで「理想状態」の内容に反映される，というパレート基準がもっていた欠点が，大幅に緩和されているとはいっても依然として残るのである[17]。各財または利益の評価は，それを評価する者の所持する財の組み合わせと所得によって変化するので，条件次第では，ここから循環も発生する。これは，異なる分配結果であるｐとｑについて，カルドア＝ヒックス基準を充たしながらｐからｑを補償してｒにいたることも，ｑからｐを補償してｓにいたることも可能であるため，ｐｑ間の優劣が判定できない，という事態である。

　ただポズナーの「富」基準の場合，それが功利主義的な満足度の計測という躓きの石を回避できることを誇っている。つまりそこでは「富」は，社会の満足度・幸福度の代理変数としてではなく，それから独立の政策目標として設定

―――――――――――

(17)　上記のコース，ベッカーと並んでノーベル経済学賞を獲得したブキャナンは，この点を批判して，初期配分の平等を正義論の条件として取り込もうとする。Buchanan [1975] 参照。また本人が，有名なここでの議論を振り返って論じたものとして，'Rules for a Fair Game: Contractarian Notes on Distributional Justice', in Buchanan [1986: ch. 12]

41

第 2 章　経済学の洞察と法学

されるのである。もちろんそれなら，何故人々の幸福とは独立にそれが正しい
目標であるのか，に答えることが必要になるはずだが。

3　人間モデル

　もともと経済学の与える描像から我々が受ける奇異な印象は，そこで想定されている人間モデルである「経済人」の仮定から来る部分が多いように思われる[18]。詳論は別の機会にゆずるが，簡単にその要素を以下に素描してみよう。

　経済人は，自分にとってのすべての利益と不利益の大きさを順序づけることができ，この順序づけを一定の安定性をもって保持している。他人の利益は，彼がそれに関心をもつ限度で彼自身の利益とみなされるとともに，それと別にはカウントされない。マーケティングなどによって他の者が彼の嗜好に影響を与えようとすることは許されており，それが成功した限度で，それは彼の選好としてカウントされる。

　理論上彼は超人的な情報処理能力を備えており，「一般均衡」の状態では，市場で提供されるすべての財のすべての代替的用途と価格とを知っていて（「完全情報」の仮定），社会の状態が少しでも均衡から外れた場合には，すべての計算を全部やり直すことができる。この計算とそれに基づく行動調整は，均衡内容を決定する要素（たとえば個人の選好内容）の変化よりも早い速度で，社会の全員がそれらを完了することができる。

　彼は，自分の選好を，その順序づけも含めてすべて知ってもいる。それゆえ，決定理論または決断などという語が語られる場合も，彼には普通の意味での「決定」は必要がない。むしろ一種の自動的な計算結果として，自分の選好とそれを満たす可能性をもつ財，およびその価格に体現されたコストの情報から，彼の行動は一義的に決定されるのだから，その描像はロボットのそれに近い。もちろん，複数の可能性の中から一つを選んだことに伴う責任，というような観念も，ここではイレレバントである。

　この論理の中では，（選好の）決定のプロセスの価値が，決定の結果と独立にカウントされる余地は少ない。たとえば，義務を果たしたいという動機から取られた行動も，彼の「選好」を実現するためのものとして解釈されるから，カント的な意味で厳密に自由な行為を取る余地は，彼にはない。要するに，特定の目的実現と独立に，規範に対して，規範だからそれにしたがう，という態

---

　(18)　これを扱った論文を集めたものとして，たとえば，Meeks ed. [1991]。

度をとることは，彼にはできない。利害計算から離れた道徳の存在は，彼には認識できない。ある決定方法を，「どんな結果になろうと自分はこれで満足だ」として採用することも，彼にはできないらしい。当然，本来の「タブー」の概念も彼にはない。（そして，この種の能力をもった人間を仮定できるなら，比較的簡単に解決できる種類の社会理論上の問題も，彼のようなタイプの人間のみから社会のモデルを構成しようとする際には，越えがたい問題となってしまう場合が多い。）

また，自分のもつ好みについての好み（「もっと高尚な音楽を好きになりたい」など），つまりメタ選好も，それが行動に表れる場合（「好きでないレコードを買ってしまった」「教養講座に参加した」など）は他の選好と並んでカウントされるが，特別の重みを与えられることはない。

彼は，自分の選好の満足を最大化することを目的とするので，そのために常に行動を調整する。もちろん，この調整に伴うコストが大きい時はこの限りではないが，それ，つまりこれまで通りに行動する場合もまた，費用・便益計算の結果である。これらの計算は（無意識的なそれを含めて）自動的になされるので，「計算しないことの便益」を彼が理解することは難しい。

たとえば，「縁」のような，偶然性自体に（手段的な価値ではなく）本来の価値を見いだすような態度は，彼のもっとも苦手な分野のように思われる。

第4節　暫定的結論

以上の論考は原理論的なレベルにとどまっているから，現在も発展を遂げつつある「法と経済学」についての断定的な結論を，ここで導くのは尚早である。しかし，一部論旨の飛躍を含む暫定的なものであるのは覚悟の上で，以下に一応の結論を述べてみたい。その際「法と経済学」の意義を，演繹的法解釈論・法哲学（または法の原理論）・法学徒の教養という３つの局面に分けて論じることにしたい。この種の包括的な理論に対する評価にはいくつかの局面が可能であり，どの局面でそれを評価するのかの自覚を我々がもつことが，この潮流への妥当な評価を下す上では特に重要である，と考えるからである。

1　演繹的法解釈論としての法と経済学

経済学，特にここで利用されているタイプの，一般均衡論を中心とする経済学の一つの目標が，演繹的学問としての体系化であることから，それを法学に

第2章　経済学の洞察と法学

適用する法と経済学も，法解釈の場面で法の機能について演繹的なモデルを提示することができ，この点がその最大のメリットだと考えられることが多い。本来，演繹的体系化が完成するなら，必要な条件（実現されるべき政策目標と他の初期条件など）さえ挿入すれば，一種数式を解くようにして，必要な立法と法解釈の内容が導けるはずだが，上記の議論から判断するに，この局面における法と経済学は，種々の弱点をかかえていて，ごく未完成な段階に留まっている，と私は考える。伝統的な法解釈の方法を不要にするようなそれの代替物として，これが使えるという段階にはほど遠く，いつの日かそれが可能になるのかについても，私は懐疑的である。

　その一端は，法と経済学の分析で，その目標または達成度の物差しを与えるはずの基準が，上記のような内在的な困難を抱えていることに表れている。それ以上に問題なのは，法の名あて人として想定されている人間は，規範システムを構成する個々の規範の意義とシステム全体の理念を理解・解釈し，それとの関連（その中には，対抗理念を掲げてこれと対立することも含まれる）で自己と他者の行為の意味を位置づけ，統御する能力をもつ存在であり，法運用の主体である裁判官などとも原理上同じタイプの人間であることが想定されているはずなのに，法と経済学が想定している人間のモデルが，あまりにもこれから遠いところにあるという点である。その端的な証拠に，このモデルは，このモデルを使用して法現象に立ち向かう主体であるはずの，裁判官，法律家，立法者などのモデルとしては利用できそうもないのである。

　多分，この点を克服するもっとも簡単な方法は，この分析が妥当する領域がどの範囲に留まるのかについての理論を，自覚的にその演繹的体系の中につけ加えることではないだろうか。

2　法哲学としての法と経済学

　イデアの世界について語ったプラトン以来の哲学の一つの夢は，常識的な世界像の背後に，それとは異なる，知者だけが理解できるより真実の世界があることを示すことにあった。現在の自然科学は，専門家にしかわからない言語を操りながら，素人には不可能なレベルの自然の制御能力を実現している点で，この夢想を一部達成している面がある（ただしそれが「哲学」と呼ばれ続けたのは，ニュートンの頃までだが）。経済学は一般に，社会の「経済的」側面に着目し，それを一定の方法で分析することで，この学問に習熟した者のみに見える，この種の非常識的な世界像を提示しようとしてきた。その世界像の中では，す

第4節　暫定的結論

べての人間的利益の実現にはコストが伴うこと，個人の目的達成のための行為が，他の人々の目的達成のチャンスを高めたり低めたりする全体的な関係，希少財の社会的利用法の決定と個人間での分配，などが焦点的注目を受けることになる。そして法と経済学は，その経済学を，この種の分析とは無縁であった法学の対象に適用することで，これまで法学が見てこなかった世界の一面を描き出し，それを法学者に提示しようとする。それが提供する描像は，一つの原理論として，極めて魅力的であると私は考える。そのようなものとして受け取られるなら，理論がもつ常識外れともいえる徹底性・包括性は，決してその欠点とはならないからである。

　ポズナーは，「不正行為を社会の富を減少させる行為であると定義」して，高価なネックレスを盗むことが悪であるのは，「……ネックレスは，支払意欲という点から考えれば，所有者よりも彼［泥棒］にとって価値があるわけではない」からであり，「貨幣をもっている人が，飢餓を避けるために，人の住んでいない小屋に侵入して食料を盗んだ場合には，……仮設市場アプローチが適用可能であ［り］……その食料が所有者よりも泥棒にとって大切である，と信ずるに足る合理的理由が存在する」から正当化できるのだ，と論じる。富の最大化原則から，取引費用がある場合には，権利の初期配分において，その権利に最も高い価値をおくはずの人にそれを付与せよ，という要請を導き，「この要請こそが，労働者に自分の労働を売る権利を与え，また女性に自分の伴侶を決める権利を与える経済学的な理由である」という［ポズナー 1991: 72-79]。

　このような徹底した議論が，偏った極端なものであることは，ほとんど詳論を要しないだろう。それでも，定義された意味の「社会的富」の増減の観点からすべての現象を見るという視角，そこで見える社会現象の次元は，人がそれを好むと好まざるとにかかわらず，やはり成立可能であり，重要な情報を我々に与えるように思われる。このような議論に対しては，これを一つの哲学，法学の背後にあるものを描き出す一つの論理として，我々はこれを許容すべきだ，と私は考える[19]。

---

(19)　ポズナー［1991］は第II部で「正義の起源」を論じ，第5章では，ギリシャ神話の世界が，「最小限国家としてさえ致命的に不充分であるようだが，ホメーロスによって描かれた世界は，ホッブズ的自然状態ではない」（135頁）と分析する。第7章では「私の分析は，有史以前を通じて人類は合理的であったという仮説を前提」（175頁）しているとしながら，不法行為における，「報復から補償への移行の原因」を「合理性が増した」などの要因に求めず，「単に富が増したという要因に求める」（179頁）議論を展開する。ここでの彼の分析の特徴は，未開社会で行為者を導いている内的視点を理解し

第2章　経済学の洞察と法学

3　法学徒の教養としての法と経済学

　法と経済学を切り開いた主要な理論家の中で，カラブレジはバランス感覚に優れた論考を多く発表したが，彼がこの方法に与えている役割は，ポズナーの場合よりもずっと謙抑的なものである。『事故の費用』［カラブレジ 1993，原典 1970］は，事故法について様々な改革案（無過失責任ルール，公的救済制度，強制保険，罰則強化など）が出される中で，それらの相互関係を統一して理解させてくれる一般理論がないことをなげき，これを法と経済学の方法に求めたものである。彼のやり方は，事故に起因する費用を第一次（直接の被害），第二次（賠償など），第三次（制度の運用費用）に区分し，それぞれの費用を逓減させるための手段と効果を論じる，というものである。そこでも彼の意図は，いかなる対策がいかなるインセンティブを生み出し，人々の行動をどのように変化させると考えるべきかを分析することで，政策目的と手段の間の関連を，より理解可能なものすることにある。その意図は，かなりの程度達成されているといえると思う。その理由は，彼も言うように，それに代わる理論が法律学の中にはそれまで，ほとんど何も与えられていなかったからである。たとえ不完全なものでも，我々は様々な提案の間の関係を理解するための理論なしで，この種の一般的問題に理性的に対応することはできないからである。

　端的に言えば，このような目的のためには，一般均衡論や数学化された後期の厚生経済学の洗練されすぎた道具建ては，必要ないだけでなく，ある場合には有害ですらあるのではないか。これは，契約の自由に対する制限が，市場的競争の中でいかなる効果を生むかについて述べた箇所についても妥当する。自由な契約の制度が実際に果たしている経済的意義を法律家が理解するために，市場の働きに対する一定の理解が不可欠であるのは当然である。もしこの点に従来の法学教育の中に欠ける点があったとすれば，これは早急に改善すべき問題であるだろう。しかし，そこで要求される市場の理解は，数学的に厳密化された先端理論より素朴かもしれないが，同時に内容上はそれを越えるものでなければならない。なぜなら，数学はすべての論理的可能性を対象にするが，我々に必要なものは，経験的な市場が現実に果たしている機能の理解であって，

ながら，その外にある主に経済学的必然性を見る視点から，その機能を説明する，というアプローチにある。この種の分析は，私がここで論じている，法哲学としての広義の法と経済学の成功例である。ポズナーの本来の魅力は，実践的な法解釈以上に，このような社会哲学的な理論の面にあるように，私は思う。

46

第4節　暫定的結論

これは，現在数理的に論理化されている部分よりもより豊かな内容（たとえば，単純な経済人モデルを越えた，積極消極の道徳的観点をもちながら市場のメカニズムに対応する人間とそこでの市場の機能など）をもっているはずである。それを考慮しなければ，私的自治の制度その他を理論上基礎づけることはできないのではないか，と私は考える[20]。

　いずれにせよ，この種の目的のためには，理論が与える理解が唯一正しいものであることは，必要でも可能でもない。これは，法学徒にとって必要な広い教養の一環なのである。他の教養と同じ意味で，重要なのである。そしてそれは当面，単純な市場の機能に対する誤解から来る素朴な誤り，たとえば，「弱者保護」の目的でより弱者にとって不利益になるような法ルールを，立法や解釈によって従来のルールにつけ加える，といった誤りを排除することに役立てばよいのである。

---

(20)　【後注】この点を展開したものとして，本書第1章参照。

第3章 法と経済——総括コメントの試み

学術大会「法と経済——制度と思考法をめぐる対話」[1]における

　法と経済の関係は，ある実体とそれがもついくつもある側面のうちの二つ，つまり多次元的存在の二つの2次元的断面，という比喩で捉えるのがよいかと思う。人間は規範を意識して行動する生物であるから，社会内の人間行動をめぐるすべての現象には，合法・違法の区別を伴う規範にかかわる法的側面がある。また物理的環境との関係では人間行動は希少な資源の特定目的への利用として現れ，そこで個々の主体が行う資源の生産と利用には，それらが複雑な因果連鎖の中で相互にもたらす社会的帰結という経済的側面が伴っている。法学と経済学はそれぞれの関心と手段をもってそれぞれの側面を把握しそれに働きかけるのだが，認識されている側面は実体の一つの断面に対応しているにすぎないから，各面での動きは同時に他の面の動きとしても現れる。要するに各側面は2次元的に自足的ではないから，われわれは，自分が直接かかわっている側面を超えて多次元からなる実体としての人間と社会の運動に想像力をめぐらせながら，それぞれの面で個々の問題に対応せねばならない。法現象にはつねに何らかの経済的効果が伴うし，経済現象は法の機能を考慮に入れねば理解・操作できないのである。その意味で，法学と経済学が専門分野として分離してしまっており，一般に法学者は経済学を知らず経済学者は法学を知らないという現状は，社会の包括的理解にとって望ましい状態ではない。それ以上に，経済学を知らない法学者は法学においても失敗し，法学を知らない経済学者は経済学においても失敗する危険が大きいだろう[2]。

1　八　代　報　告

　八代報告は，標準的な法と経済学の手法を労働問題に適用して現状を分析したものといえる。法と経済学の前提の中では言われてみれば当然のことばかり

---

(1)　日本法哲学会2008年度学術大会。詳しい内容は『法哲学年報2008』（2009年刊）。
(2)　このように考えるので私は，N. ルーマンの「複雑性の縮減」論を支持しない。

49

第3章　法と経済

だが，法学の常識から見れば驚くべき結論が並んでいる。

　労働法は労働者を保護することを明示的な目的とする法律群からなるし，この分野の判例も基本的にそれを目的として法を解釈してきた。市場や雇用という社会制度は人間とその幸福のためにあるのだから，人間がそれらの奴隷になるのでは本末転倒である（疎外論）。使用者または資本家という人間が他の人間を合法的に人格支配するための手段として，対等な人間関係を想定する契約制度（雇用）が（内容の変更も受けずにそのままの形で）利用されてはならない（階級支配論）。元々社会主義的な枠組みの中で論じられたこのような命題には，その枠組みの外に出しても維持できる正しさが含まれている。

　しかし市場のメカニズムを考慮に入れると，弱者である被用者を保護しようとして行われる様々な規制は，実は当の被用者そしてこれから雇用を得ようとする更なる弱者（就職予備軍）にとって，現状よりも不利な状況を生み出す危険が大きい，と法と経済学はいう。借家法についてこれまで語られてきたのと同型の論法だが，経済学が想定している市場の働きを前提にするかぎり，まったく正しい議論である。労働組合を保護する法（労働組合法）は，未組織労働者または労働市場への新規参入者としての潜在的被用者の犠牲（特に失業）の下に組織労働者の既得権益を拡張するものだ，という命題も経済学者によって繰り返されてきた。よく選挙公約などになる，最低賃金法により（市場価格より）高く設定された最低賃金についても，機能は同様である。

　現実に，今やわれわれの身近にも派遣労働として来ている事務員がいる。労働者派遣法が派遣期間を最長3年と定め（同法40条の2第3項），これを超える場合は直接の雇用契約の締結を要求している（同法40条の5）ために，雇用する側もされる側ももっと続けたくとも3年になるとその人々はいなくなってしまう。もちろん，法の想定しているように一時雇用を正規雇用に変更できればよいが，大学の規模が今後縮小してゆくことが予想される現在，それを大規模に実施することは事実上不可能である。しかしだからといって使用者側でも，当該の人に3年目となる年で辞めてもらいたいわけではなく，できれば当面は続けてもらいたいと考えている。それでも双方が望む契約を許さず事実上の解雇を強制する法によるこの規制は，一体いかにして正当化されるのか。

　現在の日本で，かつて高度成長の頃に広がった終身雇用をすべての雇用のモデルにすることは，リスクとコストが高すぎて不可能になっている。これは規範の問題ではなく，現実の経済環境の問題である。このような環境の下であるべき立法（規制法の廃棄＝規制緩和を含む）と法解釈を考えるについては，経済

の実態と経済学の知識が不可欠であろう。

　ただ，後の議論にも関連して述べておけば，一般の経済学は取引費用を捨象して市場の機能をモデル化する。初等の力学で摩擦が無視されるのと同じで，わかりやすくはなるが，その分現実とモデルとの距離は大きくなる。摩擦がなければわれわれは一歩も歩けないし，斜面にものが止まっていることもありえないはずなのである。法の存在意義の大半は，この摩擦つまり広義の取引費用の部分にあるから，これを無視した通常の経済モデルから出てくる結論を，そのまま現実と同視してあるべき法を論じることにも，一定の留保は必要だろう。市場と競争に依拠する政策が失敗するのは，経済学の教科書がいうような独占がある場合だけには限られない。理論の不完全さ，素朴さはかなり見通せているのだから，うまくゆかないはずの規制がよき帰結をもたらしたり，うまくゆくはずの立法や政策が悪しき結果を生み出したりする可能性があちこちに広く潜んでいることは，一般論として予測できることである。

　浅野コメントは，「性の商品化」としての売春の例などを考えることによって，特定の分野に市場的論理を持ち込むこと自体がもつより長期的なマイナスの帰結を問題にしているように，私には見える。

2　井 堀 報 告

　井堀報告は大きな財政規模をともなう国家政策の目的が，対象となる社会の側の主に経済的な反応によって，促進されたり妨害されたりする関係を論じている。政策主体の側から見れば経済社会は対象であるが，後者から見れば国家の政策は外因性の刺激である。これは生体のメカニズムと医学的治療の関係にも似ている。壊れた機械の修理と医学的治療とは，後者が人体の自己治癒力を前提にしている点で大いに異なっている。しかし自己治癒力は，免疫機構による拒絶反応のように，治療目的に対してマイナスに働く場合もある。ミクロ経済学が分析してきたような自律的な運動をする経済メカニズムは，外からの刺激に対して様々に反応するが，それが政府の政策を無効にすることも多い。景気刺激の財源を得るための大量の国債発行が民間資金のクラウディングアウト効果をもち，様々な景気刺激策の効果を相殺する，などという場合である。

　ただ井堀報告は，通常の経済メカニズムの機能というより，それを担っている人間の心理的反応による効果に言及するところに特徴がある。経済的アクターたちが，政府による政策へのコミットメントをどの程度信用して自分たちの行動を決定するのか，といった側面である。「信頼（trust）」がもつ自己実現

第3章　法と経済

的な運動は，商取引などにおいても決定的な成功の条件としてこれまで分析さ
れてきた。もちろん，信頼だけでなく不信も自己実現する。そして不信が一般
化した環境では，信頼が裏切られて信頼した者は「バカを見る」。このような
関係を国家政策の主体と客体との間で問題にしながら，大規模な財政にかかわ
る政策の成功と失敗の条件を論じようというのが基本的論点である。その際，
国の基本政策を一時的にであれ堅持し徹底するために立法が利用される。その
限度でこの問題は，立法とその効果論にもなる。ただ法理論的に見れば，政府
内の問題処理についてルールを設定して組織全体に統一した行動を取らせる，
という目的をもつ行政関連の政策的立法と，私人の自由行動のルールを永続性
を想定しながら定める民刑事法のような本来の法とを同列に論じてよいか，と
いう論点もこれに関連するだろう。前者のようなルールは，それへの違反に
よって不利益を受けた者は裁判所による救済を求めることができる，という形
では普通機能しないからである。

　井堀報告の中心は，財政構造改革・社会保障制度改革・税制改革という日本
政府が経験する巨額財政にかかわる具体的政策課題である。それぞれの課題に
おいて，各主体特に利益団体がとる自己利益追求の行動によって，政策目標の
達成が困難になるから，政策の成功のためには，フリーライドなどを抑制して
社会の共通の利益へと各主体を向かわせねばならない。その方策として，政府
による法を通した自己コミットメントが有効だ，というのである。ただ，変更
を想定しないルールによって政府が自己を縛ることは，利益諸団体との関係で
は有効であっても，環境の変化に対応する政策をとるための政府の能力を削減
する。そしてもちろん通常の立法は国会でいつでも改廃できるから，議院内閣
制の下でこの「縛り」に形式的力はないのである。だから結局「縛り」は広義
の政治の問題となることが避けられない，と私は考える。その意味でこれは，
法というより政治の問題である。そして政治の一つの道具，つまり各利益団体
など国民に向けた政府の宣言のようなものとして立法が利用される，というこ
とだろう。この宣言の信憑性は，それを守る場合と破る（もしくはその法を改
廃する）場合との政治的帰結について，政府と国民，与党と野党……が相互に
めぐらす予測に依存する。1997年に財政構造改革法を成立させて大きな意気
込みをもって取り組まれた財政改革は，その後発生したアジア経済危機などに
よる景気後退に対応するための景気刺激策が優先されることによって，骨抜き
になった。しかしそれはやむを得ないことだろう。大幅な景気悪化を無視して
財政構造改革を貫徹する，などという選択肢は，政治的に不可能であるだけで

なく，多数の人々に緩和策なしに激烈な不幸を強いるという点で，「誤った」政策でもあるかと思われる。宣言的な立法の効果も，その程度にとどまるし，とどまるべきなのである。

井堀報告では暗示されているだけだが，もし利益団体など国民の側の阻害的な行動を抑止し，かつ変化を続ける環境にも対応しながら政策目的を着実に追求してゆくこと，だけがここでの目的であるなら，専制的な強権を政府がふるい，その時々に必要な措置を遅滞なく実施してゆけばよいはずである。実際，国民の自由や民主主義の手続きを制限（圧殺）することで可能となることは多い。そしてこれは，ナチスドイツや戦前の日本で起こったことであり，そのような方策または政治体制に対する一般的支持が，当時それぞれの国民の側にも確かにあった。もちろんこの解が正しいと現在のわれわれは信じないが，ではそれはなぜ誤っているのか。多分本来の法は，権利の観念と結びついて，政策の手段として利用されるというより，政策の可能性を限定するという文脈で機能するものではないだろうか（たとえば「権利トランプ論」）。この文脈でもう一度，法の支配の意味を考えさせられた報告である。

3 鈴 村 報 告

鈴村報告は，モデル化された空間の中で，われわれが規範的意味合いを込めて使う経済学的な基本概念がもつ意義（と同時にそれが何でしかないか）を問い，そのような空間の中で鈴村理論が想定する正義の観念への接近を概観する。

まず焦点を当てられるのは当然「効率性」である。パレート効率性が何でしかないか，については異なる視点から何度も語られてきたが，鈴村報告の指摘も社会選択論の用語でそれを追認するものである。つまり，「パレート効率性は最適な社会状態の必要条件である」という命題を是認したからといって，「ではまずパレート効率の実現を政策目標にしよう」という結論は出てこない。なぜなら，社会厚生関数が与えられていると仮定した場合，最善の社会状態以外のどのパレート効率的な状態に対しても，その関数上でその状態よりも高く評価される非パレート効率的な点の存在が論証できるからである（以上報告の勝手な要約）。ただ，その後者の点はパレート効率的でないのだから，定義上それにたいするパレート改善が可能なはずである。その改善の前と後を比較すれば，社会状態はより効率的となっており，われわれはそれを実際に「よき変化」と考えてよいのではなかろうか。パレート基準とはそのようなものである。ここからいかなる実践的含意または指針を導くのか，はわれわれにたいして開

第3章　法と経済

かれている，ということであろう。蛇足だが，このような場合に「社会厚生関数」というものの存在を仮定するという方法に対する違和感は，経済学の教科書でこれをはじめて目にした数十年前以来解消されない。たとえ序数的にであれ個人の選好関数を仮定することに対しても色々疑問はある（自分を振り返ってみても様々な選択はもっと場当たり的でありかつそれでよいと自覚して行っている）が，社会を一つの人格であるかのようにしてその「厚生」を関数的に表現できると仮定することの奇怪さは，これの比ではない。

　厚生経済学の二つの基本定理に対する私の理解は浅薄なものでしかないが，報告で述べられている鈴村私見での結論的評価では，「競争均衡配分とパレート効率配分との帰結主義的な同値定理のうちには，競争的市場機構の卓越性の根拠は発見できない」という。勝手な解釈をつけ加えれば，帰結の同値性（equivalence）を根拠にするのであれば，市場均衡というルートによらずともそれ以外の方法で，めざすパレート効率配分を達成できればそれでよいはずだ，とも考えられる（亀本報告が最後にこの点を自分の「誤読」として述べている）。そうして専制主義的経済体制の擁護を導くことも可能だろう。もちろん鈴村の意図は逆にある。競争秩序の価値は，帰結のみによるのではなくその過程の内在的価値にもよらねばならない，というのである。そこから，帰結と過程を視野に入れる複眼的な社会評価の視点の必要性が導かれ，独占禁止法を例にしてその具体的適用が語られる。

　バランスのよい結論を指向する態度は法学とも通底していて，反論の必要は感じない。ただ，帰結と過程＝手続との実際の関係はもっと複雑なものではないだろうか。①一般的には利益が大きい手続だからとして一定の手続の正しさが論証された上で，その手続が全員に強制される（一般的帰結による手続の正当化≒ルール功利主義）②公正だと考えられる手続を経た結果だから，とういうことでその結果が是認される（手続による帰結の正当化，手続的正義の種類についてはロールズその他による分類がある）③一旦公正な手続と考えられたものが，繰り返し生じる不都合な結果のためにその手続を公正と評価した基準自体に疑いの目が向くようになる（結果による公正観の修正）④人間の人生は一定の過程であるから，幸福とか不幸とかの評価は到達点ではなく過程全体を対象にすべきであり，社会全体はそのような人間から構成されている（「帰結」概念の過程化）⑤そのような過程を経る個々人の人生を時間によって積分したものを考え，それを社会的に合算すれば時間軸は捨象される（過程概念の帰結化），などである。卑近な例でも，商品を買う場合，結果として買う商品自体の価値以外に買

う過程が人にもたらす価値もある。消費と区別される生産でも，その過程にいる個々人にとっては，そこで費やす時間は有限な自分の人生の大きな一部である。ここで目的と手段という関係は，多分理論の中でほど明快に区別できるものではないだろう。

　法学的関心からいえば，手続を評価する「公正」その他の基準となる観念（要するに正義の概念構成または「構想」）の妥当性は何によって判定するのか，という点が決定的に重要である。特権的ギルド内で妥当している公正の概念はそのまま社会的に是認できるとは思えない（医師会や弁護士会？）。かつての階級社会にもそれなりの規範意識があったはずだが，それはなぜ破棄すべきであるのか。逆に，「能力に応じて働き必要に応じて受け取る」という一見理想的な基準はなぜ誤りなのか。公正の問題を掘り下げようとすれば，このような多くの難問に出会うことになる。われわれがそこでもう一度帰結主義に立ち返る，という可能性はないだろうか。ちなみにこの文脈で私は「開かれた帰結主義」という立場をとっている[3]。

　鈴村自身がコミットしているという文脈では必ずしもないが，「貢献に比例する衡平な報酬原理」が語られている。このような原理は，たとえば一つの会社の中で（プラトンの例では強盗団の中で），得られたその期の利益を分配する，といった場合には可能でも重要でもある。しかし市場全体の機能に対してこのような人間に理解可能な分配原理を適用しようとすることから生じる市場機能の阻害現象は，ハイエクが多くの著書で繰り返し指摘したところである。擁護したり批判したりされている「市場」の観念をめぐっても，われわれの認識は収斂していないように思われる。そして次の亀本報告は，まさにこの市場の観念にかかわっている。

4　亀　本　報　告

　亀本報告は，法と経済学という学問領域を切り開いたともいえる R. コースの理論の意義を，思想史的手法で論じている。通常の法と経済学の教科書と逆のしかし正しいことが語られており，私としては教えられるところが多かった。

　私はこれまで，コースの定理の表現からして単純に，取引費用の観念は，それが<u>なければ</u>……と仮定して効率的な世界を観念上で描き出すために導入され

---

(3)　【後注】拙稿「開かれた帰結主義」嶋津［2011: 第23章］，および拙稿「訳者解説」リュトゲ［2020］参照。

第3章 法と経済

るのだと考えていた［本書第2章参照］。しかし亀本の説明に従えばむしろ取引費用は，実際の社会にはそれがあるからこそ，現実の市場をはじめ，法や組織（会社）その他の制度が必要になるし，それらは実際にも生じたのだ，ということをいうために言及される。前の理解では，法運用がめざすべき目標点が，取引費用のない状態で実現するはずの（効率的）状態として示される。たとえば公害をゼロにすることは正しい目標にならない（つまり，取引費用がゼロの状態でも公害の排出はゼロにならない），という点を明確にするなど，前者の反事実仮想にも大きな意義はある。しかし後者では，実際に存在する制度（法を含む）が，何の役に立っておりもしそれがなければなぜ困るのか，を説明するという文脈で取引費用への言及が行われ，制度が擁護されたり改善が論じられたりする，ということである。取引費用がなければ，法に要求されるのは初期条件の画定だけである。誰が誰にたいして取引すればよいかが確定していないと，取引はできないからである（亀本報告は，取引費用なしの状態ではこのような権利の画定自体もコストなしにできると考えてよいとする。架空の世界の話だから，別にそう考えてもよいだろう）。もちろん，その場合の権利者は誰でもよい，というのがコースの定理である。しかし取引費用がある状態では，それを低めるためにあらゆる種類の法（や制度や道徳）が必要となる。ないものを（目標として）語るのか，あるもの（が現実に果たしている機能）を語るのか。これは同じことを反対から論じているだけではあるが，含意のちがいはずいぶん大きい。なぜなら後者は，われわれが実際に直面している現実の市場と法なのであるから。そして標準的経済学は驚くべきことに，この部分，つまりは法（や制度や道徳という）現象と市場の働きの機序を一般に捨象するところに成立しているのである。

　実際，取引費用を考慮に入れることで，個々の経済状態は，予定された到達点としての均衡へと向かう運動の経過的局面としてではなく，パス・ディペンデントでユニークな歴史的過程の一局面と見なされることになるだろう。取引費用がゼロなら，ある取引よりもっとよい別の取引があればコストなしにやり直せるから，誰が何の（個別的）権利を得るかについて最善の結果（パレート効率状態）が結局は実現する（そしてそのためには，「交換」は必要だろうが「契約」または法全体は不要である。双方が利益になるとわかっていることを実現するのに，「義務」の観念は不要だからである）。もちろんそれの内容は初期分配に依存する（コースの定理の資源配分と区別される所得分配上の効果については本書第2章参照）が，そこさえ決まれば行き着く先は決まっているのである。しかし

取引費用がある世界では，ある取引が行われるとそれは簡単にはもとに戻せないから（これが「取引」「契約」「法律行為」などとして語られる法的な行為の元々の意義であり，それによって権利関係つまり法的世界はそれ以前の状態から変化する），次の変化はその取引があったことを前提にしてその上に積み重なるのである。市場での人々の無数の行為についてこれが次々に行われてゆく，という世界はだから，言葉の真の意味で歴史的なのである。しかしそうすると，他人が行う取引に対して「無差別」ではありえない人々の範囲は，標準的な経済学が想定しているらしいよりもずっと拡大するのではないだろうか。甲のライバル乙が丙との間で行う有利な取引は，競争において甲を不利にするから，甲はこれに無差別ではない。もしそれが正しいなら，乙と丙の取引は定義上パレート改善ではない。結果として，取引費用のある世界，つまり現実の世界において，パレート基準が当てはまる関係は，経済学の教科書が語るよりずっとミニマイズされてしまうのではなかろうか[4]。

5 おわりに

今回のテーマ設定は，いわゆる「法と経済学」として一応確立している範囲を超えて，法と経済の相関性を論じるところに特徴がある。その結果，経済学の中でもかなり異なる分野のそれぞれにおける指導的理論家たちの報告を中心として統一テーマのセッションが構成された。それらにたいして総括コメントなどというまことに僭越な役割を引き受けてしまったのは私の失敗だが，色々考え直してみる機会にはなった。結局自分の身の丈を超える議論をしようとしても仕方がないので，以上素朴に考えたところを述べさせていただいた。残念ながら，全体のまとまりも明示的な形ではつけられていないし，能力と紙幅の限界のため，コメンテイターの議論にもほとんど言及できなかった。これらの点についてはお詫びしたい。

報告者：八代尚宏，井堀利宏，鈴村興太郎，亀本洋

---

(4) 拙稿「経済学・規範意識・社会的正義」岩本康志・太田誠・二神孝一・松井彰彦編『現代経済学の潮流 2006』東洋経済 pp. 174-180 参照。

第Ⅱ部
所有権・契約・民事責任
―― 私的秩序の構成要素

第4章　所有権は何のためか

第1節　はじめに——歴史的に生成した制度の目的または機能を論じること

　自生的に成立した制度は，元々設計されたものではないから，その「目的」を論じるといってもそれは字義どおりの意味ででではありえない。しかし人体の諸器官についてその目的を論じるというような意味でなら，それは可能である。ただ「行為」は意図または目的によって特定されるから，一応自覚的な範囲ではその目的の同定は比較的単純だろうが，人間の意図の産物でないものについてはその目的が，単一または単純であると想定すべき理由はない。そのような場合，何がその制度の目的かについて，複数の異なる説明が並立したり，それまで理解されていなかった新たな目的が，その制度の機能の理解が進むにつれて後から発見されたりする，ということが常に可能である[1]。

　また特に所有制度のような場合には，刑事法，契約，市場，情報伝達，集団的意思決定（政治），倫理（自発的行動規制），などの他の諸制度と相互に補完的な形で一つのシステムをなしていて，その全体が複雑な目的を達成しているとすれば，その部分制度としての所有制度について，これらと切り離して独自の目的を論じても意義は少ないかもしれない。そのような場合には，そのシステム全体について，上記の意味での目的を論じねばならないのかもしれない。

　あるいは，身体の諸器官についてと同じく，その制度が失われたり損なわれたりする場合にいかなる「悪」が発生するのか，という形で考える方が，この「目的」または既に果たされている「機能」の複雑さは理解しやすいかもしれない。しかしこの「何が困るのか」という問に対する答は推測的であらざるをえず，その喪失や機能麻痺が現実になる時，結果として発生する混乱の規模は我々の予想をはるかに越えたものになる可能性も高いと思われる。

　ただ，社会主義圏の崩壊はこの点で，我々に重要な示唆を与えてくれる歴史

---

(1)　この点，「哲学的」と称する所有権論はややもすると，単純な「基礎づけ」が可能だとの前提から出発して，その答えのヴァリエーションをいくつか検討するというアプローチをとる場合が多いが，本当の哲学的問題は実はその前提にあるように思われる。たとえば Becker [1977] や Carter [1988] 参照。

61

第4章 所有権は何のためか

的経験となりうる。それは，生産手段の私有廃止による理想社会の実現を目指した社会主義の政治と経済が，なぜこれほど惨めな形で破綻したのかを考える上でまず言えることだが，この点の議論は，「集産主義経済計画」の実行可能性を巡る議論において，ミーゼスやハイエク，一方でランゲらによって1930年代にすでに論じられており，理論的には決着済みともいえる。むしろ市場と私的所有制度を中心とする社会秩序の自己理解にとって重要な示唆は，旧社会主義圏の諸国が「市場経済への転換」を行おうとする際の困難を見ることから得られるかもしれない。市場経済と一般に呼ばれて単純に理解されている機構が，現実に自生的秩序として備えている複雑さと微妙さを再認識する機会に，それがなると思われるからである。

　もちろんここで「所有権は何のためか」を論ずるといっても，それは，ごく単純化した形でこの制度の意義を自覚化するために大雑把な理論を構成する，という以上のことをクレイムするものではありえない。それにもかかわらず，「何のためか」を問う作業は，半ば必然的に，その答えとして暫定的にでも与えられる「制度の目的」の観点から，現行の制度を批判的に位置づけて評価し，場合によってその改善の可能性に関心を向けることを，論理的帰結として我々に要求するだろう。所有制度は法制度全体の根幹であり，法一般についての「立法」を自覚的に行おうとする現代の国制の下では特に，制度の機能の理解がいかに制度を改善すべきかという問題と結びつくことは，避けられないからである。

第2節　効　　率

　〔自然状態において〕自己の力と創意によって得られる以外に何の保障もなしに生きてゆく人々について……このような状態においては勤労の占める場所はない。勤労の果実が不確実だからである。したがって土地の耕作も，航海も行われず，……社会……もない。（『リヴァイアサン』13章，ホッブズ［1979: 157]）

1　ホッブズ：パレート的効率

　国家権力または強制的法の中心的（または唯一の）役割を，（諸個人の陥る）囚人のディレンマ状況からの解放にあるとする考え方がある。政治思想史上のホッブズの社会契約論は，現代的観点からするなら，この種の議論として理解

第2節　効　　率

することができる。彼の議論の前提はまさに現代的であって，社会的エンティ
ティーよりも個人に基礎を置く方法論的個人主義に立ち，また自己の利害の観
点のみから行動を決定する「合理人（またはホモ・エコノミクス）」のモデルか
ら出発して，その合意による社会的制度の成立とその正当性を論証しようとす
る。この点でホッブズは，近代経済学およびその拡張としてのゲーム理論と，
議論の前提を共有しているのである。ここで展開される論理は，各人が個々に
望ましいものを実現しようとして合理的に努力することが，誰も望まない帰結
を生み出す時には，この帰結を回避し結果として皆にとってより望ましい事態
（パレート優位）を実現するために，理性的推論の帰結として，各人の選択肢の
範囲または自由を実効的に制約する方法と機構を確立する必要（ホッブズの場
合，その手段としての国家）が，各人にとって自己利益の実現の観点から論証さ
れる，というものである。

　ホッブズの議論の中心は，問題となる確保されるべき財として諸個人の安全
または自己保存を置き，その獲得の方途として絶対主義的国家の設立の必要を
論証する，という部分にある。そしてこの論述の進め方は，自己保存以外の財
が無視されている点，また安全を実現する手段として絶対的主権者への全面的
権利委譲以外の可能性を考えない点など，現在の観点からしてあまり説得的に
は見えない部分が多い。ただ国家の必要を論証する場合の系として，先に引用
した部分では，勤労と商業活動一般を可能にするための条件として，排他的な
果実への権利をあらかじめ確保するためのルールの必要が問題にされており，
この点は，ここでの主題との関連で注目に値する。

　ただ彼のいう全員の「合意」または「契約」は，字義どおりの合意の成立と
してではなく，双方に利益をもたらす契約を可能にする当事者間の客観的利害
状況，つまり現代的な用語でいう「パレート改善」の可能性（これは，取引費
用ゼロという非現実的仮定の下では合意形成の可能性と同じであるが）の存在の
ことを言っている，と解釈することもできるだろう。つまり彼の「社会契約」論
が言わんとすることは，彼の描く「自然状態」からのパレート改善として（そ
れゆえ当事者の誰にとっても当初以上の不利益のないものとして）の国家の成立の
可能性を論証し，現実の国家を正当化する試みと解釈することができるのであ
る。ここでさらに「法と経済学」の論法を持ち込むなら，この種の「契約」は
取引費用が高すぎて実現不可能かもしれないが，その場合には，実際の随意契
約が成立しなくとも，他のより強制的方法によって類似の結果を達成すること
が正当化され要請されるかもしれない。

63

第4章 所有権は何のためか

　ただ彼が主権者の絶対的な権力による強制の必要として語ることを，より弱く「何らかのサンクションの必要」として理解するなら，その議論はより適用可能性を広げると思われる。国家権力によるサンクションは，多くの可能性の中の一つにすぎず，それらのうちどれによるのがもっとも有効かつ適切であるかは，場合により変わりうるからである。

　それにもかかわらず，上に引用した部分でホッブズの述べる，勤労の果実を勤労者に確保する制度の経済的必要性は，やはり認められねばならない。そのような制度がまったくない時には，土地の耕作のように長期的な労働などの「投資」の結果はじめてひとつの財が生み出されるような場合には，個人にとって自分で耕作の労をとるより他人の労働の成果が実る頃にそれを奪うという戦略の方が合理的になるし，それがわかっているのに耕作する者もいなくなるからである。もちろん皆がこの戦略を取る場合には，土地は耕作されないから，略奪の対象もなくなるが，だからといって自分だけが耕作することも無意味となるから，囚人のディレンマが発生する[2]。これを解決するために前もって「各人の」土地を決めておくことで，その土地上での労働の成果の独占的享受をあらかじめその者に保障することに皆が同意するのだと論じるなら，これは所有権の中に含まれる排他性（およびその系としての果実収取権）の要素に着目して，それを効率または経済的機能の観点から正当化する議論となる。このようなアプローチを先に進めるなら，ホッブズとは逆の論理になるが，国家はこの合意に実効性を与えるために設立される，というロック的な議論も可能であろう。いずれにせよ，ここで問題になっている「効率」とは，潜在的に可能であった全員の利益になる状況が，現実に達成されること，というような意味である。

2　進化論的効率

　ホッブズ社会理論の方法論上の重大な欠点は，社会的制度の生成につき，常に「主権者」の確定とその手による人為的・意図的な設計・強制という方法によるものしか念頭になく，複雑な慣習の組み合わせによる社会制度の自生的成立の可能性を考慮から除外する点にある。しかし様々な一見合理的な社会制度は，合理的動機に基づいて誰かによって意図的に導入されるほかないと考える

---

(2)　ただ，Dawkins［1976］にある ESS（進化論的安定戦略）の議論を適用するなら，土地の耕作者と略奪者の人数は，ある一定の比率で安定化するのかもしれない。

第2節　効　　率

必要はない。生物の進化論においては，複雑な自然への適応を実現している多様な種の生成が，盲目的な変異の発生とその後の自然淘汰によって説明される。論者によって細部の説明には差があるが，変異が盲目的であるという考え（より正確には，因果連鎖は遺伝子から表現型へと一方的に向かうだけで，逆に表現型から遺伝子へと向かう因果の連鎖はないという仮定）は，遺伝子工学の「セントラル・ドグマ」と呼ばれており [3]，適応はその後の淘汰過程の結果ではあっても，変異の発生自体はその後の「成功」を保障するメカニズムによっていないと考えられている。

　このような進化論的過程は，盲目的に発生した変種が，それぞれの「効率」如何によって淘汰される過程だと考えてよい。この場合の効率とは，それが生き延びる確率の高さのことである。もちろん社会制度は，人間の意識的導入や模倣によっても成立しうるし，この場合には経験の学習や推論など合理的活動の結果として高い効率が達成されるということはありうるが，効率の高い制度だからといって，必ずそのような働きの結果だと直ちに推論すべきではない。（むしろ，「理性的」と呼ばれる能力自体が，この種の非理性的過程の成果であるというべきであろう。）

　この意味の効率性は当然，意図や理解と独立にその効果が現れる。もし一定の所有権制度がこの意味の効率の高さを社会にもたらすものであるなら，そのような排他的所有の制度を確立した社会は，どのような経緯または理由からそれを導入したかにかかわりなく，その制度をまだもたない社会よりも高度な資源の有効利用を実現することで栄えることになる。ここで「利己的遺伝子」の論理 [cf. Dawkins 1976] を個々の社会制度について適用するなら，その制度をその社会秩序全体の要素として含む特定の社会の維持保存とは独立に，その部分を構成するある制度が制度として生き延び他に伝播する可能性の大小を考えることも可能だろう。いずれにせよこの視点からは，ある制度が維持・拡散されるかどうかは，その制度が客観的にもっている効率の如何による，ということになる。その制度を導入し維持する人々がそうする理由が，たとえ迷信やタブーに基づくものであっても，その制度のもつ経済的効果は，合理的なルール採用の場合と同じく（あるいは非合理的ルール遵守は安定的で堅固だろうから，合理的遵守の場合以上に）現れる。またその制度が保存され拡散するからといっ

───────────

(3)　Cf. Smith［1975］p. 66.「セントラル・ドグマ」の語は，DNA 二重らせんの発見者の一人であるクリックが使ったもので，「情報は核酸から蛋白質へと一方的に流れる」の意である。

第4章　所有権は何のためか

て，その社会内の人々が自分たちの繁栄をその制度のためだと考えているという必然性もまたない。つまりこれは，理性や意図と独立に進行しうる進化論的または自然史的過程として理解しうる。

　もし土地所有権その他所有の制度がこのような効率を達成するものであるなら，それはこの意味で「自然的」な制度だと言うこともできるだろう。これを社会契約論の文脈でいうなら，この意味で所有権は「自然的権利」と言いうるかもしれない。

　ただこれは，それをまったく無視するような立法は必ず効率性の点で経済的な困難にみまわれるため，進化論的な衰亡を避けるためには「主権者」は何らかの形でその種の権利を是認せねばならない，ということを意味するにすぎない。

　このような，進化論的意味での効率性と前述の当事者の選好を基準にするパレート原理による効率性とは，論理的に一致する訳ではない。ただ，各個人の選好が進化論的に健全な内容をもつので自己保存と繁栄が常に選好されると仮定するなら，両者の予定調和の仮定も一応許されるだろう[4]。

3　現代的論点

　排他的所有の制度が投資と勤労への刺激として不可欠であるというここでの議論に関連した，現代の論点としては，たとえば知的所有権の保障の問題など，新しく認められるべき財産権をめぐる問題群があるが，その基本的論理は同じである。

　ただここでは特許権・著作権などの保障は，人権論などの規範的論拠によるよりももっと直接的・道具主義的に論じられるのが一般である。知的生産物への一定期間の独占権付与が，その生産への投資を呼ぶために必要であるとともに，独占のもたらす社会的コストが独占権付与による社会的利益を越えるなら，その保障をそこで打ち切るべきだ，という前提で制度設計が行われ，知的財産権の存続期間が決定されるのである。あるいはこの観点は，翻って所有権一般にいずれは拡大されるべきであるのかもしれない[5]。

　また，旧社会主義圏における農業集団化で発生した非効率の一部は，この問

---

(4)　もちろんこの仮定は，社会がごく貧しい場合を除いて非現実的である。それ故この二つの効率性概念の間隙には，考察すべき問題が多々残されているが，それを主題的に論じる用意はまだないので，後日を期したい。

(5)　【後注】知的財産権については，それを中心的に論じている本書第8章を見られたい。

第2節　効　　率

題に関連する。集団化された農作業は，誰の労働がどの生産を生んだかの関連性を不明確にするから，報酬が平等に与えられる時，他人以上に働こうというインセンティブが働かないからである。このような制度の下では，他人の労働に対する「ただ乗り」の誘因が常に存在することになる。

4　所有者のいない悲劇

ポズナーに従って所有権がもつべき 1) universality（普遍性）2) exclusivity（排他性）3) transferability（譲渡可能性）という三つの要素を区別するなら[Posner 1986: 32]，これまで述べた果実の確保の問題は 2) に関連する生産のインセンティブの問題であり，それがなければ生産が行われず全員が相対的に貧困化するという問題であった。これは投資したり労働したりする者の側から所有権を見る視点である。これに対して「共有地の悲劇（tragedy of commons）[6]」と称される問題は，同じく囚人のディレンマの一例としてこれと同列に論じることもできるが，直接的には資源の浪費の問題であり，モノの側から所有を捉える視点であって，1) の要素に関連する。ここでいう普遍性とは，人に必要とされていると同時に稀少性があるという意味で「価値のある」資源が，すべてだれか（その管理権をもつ者）の所有になっている（べきだ）という原理のことである。

元の例は以下のようなものである。それぞれ同数の牛をもつ多数（n軒）の農家が共同で牛の放牧に使っている管理されない牧草地があるとする。各農家（各々m頭の牛をもつ）にとっては，今よりもう一頭牛を増やすことは，彼にとってのそれによる利益（牛一頭分の収入 i 円）がそれによる費用（牧草減少の結果自分の他の牛が受ける肥育の遅れなどの損失C円 = c（一頭あたりの損失）× m（頭））を上回る限り，利益となる。ここで，当該の増加が他の農家にもたらす費用（$(n-1) \times C$）は考慮されない。こうして各農家が同じように牛の数をそれぞれ（$i_1 = c_1 \times m_1$ となるようなm_1になるまで）増やせば，新たな牛の総数は適正な数（村全体について $i = n \times c_2 \times m_2$ となるようなm_2）を上回り，共有地は疲弊して各農家の取り分も減少する。公海上の魚の乱獲などの例も同じである。これは，各プレーヤーが他のプレーヤーの選択に介入できないことから発生す

---

[6]　法律的に「共有」は所有の一種であって，集合的ではあってもその対象に対する支配権をもつ者はいる。だから本来これは「入会地の悲劇」または「未所有地の悲劇」というべきである。ここでは慣例に従って「共有地の悲劇」と訳すが，この土地に支配権を持つ者は誰もいない場合を想定されたい。

第4章　所有権は何のためか

る囚人のディレンマの問題でもあるし，個人の経済計算の中から重要な社会的コストが脱落することから発生する「外部不経済」の問題でもある。

　この問題は，その有限性を考慮して利用の効率を計らねばならないような資源が所有者のないまま放置された場合に，常に原理上発生する。特に環境問題一般はこのカテゴリーに入る現象である。人間の活動規模が相対的にごく小さくて，それまで実質上供給量が無限のいわゆる自由財であると仮定しても問題がなかったきれいな水や空気，廃棄物の捨て場，などに稀少性が出てくれば，所有または管理の制度がないかぎり，この種のコストが人々の行動選択の上で考慮に入れられないため，環境資源の浪費傾向が常に発生する。人口問題も，地球の資源全体との関連で，このカテゴリーに属すると言えるだろう。つまり公害は，経済的考慮の過剰の問題なのではなくて，その不足つまり非効率の問題なのであるが，ただその際の効率が，孤立した個々人の合理的行動によっては達成できないのである。

　経済人モデルを維持しながらこの問題を解決しようとするなら，何らかのルールを導入して，コストの内部化（internalization）を行うべし，という対策の必要が論証される。共有地の場合であれば，その土地を区画して各人の私有地とするか，それを誰か個人または村の所有にして，牧草地の使用料をとるようにすることで，コストの内部化が可能となる。それによって，各個人が自分の利益を求める活動が，結果として社会的な効率の達成へと導かれるような，制度またはゲームが回復されるからである。これは，稀少な資源が誰の所有ともならず，それを管理できる者がいない場合に発生する悲劇だから，「所有者のいない悲劇」と呼ぶのが正しいと私は考える。

　ちなみに，旧社会主義諸国における「市場経済の導入」についてこの観点を適用するなら，社会主義終了後の当面の課題は，国有企業そのものとそれが有していた資源を，誰のものにするべきか以上に，早急に誰かのものにすることである。資源の利用に極度の非効率があるような場合には，それを有効に利用することが自分の利益になるような「所有者」を，すべての財，とくに生産財について確定することでその利用と処分を可能にすることの方が，分配上の正義より重要である。なぜなら，分配は存在する財について問題になるのに対して，非効率は潜在的に可能な財をすべての人から奪うものだからである(7)。ま

（7）　これに反して倫理的観点にとって効率問題をイレレバントだとするものとして，たとえば Carter [1988: Ch. 5]。

た，「誰かのもの」になった財は，他者がその者から購入可能になるので，有効利用の可能性が開ける。これは次の譲渡可能性の問題である。

5 譲渡可能性

　元々パレート的な効率性の原理は，交換によって双方が利得することを公理的前提にする原理であるから，その枠組みの中では，交換または譲渡可能性が効率を高めるとされるのは当然である。実際土地利用などにおいても，それをより有効に利用できると考える者はそれに（現所有者）より高い評価を与えることになり，その者に売却することが，自分ではより低い評価しか与えない者の利益になるから，所有権を構成する譲渡可能性によって，その財はより有効な利用を行う者の手に渡ることが制度的に可能になる。

　この限りで効率と所有権が整合するのは当然だが，特に譲渡または交換をめぐって，問題を狭義の経済学の観点に限定することは，所有の意義の理解を狭めるように思われるので，視点を効率性の問題から少し広げて，次に意思決定の観点からこれを見てみることにしよう。

第3節　決定権の分散化

　歴史的には，所有制度は社会の固定化と連動することも多かった。財産の一部を構成するとみなされた奴隷は，人を家畜の地位に縛りつける制度であった。土地所有についても，処分の制限を伴う相続財産として，場合によりそれに付属する農奴への支配権を含めて大土地所有権が歴代の当主に世襲されるというような場合には，このことは明白である。また，近代のブルジョア社会においても，財産の有無が人間のトータルな価値における階級的区分に連動して，経済以外の広い側面をも含んだ人間社会の階層化をもたらす場合にも，所有の制度による社会の固定化は，その限度で明白である。所有の問題を当該社会の政治制度の一部とみなしてそれに接近する場合には，これらの事実がまず我々の関心の中心を占めるはずである（これを徹底的に行うのはマルクシズムだが）。

　しかし，一定の条件が成立する場合には，私的所有権の制度はこれと逆に，社会の変化を促進・常態化する。それは，これが市場制度の構成部分として登場する場合である。この場合「市場」は，それが意図的制御になじまない自己制御的なシステムであるという経済学の原理的洞察に従うなら，「政治」とは別の原理によって機能するこれと並立する社会の秩序化メカニズムとみなされ

第4章　所有権は何のためか

る。現代の観点から所有に接近する場合には，特にこの側面の理解が決定的に重要であり，所有の分析は市場の理論と結合されねばならない。

1　共同体的所有の悲劇

ところで前記の「共有地の悲劇」の例は，本当はあまり良い例だとは言えない。村の規模が小さい限りこの問題は単純で，問題の所在とあるべき解答が当事者達にもすぐ分かるし，対処も容易だからである。牛の放牧のための村の入会（共有）地程度のものであれば，人々が共通に利用する場合のルールの必要は誰にも自明だし，小さな閉じた社会の中では，いわゆる「取引費用」が小さくて「合意」の成立は容易だから，必ずしも所有の制度を持ち込まなくとも，この「悲劇」の実現は簡単に阻止されるだろうからである。この問題に限るなら，私有化と公有化以外にも，使用に関する慣習的ルール，指導者のリーダーシップの発揮（または巫女によるお告げの伝達），話し合い，暗黙の了解など，解決の方途は多数ありうる。多分それ以上に何もしなくとも，共同体的精神が発揮されてもともと問題が発生しないか，発生しても過剰な牛を持ち込む者に対する何らかの社会的サンクションが働くことになるだろう。つまりこの「悲劇」は実は，共同体の構成員であるはずの生身の農家を，無理に人為的に定義された，個人的利害計算しかできない「経済人」と仮定することから生じる「喜劇」なのである。それとも，その種の解決が可能な場合はすべて定義上，「共同体的所有」が成立していると言うべきだろうか。用語の問題自体は便宜的であってどちらでもよいのだが，むしろ興味深い実質的問題は，経済人モデルの妥当性の条件の方にあると思われる。我々は近代経済学的前提としての経済人モデルを一旦離れて，「原始共産制」または「共同体的所有」一般を考えてみることにしよう。

所有の問題を当該の財に関する意思決定の問題として見ると，その利用・処分は，私的所有は個人の意思決定により，共同体的所有は集団的意思決定による。この場合集団的意思決定の利点はもちろん，集団的利害に直接従った財の処分が可能になることと，それがうまく機能している場合には，その決定が自分たちの決定であるとメンバー達各々に感じられることで，意思決定における「疎外」がミニマイズされることにある。それゆえ，前記のように共同体の利害が容易に判断できるような場面や，集団内の一体化が強くて緊密に個々人が相互に結合されているような場合には，その利点が発揮されることになる。反面，あるべき決断の内容が自明でなかったり，集団内の個人差が大きく人間関

第3節　決定権の分散化

係が疎遠であって一般的な同意の成立が困難な場合には，一つの決定にいたるためのコストが多大になってその不都合が現れてくる。もしそのためのコストが高くなりすぎれば，必要な決定が遅延するか，決定が行われないまま放置されるか，集団意思の外形が何らかの方法で擬制されるか，するしかないことになる。最後の場合には当然，「支配」即ち異なる意思の間の優劣の順序づけの問題となる。

つまり財の処分に関する共同体の意思決定がその構成員達の自由と整合的であり，真の意味で「皆の決定」と言えるか否かは，形式的な所有権の帰属に依存する以上に，各人がその集団的意思決定を自分の意思決定だと考えられるような条件がそこに成立しているかどうかによる[8]。ちなみにこの点共産主義は，階級的利害さえ一致するなら個々の資源のあるべき利用法は理性に訴えることで一義的に決定・合意できる，という誤った前提に立っていたように思われる。小さくて素朴な均質的社会での「原始共産制」は可能かもしれないが，多様な人間達が集まる大きくて複雑な現代社会でそれを再現することは，いくら理性と科学に訴えても不可能であろう。

いずれにせよ共同体的所有においては，各財についての特定の処分に関してそのメンバー達の間に合意が成立するまで，どんな処分も行えない。利用法の決定についてもそうだが，外部の社会との交換についても，これはいえることである。それにより発生する非効率のことを「共同体的所有の悲劇」ということにしよう。

2　決定権の分散化としての私的所有

これに対置されるものは，決定権の分散化としての私的所有の制度である。共同体的所有との違いを前述のように理解するなら，この制度の特徴は，1)各財についてその処分を決定する資格をもつ者が特定されており，その者は自分の行う処分の帰結に対して個人の資格で利害をもつこと，2)同種の財についてこのような資格をもつ者が複数いて，財のあるべき処分法についての人により異なる考え方が，それぞれの処分を通じて実施に移され，その結果が情報としてフィード・バックされること，にある。社会のメンバーがそれぞれこの種の私有財を持っているかどうかという公平の論点は，この観点からは第二義

---

(8)　ルソーの『社会契約論』が，人間が「鎖につながれた」状態からそれを「正当なものにする」ための方途として，商業活動の弱い小さな共同体内での直接民主制を論じていた（第3編15章など参照）ことを想起されたい。

第4章　所有権は何のためか

的である[9]。

　この制度の成立のためには，社会的に有用であることが誰にも明らかな財の処分について，所有者とみなされる者以外の者が，「持ち主がそう決めたのだから仕方がない」と考えることで，その具体的処分法と独立に抽象的にその処分を承認していなければならない。この定式は，特定の財の処分に関してではあるが，A.センによる「リベラリズム」の定式そのものである[10]。その要旨は「一定の選択肢についての個人の選択が，その内容如何にかかわらず，そのまま社会的選択となるような，社会的決定の制度」としてリベラリズムを把握することにある。その意味でこれは，財の処分のプライヴァシー化であり，多分リベラリズムという政治理念そのものが，歴史的には一面において，特権的に成立した私的所有権の大衆化要求なのである。いずれにせよ，マルクシズムの洞察どおり，私的所有権の制度は直接に社会的意思決定の方法に関する政治的制度である。これをセンのように，「私的決定をそのまま社会的決定とする制度である」というか，「一定の事項の決定を社会的・集団的意思決定の対象から除外して私人に委ねる制度である」というかの差は，レトリック上の違いにすぎない。

3　市場の交換ネットワーク

　しかし，一旦このような私的所有の制度が成立すれば，個々の財はその処分権者を得て，市場における交換のネット・ワークに編入可能となる。そこで無数の人々の行動の上に成立している秩序の全体が個々の時点にとる具体的態様自体は，誰の決定にも服さないものとなる。我々は，古代以来の人間行動の秩序について，国家に代表される自覚的に構成・維持される組織の側面に強い印象を受け勝ちであるが，それと平行してそれ以上に重要な市場的交換の秩序[11]が常にあったことを，想起すべきである。それへの個々の参加者は，自分に関するごく限られた近隣の情報と認識のみに従ってその中での利潤最大化を計るのみで，誰もネットワークの全体像の認識を持たないが，間接的に取引の連鎖が及ぶ広い範囲で，個々の行為は相互に複雑な影響を与えあっている，

---

(9)　ハイエクが，'several property' という語を使う趣旨もここにあると考える。そしてこの「複数所有者制」は，所有者以外の者にも多大の利益を与えると彼は考える。cf. Hayek [1988: 77-78 et passim].

(10)　セン [1989: 4]。

(11)　Hayek [1988] における 'extended order' に関する議論参照。

市場はそのような秩序なのである。

　我々がもし，この秩序が人間に対してもつ意義を自由と効率の点から積極的に評価するなら，私的所有の制度に，そのための道具としての意義を認めることが可能となる。これは丁度，共産主義者の法理論家パシュカーニスが，歴史的に死滅してゆくものとして分析した，市場における商品所有者の関係を基本にする近代法（主体・所有・契約などの制度）の認識を，彼の歴史観から切り離して支持することにもなるだろう(12)。

第4節　規範的所有権論にむけて──基本的問題群

　経済人モデルの中に閉じ込められた狭い経済学の技術的分析の中では，人々の選好はすべての価値評価の出発点として最初に与えられており，効率の如何もそれとの関連で判定される（パレート基準）。しかしより大きく市場の理論として考えるなら，例えば個人の選好も，市場における広義の競争の前に確定しているのではなく，市場において様々な生と消費の凡例が，生産者と前衛的消費者によって提供される中ではじめて，個々人によって選択されそれと確定される，と考えるべきである。ここでは市場は，狭義の経済的情報だけでなく，多様な生の凡例と価値のヴァラエティーが，その手段とコストに関する情報とともに常に新たに提供される，広義の情報交換の場として捉えられる。

　このような市場を中心とした人間社会の秩序化を，消極的に評価するという価値的選択はもちろん可能である。ただ市場を捨てようという場合には，対置される秩序のモデルが，一応現在の経済学等の水準からして破壊的帰結を伴わずに実行可能であると言えることを示す，というかなり絶望的に見える困難を克服せねばならない。それを含まない規範的議論は，説得力に乏しいと私は考える。

　市場そのものを積極的に評価する場合には，所有権の制度的目的は主に，市場的秩序の円滑な機能を可能にする点に求められる。逆に言うなら，所有権は，その限度で重要であるが，それを越えては「排他的」でも「絶対的」でもない。だから我々は，ある限度でこの制度を「設計」せねばならないのである(13)。

---

(12)　「しかし私は，所有は市場における処分の自由としてはじめて法的形態の発展の基礎となり，そして，主体のカテゴリーがこの自由のもっとも一般的な表現として役にたつということを確信している……。」パシュカーニス［1967：114］。

(13)　ハイエクは一貫して「設計主義（constructivism）」を批判するが，その一方で，エ

第 4 章　所有権は何のためか

その際の指標は一応，効率と衡平（これが何を意味しようと）に求めることができる。もちろん最大の理論的・実践的問題は，この二つの価値の間の関係づけにあるが，「所得再分配のコストがゼロであるか十分小さければ」という非現実的仮定の下では，この両者は矛盾しない[14]から，効率のみに着目して制度設計を行うことが可能である。「法と経済学」における現在までの議論は，このような非現実的前提と経済人モデルの内部の議論であるという限界を持つが，それにもかかわらず，この狭い効率性の観点から所有の制度を設計する上での基本的理論を提供しており，問題への一つの接近法として有益である[15]。そこでは，1) 外部性の内部化，2) 公共財と私的財の区別，3) 取引費用の影響の最小化，などが論じられる。その細部の議論をここで再論することはできないが，もしそれらの論点をねらいどおりに解決する答えがこの枠組みの中で発見されるなら，各個人は経済人または利己的合理人として行動してさえいれば，社会的に財の最適利用が達成され，個々人の満足の総和が最大になるという意味の効率が達成されるはずなのである。

指摘したように，ここには基本的問題が二つある。一つは分配の衡平の問題であり，もう一つは経済人モデル自体の妥当性の問題である。衡平の内容如何については，ここで論じることができないが，それがどんなものであっても，このように生産と分配の局面を分離して考えるという J. S. ミル以来の発想が，もしさしたる犠牲を払わずに適用可能であるなら，効率と分配的正義の要請つまりパイの最大化と衡平な分配を別の局面に割り振るという簡便な解決が可能になって，問題は極めて単純化される。これは平等な富の享受のために市場経済の効率を利用するという単純な「福祉国家」の戦略でもあるが，多分我々はそれほど幸運ではないのであって，この前提自体に，危険な誤解が含まれている可能性が高い。つまり，分配において適用される原理如何によっては，効率が破壊的に棄損されるという，深刻なトレード・オフの関係がそこにはあるら

　学と区別された農学とのアナロジーによる社会秩序への意図的アプローチを認めている。また，彼が立法活動に何を期待していると考えるべきかは，彼の社会理論を解釈する上でもっとも重要な点であるが，結論的には私は彼が，社会秩序の具体像は市場メカニズムの自動的働きにまかせたまま，その制度そのものをその機能についての経済学的理解に基づいて修正・制御してゆくような活動を，特に一般的社会ルールの立法の局面で許容するもの，と考える。嶋津［1985］第 5 章第 4 節「理想国制論」参照。

(14)　ポリンスキー［1986］第 2 章「効率性と衡平」参照。

(15)　この観点から所有権法についてまとまった分析を行っているものとして，クーター［1990］第 3 章参照。

しいのである。

　次の経済人モデルの妥当性についていうなら，ここでも単純で幸福な解が，一応は期待できる。つまり，市場を中心とする制度の内部でゲームのプレーヤーとして振る舞う時には利己的経済人として行動しながら，これと別のもっと親密な人間関係を期待される局面では他人への愛情と団結心を示し，また市場ののゲーム自体を設計するというメタ・ゲームの局面では，政治的叡知と倫理的卓越をを発揮するような，人間を我々が期待するという解である。しかしこのように述べただけで，その困難さは既に明らかであろう。

　人間の全体が経済人モデルに尽くせないのは言うまでもない。たとえば家族内の人間関係のように，このモデルの適用範囲から除外されるべき局面が，社会的に要請されることも自明である。さもなくば，自立した「経済人」そのものが成長する環境が消失することになる。一方このモデルに基づいて構成される社会秩序は，その実施にあたって人間に自己愛と計算能力を要求するのみで倫理的英雄を期待しないで済む，という利点をもっている。そしてその危険はもちろん，これが人間を一面的に捉えた一つのモデルであるという点の自覚が薄れ，それが「物神化」することにある。

　これを防止するためにも，社会哲学はやはり必要なのである[16]。

---

(16)　現代的な観点から所有を論じるなら当然扱うべき論点でありながら，ここで論じられなかったものはまだ多くある。特に法人所有の問題がまったく触れられなかったのは残念だが，これについても後日を期さざるをえない。

第5章　進化論的契約論素描

第1節　はじめに

1　「約束はなぜ義務づけるのか」は真正な問か

　契約理論に関連して，「約束はなぜ義務づけるのか」が論じられる[1]。私には以前から，この問が答えるに値する真正の問であるかについて疑問があった。これは素朴な疑問だが，哲学においてはいわゆる「言語論的転回」[2]以来，無意味な問には，その無意味さを指摘することで，解答を与えるのではなくその問を「解消」させよう，という形の指向，つまり有意味な問を限定してゆこうとする指向が強かったから，その影響のせいでもある。問が一見難解な場合に，それは問の問い方が誤っているからかもしれない，という疑いを抱いてみることは，ヴィトゲンシュタインが，いわゆる前期と後期で異なった形ではあれ，一貫して深刻な形で我々に教えた教訓だからである。

2　意思説・信頼説・関係説……

　しかし契約法関係の文献を読み進んでみれば，当初の問は，ある場合にはまさに解消させられるべき無意味な（悪しき意味で哲学的な）問であるが，常にそうなのではなく，別の場合には，契約法の個々の論点の解釈の背後にある，対立する代替的な複数の基本的態度に関連しているずっと実際的な問であることがわかる。それは，契約法の伝統的な理論的基礎づけまたは枠組みとしての意思（約束）主義と契約法のカバーする日常生活や取引の現実が，あちこちで乖離しつつあり，この間隙を埋めて新たな法関係に指針を与えるような，別の基礎理論なり意思主義の再解釈なりが要請されている，ということである。この文脈で，信頼説や関係的契約論などが登場し，意思主義も変化させられつつある[3]。

---

(1)　たとえば，小林 [1985]，小林 [1991]，森村 [1989]，内田 [1990] など。

(2)　Rorty [1967]。

(3)　英米におけるこの事情については，内田 [1990] にいくぶん劇的に詳しく紹介されている。

第5章　進化論的契約論素描

これらの議論を直接論ずることは本稿の目的ではないが，これらの問題との関連を意識しながら，もう一度，迂遠に見えても出発点にあった約束を守る義務と契約の自由について，以下で素朴に論じてみたい。

第2節　遂行的発話としての約束とその背後

1　背後のルール

　契約という法的な制度以前に，より日常的な「約束」を問題にし，契約が義務づけるのはそれが約束であるからだ，と論じるやり方がある。その場合，では約束はなぜ義務づけるかまたは拘束的なのか，という問が予想される。これに対しては，まったく拘束的でないならそれは約束でないからだ，と答えることが，あるいはもっとも正しい解答法かもしれない。「約束は拘束する」というのは，約束という行為の定義または意味の一部であり，これは分析的命題なのだ，と言っても同じことになる。このような発想からするなら，義務を引き受けるという意図もなく「約束」する人は，約束の何たるかを知らないに過ぎず，彼は約束してもいないし，そうすることもできないだけなのである[4]。

　J. L. オースティンの整理に従えば，「約束します」というのは，典型的な遂行的発話の例であり，言語を使ってはいるが「記述」において発揮される意味（locutionary meaning）とは別に以言語的効力（illocutionary force，この場合には「約束」する力）を持つ言語行為である[5]。つまり人は「約束します」と言って約束（という行為を）するのである。この行為は当然，制度的な行為である。つまり，この行為の意味（要件，効果など）は，それに先行する大まかであれ社会的に確定しているその制度のルールに依存する。約束するとは，この約束制度を利用するため，その利用開始のボタンを押すという意味をもった言語行

---

(4)　義務（obligation）または拘束自体についても，もしそれは何か，または，それは何故生じるのか，と問う場合には，以後約束について述べるのと同じ議論を繰り返さねばならない。つまりそれは，我々が義務について語る時に「知っている」あの義務の概念であり，拘束の概念である。そしてこれは，人にその観念がなければ行わないようなことを行わせ，「なぜそれをするのか」と問われた時には「それが私の義務だからです」と答えさせ（これを徹底したものが，いわゆる「義務論」の議論となる），相手がそれを行わない時には非難の気持ちと行動へと人を駆り立て，場合によって制裁の行動へと向かわせ，また他人の行う制裁の行動を是認させ……あの概念である。古典的な，H. L. A. ハートの「責務（または義務）の第一次ルール」について Hart [1961] および，嶋津 [2011: 第2章] 参照。

(5)　Austin [1962], 森際 [1981 & 1982] 参照。

為であり，その効果は制度の中で決定される。だからこれは，記述的意味として見た場合には内心の意思の表示行為であるが，他方からは，ある目に見えない社会的効力を生じさせるための魔法の呪文であるとも言える。だからこの場合の言語がもつ力（約束力）は，その言葉の内在的力であるというより，その外にある制度がその言葉に委ねた力なのである。もちろん，特別に言語を使用しなくとも，制度なりシンボルなりを利用することは可能である。例えば，お辞儀とか握手，あかんべーなどの動作が社会生活上それぞれ特有の意味をもつのは，その背後にそれらシンボルの意味を決定している社会的制度またはシンボルの意味の体系があるからである。また（記述という行為を行うための）言語自体の本来の意味も，そのようにして決定される外はない。約束（法律的効果を伴う典型的場合は「法律行為」）などの場合には，その発話の制度的意味が言語で語られる意味（locutionary meaning）と二重写しになっている点に，その特徴がある。このようなものは一般に「遂行的発話（performative utterance）」と呼ばれた[6]。

「この船を△△号と名付ける」「○○君を課長に任命する」「（麻雀での）リーチ」なども同じで，これらの発話がしかるべき人によりしかるべき場合になされると，それぞれ，これらが（意味上）述べているとおり，船の命名や課長の任命やリーチという字義通りの効果が発生する。そしてその船は△△号となり，○○さんは課長になり，麻雀の場は以後リーチのかかった状態となる。

ただ，それらが言葉通りに有効であるための要件は，これらの言葉自体の中にあるのではなく，それらを決めている社会的ルール（麻雀の場合ならそのゲームのルール）に依存する。つまり前提となる何かのルールが背後に存在しているのであり，これらの遂行的発話を行うことは，同時にそれらのルールを使い，それに従い，それを（行為の）意味決定のマトリックスとして受け入れることでもある。またそれが言葉通りの効力をもつと社会的に理解されるのは，周りの人々が同じ制度の中にいて，その制度が決定する意味のマトリックスの中で特定の効力をもつ行為として，その発話を理解するからである。そしてそれら

---

(6)　オースティンの言語論では後に導入される locutionary meaning（または locutionary act）と illocutionary force（illocutionary act）の用語によって彼が初めに論じる constative utterance と performative utterance の区別を論じるなら，performative utterance とは，このように locutionary meaning と illocutionary force とが重なるような特殊な言語使用の場面だということになると思われる。そのためにそこでは，当の言語行為がもつ illocutionary force が，それと字義上も同定され，そのことによって，字義どおりの効力をもつことになる。

第5章　進化論的契約論素描

を可能にするルールの方からいうならば，このルール複合体は，それに依拠した個々の発話行為が人々に「行われる」ことで，ルールとして「存在」するのである[7]。

　あるルール複合体が社会的に成立していることと，個々人がそれらルールが可能にしている個々の行為を具体的場面で有意味または有効に行うこととの間のこの関係は，ソシュールの言語論におけるラングとパロールの区別とも同型である。ただ，言語が複雑なルールの複合体からなっていることは明らかであるが，問題は，このルールのどの側面に注目するかにある。J. L. オースティンが解明したのは，それまでの言語論が注意を集中してきた「記述」を可能にする意味論的ルールとは別に，言語を使って様々な社会的な行為を「遂行」するためのルールが存在しているという点である。これは，広義の語用論に含まれるだろうが，普通のそれとは局面が異なり，言葉を使って何か別のこと（褒める，貶す，誘惑する，励ます，挑発するなど）をするのではなく，その言葉が表現している当該のことを言葉通り有効に行うことを可能にするという，特殊な効力をもつルールなのである。

　これは「形成権」の行使などの例を考えれば，法律家には直ちに理解される現象である。「取り消します」と言うことで法律行為取消の効果が（実際に）発生するためには，それが法律の規定する（未成年者の法律行為などの）「取消しうる行為」の要件を充足していなければならないし，「解除します」と言うことで契約が解除がされるためには，法律の規定する（履行遅滞と催告などによって）契約の解除権が成立していなければならない。つまり，それらを可能にし，その効力を決定しているのは，その言葉の意味であるというより，それらの意味通りに（法的）世界を有効に構成・変更することを可能にするルールまたは制度なのである。ただ，法的な行為の場合はそれらの法的ルールは民法○○条という具合に個々に言語化（法典化）されているのに対して，一般の言語行為の場合には，このルールは社会的慣行の中にある非明示的ルールであるため，そのルールの存在は自覚されにくく，その効果も，言語自体がもっている魔術的な効力として意識される場合が多くなるといえるだろう。

　つまり法律学は，ある場合には，言語一般の理解に資する範型を提供するのであって，J. L. オースティンの議論が，このように法学的なのは，彼が同僚

──────────
(7)　（社会的に）「存在する」ルールというこの用語法は，『法の概念』におけるハートのそれに倣っている。ハートについては注(4)参照。

80

のH. L. A. ハートなどを通して，言語行為の分析のためのアイデアを法律学から得ていたからだという可能性が高い。

2　約束による義務の「創造」

　以後論じようとしている契約については，いわゆる「契約の自由」の原理が妥当するとされる。この自由は原理上，その行使により人が，法的権利・義務の世界において思いのままに無から有（種々の権利や義務）を生じさせるという神にも似た創造的力を発揮することができる自由であるように見える。それが可能なのは背後にあるルール複合体のためだ，とここで述べた。法的な契約の場合には，このような（遂行的発話としての「法律行為」──つまり「申込み」と「承諾」──を要素として成立する）契約を可能にする背景的ルールの体系が，一応民法として明示的に与えられている。しかしそれは主に「任意法規」であるという点で，議論は，言語的に確定された法的規定というマトリックスに依存しない言語一般やその特殊例としての約束の場合と，強行法規によって個々に限定的な局面で産み出されてくる形成権などの場合（もちろん約定により生じる形成権もあるが）との中間に位置づけられるように思われる。

第3節　制度の生成

1　なぜ約束の制度が成立するか

　拘束的な制度としての約束の制度がその社会にある（存在している・成立している・行われている……）時に，個々の約束が当事者を拘束するのは当然であり，それを個々の約束行為の局面で「なぜ」と問うことに意味があるとは思えない。だからもしその問に意味があるとするなら，それは，なぜそのような制度があるのか，と制度そのものの存在理由を問うている場合であろう（「なぜそんなばかな約束をしたのか」というような，個々の行為の動機を問うような文脈は除くものとして）。

　もちろん，約束制度を前提にした上で，その微調整に関する議論，例えば，何時どんな条件が満たされた場合にそれが有効または無効になるか，当初の明示的合意の前提に変化などが生じた時に，その効力はどのように変化するか，などを論じることには意味がある。これは，約束の制度そのものを問うているのではなく，その存在を前提にした上で，それを構成する細部のルールの確認・修正を行うために議論する場合である。

81

第5章　進化論的契約論素描

　言語の例でいうなら，「国語審議会」は，仮名使いや使用漢字の標準化を行うなどの，言語使用の微調整はできるが，日本語の構造や基本的意味規則を自ら制定したり，日本語の使用そのものの是非を決めたりできるわけではない。だからそれらを構成する諸ルールは，個々の人間の意図的努力と独立にどこかで生成し，当該の時点で社会に「存在」しているのでなければならない。国語審議会などによるルールの意図的確認・変革作業そのものも言語に依存する以上，それは，この存在するルール全体のマトリックスの中ではじめて可能になる。

　これと同じように，前述の「約束はなぜ義務づけるのか」という問が，制度の微調整に関しての問題に対処するために問われているのであるなら[8]，それは当然有意味な問である。だが，そうではなく約束の制度全体について「なぜ」を問うているのなら，そのような問に対しては，どんな種類の答えが可能だろうか。

　法律上の契約についても，実は以下の問題は発生するのだが，それは後回しにするとして，社会生活上の約束一般についていうなら，その制度が，人の設計によってはじめて登場したのでないことは明らかであるように思われる。では制度は，人の意図によらずに，いかにして生成するのか。意図によらずに生まれる複雑な構造体を説明しようとする場合に，今のところ我々にほとんど唯一可能な方法は（それを「説明」と呼び得るとするならであるが），進化論的な枠組みによることだろう[9]。

---

(8)　制度の微調整が問題である場合には，いかに細部を調整するかを考えるについて，常に「なぜ約束は守らねばならないのか」を問い，それに対する答えによって個々の解が左右されねばならないとは限らない。制度そのものの存在は前提になっているのだから，その細部の改善はむしろ，その方が制度として使いやすいなど，何らかの外在的観点からしてその帰結が好ましい，というような帰結主義的発想で十分かもしれないからである。いわゆる「利益衡量法学」は，このような洞察の上に立っているように見える。

(9)　ノージック［2004: 507 et seq.］が述べている企画法と濾過法参照。以下本稿で進化論的説明として一括している説明法には，ノージックのユートピア論で中心的役割を果たすこの濾過法のようなものを含めてよいと思う。このことは，本稿の後半で述べる契約諸類型の生成の場面で特に当てはまる。また，より古典的な説明の例として，本文で後に紹介するヒュームによる約束の説明がある。ヒュームの説明は「便宜（convenience）」の概念に依っている。しかしこれは彼が約束の制度を，便宜を目的にして人々により意図的・設計的に導入されたものと捉えていることを示すわけではない。ヒュームのコンベンション論は，いつも制度の自然発生的（自生的）生成と自覚的設立との間を揺れ動き，どちらの解釈をも許容する側面をもっているからである。そして前者の解釈は，慣習的制度の生成にたいする進化論的な説明と整合する。（参照，桂木

2 進化論的説明

進化論の意義はもちろん，生物の分化という事実に対する説明として，それを神の手による「創造」モデルから切り離し，進化つまり非人格的で機械的もしくは無目的な過程，の結果としてとらえることを可能にする点にある。その中でも重要な特徴は，新たな変種の登場を「突然変異」のような偶然の要素に帰す一方（とは言ってもこの理論は，その偶然性の頻度などについての一定の経験的仮定を暗黙のうちにでも置いていることになるが），何らかの変異が現れた後それが生き残るかどうかを「自然淘汰」つまり自然選択の問題とするところにある[10]。こうして，発生問題そのものを無目的的過程の結果つまり原理上説明不要として切り捨て（それによって「予言」の可能性を否定す）るとともに，現存のものは生き残れたから生き残ったのだという同義反復的事実の中に，自然への適応という形でその生物体の中に環境に関する情報が体現・蓄積されたことを見るのである。それゆえ，これを逆に進めば，何が生き残ったかを見ることで，それを取り巻いていた環境の一面を推測することも可能となる。

約束の制度についてこの種の説明を試みるために，次のような想像上の歴史を考えてみよう。はじめ，拘束力のない約束（それが何であれ）が登場する。これを UP (unbinding promise) と呼ぶことにしよう。当然 UP は（我々の意味での）「約束」ではないから，これがいかなる用途をもちうるのか，疑問である。もしそれが全く拘束力をもたないなら，多分，何の有意義な用途もないまま，使われなくなるのではないか。しかし，このような慣習的エンティティーに関するかぎり，使われなくなることと制度として消滅することとは同じであるから（たとえば，現代では使われなくなり通用しなくなった歴史時代以前に流通した古語などは，絶滅した古代生物にたとえられるだろう），それは端的に，消えてなくなるのである。

もちろん，どのような約束類似の制度もないところでも社会の規範的統御は可能かもしれない。特に，言語的に確定された自己の義務を引き受けるという

[1988] および [1989]。また，cf. 'The legal and political philosophy of David Hume', in Hayek [1967]）

(10) 進化論の語で，何か進歩の単線的方向性を想定し，歴史的発展法則のようなものを考える場合もあるが，本来の進化論は，むしろ進化の結果生じる「種」の性質を前もって予言することが不可能である，と考えるところに，その本質がある。法則的進歩主義（または「歴史主義」）と進化論は，この点で，対極にあるアプローチなのである。ポパー [1961] および [1974] 参照。

第5章　進化論的契約論素描

自覚的手続きを経ないまま，ある状況がある当該の人に具体的義務を（自覚的にそれを引き受ける決断を経ずに）生じさせるというルールが自明な形でその社会に妥当していれば，約束と無関係に，義務は生じるであろう（たとえば，集団で大型動物を狩る場合に具体的な場面で各人が守るべき義務など）。もちろん，これのみで運営可能な社会は，各人の義務内容が共同体内で個々の場合に争いの余地なく自明であるような，小規模で閉鎖的な静的社会であろう。

　その後，拘束力のある約束BP（binding promise）が登場するとすれば，それが利用上の便益をもつことは多言を要しないだろう。特に，社会の規模が拡大し，人の生活と関係が多様化し，社会・経済生活において他人間の関係が重要になるにつれて，上記のような，共有される暗黙で自明のルールに頼ることはできなくなるから，言葉による義務内容の確定・確認の必要は増大するだろう。重要な点は，この場合，制度のもつ（主に経済的な）便益は，その制度が守られるについての主観的理由となっている必要はないということである。それが自分の利益になるから約束を守るのだ，と人が考える必要はない。だから，約束が生じさせる義務の根拠がどこにあると，当該社会内の人々が理解しているか，はここでは重要ではないのである。それは，宗教や迷信・タブー，言魂信仰……など，何を根拠にするものであってもよい。制度の淘汰と存続つまり進化は，主にその制度の機能上の生存価値もしくは広義の効率に依存し，それに携わる人々の意識と独立にでも進行するからである。この局面では我々は，制度の功利的意義を，人々の意識と独立に論じることが可能である。逆に言えば，BP制度の内的側面としてこの制度を可能にする義務感を，当該社会の中にいる個々人の内面に生じさせるような宗教・道徳・タブーなどの価値的体系は，それが元々何に由来するものであろうと，それと独立に見て有益な制度であるBPの制度をその価値的体系が成立・維持することを可能にするというその機能によって，本来の内在的な意義と別に補助的な存在意義を獲得するのである。このような視点を先に進めるなら，宗教などの意義を，この種の機能の総合体として理解する，一種の還元主義も論理的には可能になるだろう。

　以上を要するに，UPとBPの両制度のうち，何らかの沿革によって一旦生まれさえするなら生き残る可能性をもつのはBPの方であると考えられる。ここでこの過程の帰結，つまりUPが淘汰されることについて，その道徳的理由を「なぜ」と問うことは，ある意味で場違いである。それはたとえば，生物進化の過程に創造主を想定し，彼の行為の結果として理解される個々の種の生成消滅につき彼に「なぜ」と道徳的問を投げ掛ける，という発想に類似している。

84

この文脈において進化論のもつ意義は，それがこの問の名宛人を不必要にすることで，その問（つまり進化の過程とその帰結に対する道徳的問）自体を解消する，ということにあるからである[11]。

　約束制度の功利的な意義を論ずる文献は，次に論じるヒューム以来枚挙に暇がない[12]。いずれにせよ，拘束的な約束の制度（BP）は，ある環境でそれが一旦生じさえすれば，このような社会的必要を満たすことで，消滅を免れて制度として生き残るだろう。

第4節　ヒュームによる説明

1　コンヴェンションによる守約義務の発生

　ヒュームによるコンヴェンション論の応用としての約束による義務の発生の説明については，すでに何度も論じられている（例えば小林［1985］など）が，

---

(11)　それでも，宗教的な文脈では，この問が無意味にならないのはいうまでもない。というより，宗教とは，この種の問を有意味なものとして問うような文脈それ自体のことである，というべきかもしれない。また，奴隷制度のような場合に，たとえそれが効率上の有効性をもっていても，別の道徳的観点（ヒューマニズムなど）から非難すべきものと考えられるために，その制度について道徳的に「なぜ」を問う，ということはありうる。それは特に，既存の制度を意図的努力によって廃止するべきではないか，が問題になるような場合には，当然有意味な問である。努力によって廃止可能だ，という事実判断がその前提となるが，この前提の下では，廃止しないことも一つの（責任を追求される）行為でありうるだろう。ただ，約束の制度をこのような観点から問題にして「なぜ」を問うというなら，その場合の前提となる道徳的観点は，奴隷制の場合ほど自明ではないから，この問を問う側で，まず明示することが必要となる。そして，その観点自体がたとえ支持されないまでも，議論の前提として暫定的にでも維持しうる場合に限って，この「なぜ」は解答の努力に値するものとみなされるだろう。

(12)　後述のヒュームの便宜をめぐる議論は，このような文脈で理解するのが，もっともヒューム的なのではなかろうか。つまり，その制度の発生の局面と切り離された存続の局面で，人々にそれが利用し続けられるのは，その制度のもつ「便宜」のためだ，と考えるのである。この場合，人はある制度を自分のみの判断によって設立することはできないが，それがすでにある時，不便だからそれを利用しない，という判断と行動をとることはできる場合が多い。もちろんそのような個々の決定は，当該の個人のみにしか関わらない（他の人はその制度を利用し続けるかもしれない）が，これが社会の大部分の人々に個々に行われることで，その制度が死滅する結果が生じるのである。つまり，この制度そのものの死滅や存続そのものは，誰か個人の判断の対象になるのではなく，あくまでも個々の個人の自分にのみ関わる具体的場面での判断の累積的な効果として生じるのである。この区別を曖昧にしたままの議論は，擬人的説明として，あたかも制度の設立・廃止自体が誰か個人の決定や社会の集合的意思決定の対象であるかのように語る議論となる。

第5章　進化論的契約論素描

視点が異なるので，ここでもう一度その骨子を自由な形で要約してみたい（以下はHume［1978: 516-525］による）。（ただし〔　〕内は原文にないものを私が追加した）

　約束は人間のコンヴェンションがそれを成立させる以前には理解不能であり，たとえ理解可能であってもそれはなんらの道徳的義務を伴わない。なぜなら，約束がもし自然的なものであるなら，それには何らかの精神的行為（some act of mind）が伴っているはずである。ではどのような心の能力（faculties of soul）がこれに使用されているかを考えてみても，それは，決断や願望などではなく，また当該の行為を行うという意思でもありえない。特に〔特定の行為を実行するという〕意思は，現在の行為にのみ影響を与えうるものだからである。だからこの能力〔もしそのようなものがあるとするなら〕は，義務を負う〔裸の〕意思そのものでなければならない。ところで道徳〔一般〕は我々の一定の形の好悪の感じ方（sentiment）に依存するから，〔約束が生み出す〕道徳的義務を意思によって生じさせるということになると，この意思は自由に〔他人のそれを含む〕人の感じ方を変えうる力をもつということになるが，そのような考え〔つまり，人の感じ方に連動する自然的な義務を創造する能力としての意思の想定〕は馬鹿げている。それゆえ，自然的には約束は理解不能であり，約束に伴う精神的行為などというものもないのである。また，そのような精神的行為がたとえあるとしたところで，それは人の感じ方を変えられるわけではないから，自然的には〔コンヴェンションを前提しないかぎり〕なんら義務を生み出すことができない。〔守約の義務を含む〕正義一般は人為的徳である。なぜなら，義務として行為を要求されるためには，その行為の遂行へと人を駆り立てるとともにその行為を生み出す力をもった何らかの感情または動機が，人間性の中に植えつけられていなければならない。困窮者の救済とか子供の養育の義務の背後には，これらの行為へと動機づける人間の性向が存在する。だからこれらは自然的徳目であり，〔たとえ（義務感を生み出す）コンヴェンションがなくとも，同情心や慈愛の感情などという形で〕この種の徳目を身につけていない人間は，欠陥があると考え得る。ところが守約の義務については，義務の感覚〔これはコンヴェンションによってはじめて生み出される〕と別に，これと切り離された守約の性向はなんら存在しない。だから，〔守約の徳としての〕誠実というものは自然的徳目ではない。つまり約束は，コンヴェンションに先行する力（force）を持たないのである。

　こうして約束を守る義務は，ヒュームにおいては純粋にコンヴェンションに

伴う裸の義務感の働きに帰される。この義務感覚（sense of duty）は，約束というコンヴェンションと生成消滅を共にする「義務」の感じ方であり，ハートの用語では，ルール複合体（としての約束というコンヴェンション）の「内的側面」[Hart 1961] というべきものである。

2　社会の必要と利益

　だからヒュームにとって約束は「社会の必要と利益を基礎とする人間の発明」である。この「発明」については，意図的な含意を伴うので，本稿の趣旨からは外れる。この点は留保するとして，「必要と利益」について，ヒュームの議論を見てみよう。その内容は，囚人のディレンマ論と同型の議論によって，次のように説明される。

　人間は利己的で限られた気前よさしかもたないから，特に見ず知らずの他人の利益のために行動させることは容易でない。そして互いにそのことを知っている。一方，互いが相互の利益のために行動することで善意の行為を交換することがもしできるなら，それにより獲得できるはずの各自の潜在的利益は大きい。しかし相手の善意に期待しても無駄だとすれば，〔見返りへの期待を相互に確保するための〕特別の制度がないかぎりその利益を現実のものにすることができない。所有と（合意による即時）譲渡の制度は，同種のディレンマ解消に一部役立つが，それだけでは現にその場にある特定物の譲渡しか可能にはならない。離れた場所にあるもの・まだ存在しないもの・種類のみしか確定しないものなどの移転，および労役（サービス）の交換などが不可能だからである。（限られた利他性という）人間性を変えないままこれ（潜在的な交換の利益の現実化）を可能にするには，我々は間接的な自分の利益のために（当面）他人の利益の実現に協力することを学ばねばならない。この種の交換（それは，自己利益を動機としない愛などに基づく交換と区別されるが）において，自分を特定の行為へと拘束するために，約束と呼ばれる一定の言葉の形式が発明されたのである。この言語形式を利用して「私は……を約束します」と言う場合，この言葉は，行為実行の決意〔それ自体はこの言語行為と独立に既に成立している〕を〔この言葉によって〕表現している一方で，不実行の場合に自分が二度と信用されないという罰を受けるという立場に人〔発話者〕を置く〔という社会的効力をコンヴェンション上でもつ〕のである。この約束〔という言語行為〕によって，人〔発話者〕は，新たに〔名誉失墜の不利益回避という〕自分の利益の観点から当該の行為を実行すべく動機づけられることになるが，この効果は，

第5章　進化論的契約論素描

〔その言葉そのものの裸の意味や，この発話に普通伴っている内心の決意によって生じる効果なのではなく，約束制度という〕人々の〔社会的〕コンヴェンションが創出する〔効力に伴う〕効果なのである。この表現の導入によって〔はじめて〕，人は自分の利益のために他人の利益となる特定の行為を〔自分が〕実行するであろうと〔の期待について〕，他人に安心を与えること，およびその逆〔つまり自分に利益をもたらす他人の行為が実行されるであろうと自分で期待すること〕が可能となるのである。このような約束の制度の樹立と遵守がもたらす利益は，〔何らかのきっかけで一旦その制度が一部にでも実行されれば〕容易に理解されるものであり，これを理解する人は他の人々も同じ理解をもっているのを見ることができるから，人は個々の約束の誠実な遵守に〔自己と社会の〕利益を見出すようになるのである。その後は道徳心（a sentiment of morals）が利益と平行して働くようになり，〔守約は〕人間の新たな義務となる。この約束の遵守に関する道徳心〔の涵養〕には，公共の利益・教育・政治家たちの策略などが効果を与えている。〔その教義の内容に従えば〕「義務を意思する」ことと呼ばれる心の働きが存在して，それに道徳性が依存することになっているが，この意思の働きは自然上のものではなく，我々は〔コンヴェンションに基づいて〕それを擬制している（feign）に過ぎないのである。

3　制度的事実

　以上のヒュームの議論では，自然的なものと非自然的なコンヴェンションによる制度との対比の強調が一貫している。18世紀のスコットランドまたはヨーロッパにおける宗教的な問題意識などの背景を共有しない我々には，この対比がもつ理論的・実践的意義もヒュームにとってのそれと異なるのは当然だが，それでもこのヒュームの議論には，我々にとっても価値をもつ多くの理論的洞察が含まれている。

　例えば，約束の制度（が当該の社会に行われていること）を前提とするなら，サールがやって見せたように「存在（is）から当為（ought）を導く」[Searle 1964] こと，つまり「自然主義の誤謬」論を覆すことが可能になるのは当然である。拘束的な約束の制度が背景にあるかぎり，約束する旨の発話があったという事実から，その約束内容どおりの行為をなすべき義務という当為が（社会的に）その発話者について生じることには何ら不思議もごまかしもない。これはその制度の効果そのものであり，条件が満たされた場合にそのような効果が

人々の間に生じるということ以外に，その制度が社会的に妥当・存続しているということの意味はないからである。

　また，すべての事実言明はその言明に意味を与えている特定の言語（英語など）という大きな制度を使用して行われねばならないが，言語はそれがその中で意味をもつ一定の社会を前提しており，その中にはすでに上記のような約束などの社会的なサブ制度がその部分として含まれていると考えられる（大体，'promise' が英語である以上，英語を理解できるというなら，この約束の制度，およびそれが義務づけること，を理解できなければならないし，そのためには，「義務づける」とはいかなることか，そして義務の感覚を知っていなければならない……）。その意味で，英語（または日本語）を使って何かを語るという行為には，約束などの制度の意味を理解していることもその前提として含まれていると言ってよい。それならサールの一見驚くべき主張は，当然の真理を述べているにすぎなくなるだろう。さらに進むなら，すべての事実は制度的事実であるというアンスコームの主張［Anscombe 1958］も，この点を一般化しているにすぎないのである。

第5節　契約の制度とその進化

1　約束の制度と「意思の自由」

　約束と契約の諸問題に関していえば，以上の議論は次のような基本的視点に繋がるように思われる。

　約束がひとつの社会制度である以上，それを利用する行為としての約束締結の発話（または契約書への署名……）の効果は，その発話自体によって決定されるのではなく，それと存在レベルを異にする制度それ自体のあり方に依存する[13]。「契約の自由」という原理ないし教義は，このような制度を前提にした上で，約束または契約の締結行為における発話または文言の字義上の意味（または何らかの方法によって推定される発話者の「効果意思」——ただしヒュームにお

---

(13)　このレベルの区別は，J. ブキャナンなどの公共選択学派においては，ルール内の選択とルールの選択の区別として，議論の中心に据えられる区別である。ただしそこでは，本稿において進化論またはコンヴェンション論によって論じた，ルール自体の生成の問題が，ルールの適用を受けるのと同じ人々による理性的で打算的な設計と選択の直接的な対象として設定されるから，そのような形で選択のレベルを区別する議論の含意には，今のところ留保をつけておかねばならない。参照 Brennan＝Buchanan［1985］。

いてはそのような意思の存在は否定される——）と制度上の効果（拘束の内容）とを，制度の運用において可能なかぎり一致させるべし，という制度運用上の一つの価値的な指針を述べていることになる。

　しかしこの指針は当然，論理必然的なものでも，絶対的なものでもありえない。約束の制度の存在意義が，上記のようなこの制度の果たす役割にあるとするなら，その意義は，この指針の実現（いわゆる「意思自治」の実現）のみには尽きないからである。むしろ制度の存続の理由は（ヒュームに倣うなら），一般に広義の社会的便宜に求められるべきであろう。そして約束の制度を利用する行為が生み出す効果は論理上，その具体的行為の字義上の意味に直接依存するのではなく，それを可能にする背後の制度のあり方に依存するから，たとえば約束の制度は，それが「約束の自由」または「意思自治」の原理に忠実に運営されているその限度で，その制度の生み出す効果つまり約束の拘束力が，当初の「約束」や「意思表示」の字義上の意味に従うに過ぎない。

2　創造の自由と選択の自由

　それでも，自由が我々の基本的価値のひとつであることには疑いがない。それでは契約という社会制度と自由の一般的価値とは，現代の社会生活の中でいかに関係づけられるべきだろうか。

　契約の自由という場合に漠然と想定されている自由は，先にも述べたように，他人からの強制がないことという自由本来の消極的な意味に留まらず，創造神にも似て，言語を使って思いのままに自己に関する権利と義務とを無から生み出すことのできる力というような意味に理解されている場合が多いように思われる。それが第三者の権利を侵害しないことという制限は元々本来の消極的自由の原理によって付されているとはいえ，当事者間においては，これは一種の全能的創造者モデルであるといってよい。そしてその権限の行使の結果は，将来の自己と相手をその言葉によって「自由に」拘束する。このような考えは，人間の理性の有限性という前提とうまく調和するだろうか[14]。

　これを試しに合理人モデルで言うなら，自らにこのような絶対的な義務創造の能力を与えるようなルールに従って行動することは，自らの判断力の限界を知っている人間にとって，得策だろうか。つまり，たとえ人間にこのような能

---

(14)　森村進は，現在の自我と将来の自我とを相対的に別の人格として構成するという論理を採用することで，この種の問題に妥当な回答を与えようとしている。森村［1989］参照。

力が一旦与えられたとしても，判断力と情報において自分の限界を自覚する人は，その行使によって多大の被害が自ら（つまり将来の自分）に及ぶ危険に前もって備えることを許すような制限を，その全能的権能を使ってその全能ゲームそのものに付加することを選ぶのではなかろうか。

　いずれにせよ，契約の自由という場合の自由は，このような創造の自由としてよりも，主に選択の自由として観念されるべきではないだろうか。民法でいういわゆる典型契約とそのサブ・クラスとしての各種契約類型が，すでに社会的に与えられている環境の中で，それらの有限な選択肢の中から，契約しないという選択肢をも含めて各人が「自由に」選ぶことは，人間の自由という価値をある程度充足しているように思われる。この文脈で創造的な自由が問題になるといってもそれはせいぜい，既存の契約類型に細部の変更を加えたり，ある限定された状況に適合的な新たな類型を工夫したりする可能性に過ぎず，これは創造というよりむしろ，与えられた選択肢のレパートリーの拡張として理解すればよいとも言えるだろう。そしてそのような選択肢拡張の自由は，現実には片面的にしか享受されず，交渉力と情報において優越する当事者の側がもてるに過ぎない。その関係は市場において新商品の開発が普通供給者の側でのみ行われることと平行している。それにもかかわらず，商品の市場で「消費者主権」が語られるように，契約類型の市場においても，その消費者の自由を問題にすることは可能である。

　それでも，いわゆる附合契約などの場合には，この種の選択肢もないから，やはり契約の自由をそこに認めることはできなくなるだろう。一方，いわゆる普通約款の場合，同種の財やサービスを競争的に提供する複数の企業があって，そのあいだで消費者が選択できるという条件の下では，各企業が提示する重要な点で異なる内容をもつ複数の普通約款の存在は，むしろ歓迎すべきものと考えられるだろう。

3　新類型の発生と淘汰

　限られた情報という人間に不可避の環境の下でこれに対処する一般的な方法は，ある程度の成功が保証されている既存のやり方を踏襲するという保守主義を採用することである。契約の場合，将来発生する不都合に前もって全て対処しておくことは不可能であるとすれば，人々は，例外的な場合を除いて，効果の判っている既存の契約の類型に従うだろう。冒険的な営みによって新たに登場させられる契約の類型は，このような自由選択の場において進化論的な淘汰

第5章　進化論的契約論素描

に晒され，その有効性を証明した一部のものが，類型として生き残るだろう。創造の自由としての契約の自由は，例外的な場合にこの種の冒険を行うために必要である。しかしその行使は本来危険なものであるから，それは例外的なケースとして，字義を離れて必要な修正などを許容するものとして，解釈されるべきではなかろうか。つまり，新奇な内容をもつ契約は，可能な限り普遍的な類型としても有意味なものとして解釈されるべきだ，ということである。

こうして新種が登場した後，それらに対する淘汰の場を形成するものは，一般の社会生活で契約の主体になる人々（どのような契約が実際に結ばれるか）と，結ばれた契約の効力について争いが生じた場合にそれに結論を出すという役割を担う裁判所における契約の「解釈」の活動（当該の契約はいかなる効力をもつものとして類型化されるか）である。もちろん後者における解釈は，再度前者の場へと投げ返される。つまり，裁判所における解釈を経て明確化された当該の契約類型は，契約の市場で支持され人々に利用され続けるか否かによって，その解釈の社会的有効性を試されねばならない。この種の考慮が契約の解釈の際に必要であるという点は，法解釈方法論においてあまり指摘されることがないように思われる。

4　契約における自由

しかしこのような考慮を無視して，契約法の解釈において「公正」や「弱者保護」を追求する場合の弊害は，最近やっと意識されるようになりつつある。例えば，借家法で弱者とみなされる賃借人を家主との関係で極端に保護することが，貸家業者の間で安くて良い貸家の供給の意欲を減退させ，貸家供給の競争を沈滞させて，これから借家を探さねばならない所帯を窮地に追い込む。高すぎる最低賃金の設定が，未熟練労働者の働き口をなくし，働きながら社会の階層を這い上がるという機会を減少させる。低すぎる制限利息が，返済で危険を伴う者が融資を受けて事業で成功する可能性を，はじめから奪ってしまう。などという場合である。このような失敗は，強制される契約の内容が自分の利益にならない当事者は，単にその契約を結ばなくなるのだという単純な事実を，立法者と裁判所が忘れたことが原因である。逆に，一般的に強者であると考えられる企業に対して，労働者に有利な労働条件を保証させる方策は，労働基準法の内容を労働者に有利に変えていくとか，労働組合の力に頼るというようなものだけではない。自分の勤め先を選択する自由を特定の企業への就職後も実質的に保証する（賃金の後払いとしての年功序列の廃止，社宅など企業に労働者を

縛りつけるフリンジベネフィットの供与・およびそれと連動する税制の廃止など）ようにルールを設定することで，個々の労働者が契約の自由（に抗してでなくそれ）を通して彼の生活・労働条件の改善を計ることを可能にすることもできるのである。

　選択の自由という本稿の視点からして，契約の自由がもっとも広く実現されるのは，全能的創造者モデルによる契約の自由が，各人にただ形式的に与えられる場合よりむしろ，社会的にこのような競争的な契約類型の市場が与えられており，人々が当該の社会関係に適した契約の類型の中から明確な効果についての予想とともに様々に選択するための準備が，その背景的条件の整備とともに与えられている場合だといえるだろう。「法と経済学」という言葉は現在，米国に端を発するかなり偏狭な形で経済人モデルと効率性基準を法解釈と立法論に適用する学派を呼ぶものになっている。しかし，この学派の現状が我が国で一般の支持を集めるだけの魅力に乏しいという事実によって，経済学の基本的洞察を立法論と法解釈学に導入する必要性が，多数の法学者や裁判官などの間で忘れられるとするなら，それは法学と社会の双方にとって不幸なことだと言わねばならない。

第6節　要　　約

　約束を守る義務は，約束の言葉がもつ魔術的力から生じるのではなく，その背後の社会制度から来る。その社会制度は，我々の必要性をいかに満たすかという観点からしてよりよい解釈に対して，開かれている。その場合，人間の判断力と情報の限界という条件の下では，無条件的・全面的な約束の拘束力を許すような制度が，この観点からして適切であるとは考えがたい。一方，我々の社会の基本的価値としての自由は，無から義務を思いのままに創造する全能者的自由としてよりも，リーズナブルであることが理解されている多様な権利義務のパッケージとしての既存の契約諸類型という選択肢の中から，自分の事情に合わせてをどれかを選択する自由として構成する方が，現実的である。この選択の自由は，選択肢としての契約諸類型が，進化論的過程の中でできるだけ円滑に生成・分化してゆくような環境の下で，もっとも広く享受される。既存の類型から外れたあらたな形態の契約は，単発的な個別の事例にのみ妥当して役割を終える，ユニークで一般化不能なものと解されるよりもむしろ，新たな契約類型を一般に向けて創造する試みとして，それゆえ類型的な妥当性の検討

第5章　進化論的契約論素描

を許すものとして，理解されるべきである。

　こうして契約の自由は，個々の契約約款の拘束力を（創造モデルによって）個別的に説明するドグマとしてではなく，当該の相互に選ばれた両当事者が一致して当該の選択肢を選んだという事実を理由として，その選択肢を構成する類型化された権利・義務パッケージをその当事者間に適用するという法適用を正統化する，論理的根拠として機能するとともに，その選択肢を社会的に開かれた形で産み出してゆく営みを許容する原理を指す，と解される。同時にこの「契約の自由」という標語は，選択の背景的条件の整備と現実的に選択可能な選択肢が複数開かれていることを通して，実質的な選択の自由が契約の場面で拡大してゆくことを要請する指導理念として，再解釈される。

94

第6章　不法行為法における「不運」の位置について

第1節　はじめに

　本稿は，不法行為法における「不運」について考える。もちろん，人の人生において，不運が果たす役割はできるかぎり小さい方がよい。本人のせいではない事情によって人が不幸になったり，人生計画を狂わされたりすることは，少なくとも常識的な発想の下では「正義」にかなうことではないだろうからである。しかし，例えば雷や台風・異常気象などの天災による被害は，誰のせいでもないとすれば，その責任を誰か他人に問うことはできない。その結果，社会的な対策がないかぎりその被害は，被害者本人が負わねばならないことになる。

　（後に述べる私的保険を別にするなら）社会福祉と社会保険の諸制度によってこの「不運」の打撃を軽減することは，ある限度で可能である。その種の社会法・社会権的アプローチは，「社会的正義」または分配的正義論などと関連する重要な法哲学上の論点を構成するが，ここでは本稿の対象から当面外すことにする。図式的に区別するなら不法行為法は，（分配的正義とはカテゴリーを異にする）私法における匡正的正義に関連すると考えるべきだから，このような別扱いも一応許されるだろう。

　人生における運・不運には様々なものがあるが，何よりも「生まれつき」の差そのものが，当人のせいでないという点で，その最大のものである。この点についても，J.ロールズは有名な「自然資産のプール」論によって，その基本部分におけるある種の事後的再分配の必要を主張しているが，議論はかなり原理的・実験的なレベルに止まっている。

　むしろT.オノレは，「運と責任」という論文で，概略次のようにいう[1]。（責任能力を阻却する程度には達しない程度の）生来の不注意，そそっかしさ，怒りっぽさ，愚かさ，などの（生まれつき上の）不運が，（努力によって修正可能とは限らないのに）不法行為責任を帰結するのはなぜか。それは結果責任が，法

---

(1)　Honore［1988］ただし以下は，私の観点からする彼の主張の一部の自由な要約である。

95

第6章 不法行為法における「不運」の位置について

的・道徳的責任よりも基礎にあり，我々の自己同一性（アイデンティティー）と人格の対応物であるとともに，自由な選択を許す制度の系（コロラリー：論理必然的付随物）として，不可避なのである。結果責任は，一種の賭の制度ともみなせるが，一定以上の能力（つまり責任能力）のある者にとってこの賭が，負けるより勝つチャンスの多いものだと言える限度で，これはフェアーな制度とみなせる。

この関係は，厳格（無過失）責任か過失責任かにかかわらず成立する（別の言い方をするなら，過失責任の中には常に，厳格責任の要素が含まれる）。むしろこの二つの責任の区別は，（問題の多い「（当該の具体的場面で）他の（結果回避）行動も取りえた」か否かという基準によるよりも）責任成立の条件として要求される当事者の能力の差と考えるべきなのであり，厳格責任が一般的な判断の能力のみを条件とするのに対して，過失責任はそれに加えて，加害を回避するような種類の行動をとるのにほとんどの場合成功するための能力（への要請）を責任成立の前提とするにすぎない[2]。

ただ以下の論考では，オノレの注目する加害者側の不運ではなく，被害者側の不運の方に主に着目することにする。事故の結果を引き起こすことになった「賭」をしたのが，加害者の方だと見なすべき場合も多いだろうが（たとえば，生産者が生活上の必要性は薄いが危険な新商品を，利潤動機から危険性をよく説明しないまま新たに市場に持ち込んだような場合），被害者に「賭」を帰すべき場合の方が多いだろうと思われるにもかかわらず，そのような視点からの議論は少ないと思われるからである。

特にこの文脈との関連で，後に述べる（私的）保険制度の位置づけ，特にそれに何が可能で何が不可能かを知ることが，重要であるように思われる。

第2節　不法行為法の目的

1　法の普遍性

不法行為法の目的として，「事故により発生する損害の負担を当事者間で公平に分配すること」というような分配的正義の観点が挙げられることが多い[3]。

---

(2)　ちなみに，このように構成するなら，責任論と（行為の）決定論は全く矛盾しないものになり，反事実条件文の真理値をめぐる哲学上の困難も，回避の見通しがつくことになる。

(3)　たとえば，「（刑事責任に対して）民事責任は，被害者に生じた損害を填補すること

96

第 2 節　不法行為法の目的

単一の事件に着目するかぎり，これは不法行為法の目的として一応理解しやすい定式だが，法の普遍性という側面に着目する場合には，その意味が曖昧になる。これは「公平」の語が，ある場合には普遍主義的ニュアンスをもつのに，他の場合にはその中に無際限にアド・ホックな要素（たとえば当事者の財力・困窮度など）を持ち込むことで個別主義化しうるヌエ的な概念だからである。あるユニークで二度と繰り返されないような事故が不幸にも発生してしまい，以後の事件とは全く無関係な個別的事件の単なる事後処理として，すでに発生した損害の負担を分配することのみがここで解決すべき問題である，というならそれでもよいかもしれない。「紛争処理」という一見中立的な用語には，我々の想像力をこの種の個別化された問題状況へと導いてゆく偏りが隠されているように，私には感じられる。

　しかし，全面的にユニークな事件（たとえば「奇跡」の類）は法と権利には無縁であって，ある具体的事件を，原理上繰り返されるはずの事件類型の一事例と見なし，そのあるべき解決のあり方を類型化されたパタンとして示すのが，本来の法的アプローチの原則である。権利（と義務）の概念そのものも，個別の事件がこの種の一般性の文脈におかれることで，はじめて理解可能となる。つまり権利とは，一定の条件を満たしている者に対して社会によって定型的に享受が認められる利益のことであり，それが具体的な場面で発生した時にそれを利益享受主体の方から見たもの（○○の△△に対する権利）だ，と考えられるからである。もちろん，この要求される条件と享受される利益の間を普遍的・類型的な形で結合することによってその「利益」を「権利」へと昇格させるルールが法である。それゆえ，法は普遍的ルールであり，権利は個別具体的利益であるにもかかわらず，この二つは社会におけるその生成・消滅をともにすることになって，場合によっては（ドイツ語での Recht のように）言葉の上でも区別されないほど密接な観念となる。普遍的ルールとしての法の観念をぬきにしては，整合的な権利の観念は成立不可能である[4]。そのような一般性の文脈

によって，過去の害悪の結果を回避し，加害者・被害者間の負担の公平をはかるものであって，行為者の被害者個人に対する責任を問うものである。」加藤一郎［1957: 3］。

(4)　ホッブズの体系において，自然権の観念は自然法に優位または先行すると論じられることがある（たとえば，福田［1971, 第 1 部第 1 章］）ので，この点を簡単に考察しておく。ホッブズの描き出す自然権は，誰もが必要なものを任意に自分のものにできる権利であるが，排他性をもたず，何かがある人のものだからといって，それが他の人のものでないという論理は働かない。だから権利の内容如何が双方にとって明快であって，その点での争いがなくとも，それは紛争収拾の機能を果たさず，この権利観念は必然的

第6章　不法行為法における「不運」の位置について

で見た場合に，不法行為法の存在意義，つまりその制度があることによって，ない時よりも人間の幸福を増大させたり社会をより正しいものにしたりするのは何によるのだろうか。後者の問（正義の議論）は後回しにするとして，前者の問（帰結主義的議論）への暫定的答えを仮に経済学的タームで表現するなら，それはこの制度が果たす広義の安全確保の働きにあるといえる。この安全確保は，「誘因」と「保険」の機能によって実現されるといえるだろう。

2　行動制御への誘因

　人の行為のあり方を決定する要素は複雑である。ここではその中で「誘因（incentive）」とか「抑制（deterrence）」といわれるものを考えてみる。誘因はそれが逆方向に働く場合には「抑制」であって，いずれにせよ人の行動が向かう方向やその強さを変化させる働きである。以後「誘因」という語は，特別にことわらないかぎり抑制（マイナスの誘因）をも含む意味で使うものとする。誘因は，自由を否定された機械論的な人間観を前提にするのではなく，むしろ人の自由を前提にして，その判断の対象になる行為の選択肢に何らかの変更を加えて，人の行為選択が一定の方向に向かう可能性を高めたり，低めたりするのである。この意味の誘因には，（法を別にすれば）大まかに区別して倫理的動機に働きかけるものと経済的動機に働きかけるものとがある。この場合「倫理

に争い（これは「全当事者間の de jure としての争い」とでもいうべきものである）を拡大させるのである。だからこれは，たとえ権利と呼ぶとしても随分特殊なものであって，本来のものではない。それでも，このような非排他的権利を（出生なり人間としての一定の判断力の具備なりを要件にして）万人に与えるルールを法（自然法──ホッブズの用語とは異なるが）とよぶなら，そのようなものは議論の背景に想定されているのであって，このホッブズの自然権はこのような法との関係で「法の下の平等」の条件を果たしている。だからこそこのような異様な内容のものでも「（自然の）権利」と呼ぶための最小限の性質をもっている。もちろんホッブズの議論ではその後，社会契約（その契約を守る義務がないなら，ホッブズの議論全体が崩壊する。この守約義務がどこから来るかのホッブズの説明は明快ではないが，いずれにせよ彼の議論の中で，自然権に還元されない形で「自然法」の語が登場するもっとも重要な文脈の一つは，この守約義務にある）によって主権者という立場つまり国家を生み出し，それを担う者を（何らかの手続きで）立て，その主権者が，非排他的な全員の権利を一旦自分に集めた後，本来の排他性をもつ権利として（平等の条件は課さないまま）各人に配り治す（ための法を制定する），という筋立てになっている。これは社会契約というルートを経た法の構造と内容の（自然法から国家法への）全面的転換ということになるが，権利もこれに伴って，自然権から国家内の実定的権利へと転換する。以上の観点からして，このような論旨の中でも権利と法の論理的一体性は保持されているといってよい。

98

第 2 節　不法行為法の目的

的動機」の語は，宗教心を含む純粋の内面的動機づけ以外に，名誉心や羞恥心，社会的立場と対人関係への配慮，などを含む広い意味で使うことにし，「経済的動機」の語は金銭またはそれに比較的簡単に換算できるような利害への配慮という意味で使うことにする[5]。もちろん，倫理的動機に従う行動は，普通その動機と独立に経済的帰結ももつが，その帰結は当該の行動の直接の「（意識された）目的」とはなっておらず，たとえその経済的帰結が変化しても，ただちには倫理的動機づけの方はそれに連動して変化しない（賄賂の申し出を受けても，発覚の恐れとは無関係に，「それは悪いことだから」という理由でそれには応じない，というような場合）なら，この二つは行為の動機として一応別のものと考えてよい。

　これと別に刑事法による刑罰を通した誘因（犯罪抑制）は，死刑や自由刑の与える直接的な苦痛（および罰金刑）を回避したいという，第三の誘因（強制）をこれに付加する。ただ刑罰の前提には法的非難があって，これは普通社会の道徳的非難とも連動している[6]。だから，上で述べた広義の倫理的動機づけもここに密接に関わっていることになる（そして刑事事件を契機とした解雇などを恐れる気持ちは，経済的動機とも連動する）。これに反して，国家と社会の間に正当性の解釈について深刻な乖離があって，たとえば国家による刑事処罰が，それを受ける者の属するグループに対する宗教的・政治的迫害と意識され，法律の文脈において犯罪行為とされるものが別の文脈において殉教的行為と解釈されるような場合には，受刑者は仲間内で「英雄」として扱われ，この要素（社会的非難への恐怖）が失われることによって，法が動員できる行為抑制の合力（synergy）的効力は大きく削がれることになる。

　これに対して，民事法としての不法行為法は，上記のように，既発の損害について，加害者・被害者間の公平な分配を目的とする，とはいえ，いかなる類

---

(5)　もちろん，前者（広義の「倫理的動機」）をほとんどすべて包括するような広い「経済」の概念も可能だろう（たとえば L. ミーゼスの「プラクシオロジー」の概念。ミーゼス［1991］参照）。その場合にはこれは，人間の意識的（合目的的）行動の全体を意味することになってしまう。それでは「経済」という語は，本来の比較的明確であった人間活動の他と区別された一定の領域を指す概念から遠ざかってしまうので，行動の動機分類の上でこの語がもつ利用価値も希薄になってしまう。だからここでは，倫理と経済は，人の行為の動機として，共に働くことも多いが，以下本文で述べるように，一応区別可能なものとの立場をとることにする。

(6)　【後注】ファインバーグ「罰の表出的機能」（長谷川みゆき訳，ファインバーグ［2018］所集）も参照されたい。

第6章 不法行為法における「不運」の位置について

型の行為に対して，いかなる賠償の責任が課されるか，という類型化・普遍化のルートを通して，やはり一般的な行為選択に対して，誘因的効果をもつことになる。つまり不法行為法は，一定の（普通には違法性をもつ）行為の結果他人の被る被害に対して，その行為者に金銭賠償義務を認めることで，（罰金刑の場合と同様）まず直接的には上の経済的動機に働きかける[7]。しかしそこには同時に，場合に応じて濃淡の差はあるが，倫理的動機への働きかけが，法的判断に連動している。遵法精神が機能している社会内で，民事責任とはいえ法的責任を問われることは，単に賠償金支払いの損失だけではなく，内心の苦痛と社会的打撃をも当事者に科することになるのが一般であって，これを回避したいという動機づけが，同時に働くからである。この，法的判断に「白地」的に連動する広義の倫理的（およびそれと連動する経済的）動機づけがある場合，法による社会秩序の維持や変更は，実際にはこれらを動員しつつ行われていることになる。

　不法行為責任の要件として違法性または過失を要求するということは，当該の加害（の原因となりその責任を問われる）行為が，実際行われた形では行われるべきでなかった，という判断が賠償義務の前提になるということである。普遍主義的観点に立てば，ここで下される法的判断は当該事件の処理という文脈と別に，範型化を通じて同種の活動に携わる者一般に対して社会的なメッセージを発していることが理解される。そのメッセージの内容は，「その種の行為パタンを抑制せよ」ということである[8]。

----

(7)　単純化した「経済分析」は，この側面のみしか理論に取り込まない。しかしそれによって分析は簡明で論理的になるが，法理論としてのリアリティーは希薄になるように思われる。守約の義務についてではあるが，経済学者自身が同じ趣旨の批判をしているものとして，Brennan［1985: 101］「ルールを破ることは時によって，個人的に利益となるかもしれない。しかし，それは「正しく（just では）」ないし，処罰を受け入れることによってそれが「正しく」なるわけでもない。」「法と経済学」が最初不法行為法における分析から出発したこともあって，Calabresi［1970］以来，この種の経済分析の方法を示す教科書は多く出ている。

(8)　経済分析の場合，このメッセージの内容は，単に「抑制せよ」というに止まらず，「予想される賠償額以上の利得が期待される場合以外は，その行動を抑制せよ」と理解される。これは刑事罰の場合も同じであって，G. ベッカーの議論では，違法駐車の罰金額設定は，それを越えるだけの必要がある者が違法駐車することを，むしろ奨励するためのものとして構成される（Becker［1968］）。ただここで論じているように，罰金支払いの与える苦痛は，その金銭額のみの損失に止まらないのが普通であるから，罰金額を越える利得の為にはむしろ（形式的な）違反行為を奨励するように罰金額の設定が働くようになるのは難しいだろう。ただしベッカーがあげている，急病人のために薬を買

第2節　不法行為法の目的

　もちろん本来のルーティン的な法判断の場合には，この関係は自明である。元々，当該の被害発生と独立に，違法・不当と判断されるような，つまり抑制されるべきであることが明らかな行為が行われ，その結果として他人に損害が発生した場合には，行為者はその損害の賠償の義務を負うべし，というのが，平明なケースにおける不法行為責任の説明である。それはたとえば，故意犯などの明白な刑事責任とともに民事上の賠償義務が発生するような場合である。この種の場合には民事責任は，既存の行動誘因を強化する方向に働く。もし民事責任の目的が，（違法行為の被害者に対する損害の賠償を加害者に義務づけることを通して）その種の行動を抑制するように，との誘因を社会に提供することのみにあるならば，我々は，どのような形態の行為が抑制されるべきか，にのみ留意して，責任の有無を判定すればよいことになるだろう。

　またこれと別に，特に無過失責任などの場合に言えることだが，一定の危険を伴う行動について，その結果として過失がなくともある確率で発生する損害について，それを当該の行動のコストとして「内在化」させる必要がある場合がある。これは，その活動の水準を決める立場にある人にかかる（主観的）コストが，その活動の社会的コストを反映するようにすることで，必要な限度を越えてその活動が行われることを防止するための経済的誘因を，活動主体に与えるためである。この場合不法行為責任は，コストの情報を伝達するためのより純粋な損害補塡義務の性格をもつことになって，法的・倫理的非難の要素は希薄になる。しかしこれも，「法と経済学」が当初より分析してきた，重要な不法行為法の機能である。

　ところがこれらと別に，ここに分配的正義や保険の目的が持ち込まれる結果，匡正的正義の観点からする違法行為によって発生する損害の賠償と，コスト内在化のための無過失責任，という平明な関係が曖昧になってしまう。つまり，被害はすでに被害者の方に発生しており，それに対して「公平」なり「保険」なりの観点からその損害を加害者の方が負担すべきだとの判断が，個別のケースにおいてすでに成立しているなら，実際には誘因上の判断，つまり当該の行為はパタンとして抑制されるべきか否かの判断と無関係に，被告の責任が認められることになるからである。その場合にも，それが意図されたものであろうとなかろうと，一般的な誘因（抑制）の効果またはメッセージが，対社会的に

う際に違法駐車をするというような例は，交通違反にあまり倫理的非難が連動しないために，比較的説得力をもっているといえるだろう。

第6章　不法行為法における「不運」の位置について

生じることは避けられないのである。

3　保険＝コストを伴う不安の回避

経済人モデルでは，保険は次のように説明される。

ある確率P（0＜P＜1）で金銭的にLの額に評価される損害が発生する，ということが前もってわかっている場合の予想損失は，P×Lである。利得についても符号を逆にするだけで同じ議論が可能だが，ここでは損失についてのみ考える。もし人が，この損失の可能性の現在の（主観的）価値（Splと表記する）を，予想損失の値と同等（無差別）だと考えるなら，彼は「危険中立的」と呼ばれる（Spl＝P×L）。

これに対してもし彼が（主観的に），Spl＝P×L＋rと評価する（ただしr＞0）場合，彼は「危険回避的」と呼ばれる。彼にとっては不確実な損害発生の危険から受ける不幸の程度は，予想損失をrの分だけ上回っており，つまりこのrは，彼が不確実性を回避するために支払ってもよいと考える金額の上限を表していることになる。この逆として，危険愛好的な人というものも考えることができる[9]。

特に，確率は小さいが一旦発生すると多額になるようなタイプの損失（たとえば火災による住居焼失の危険）については，人は一般に危険回避的であるから，rは普通かなり大きな正の値をとる（たとえば「2千年に一度の確率で一億円の家を火災で失う危険（5万円／年）の不安から逃れられるなら年に（最大）7万円を払ってもよい」ならrは一年につき2万円となる）。この場合，rは（確率的に評価される予想損失と別個に観念される）不安そのものによる主観的な不幸の度合いを表しているが，これは危険のプールによって除去または軽減することが可能である。多数の独立した危険の予想損失を正確に評価し，それらを集めてプールすることができれば，大数法則が働いて，毎年現実に発生する損失額をプールのメンバー当たりに割り振った値は，それぞれの予想損失の値に近づい

---

(9)　（特別自分の才に自信があるわけでなく純粋に賭そのものを楽しむような）ギャンブラーやスリル好きの人がその例であって，その場合はrは負の値をとる。彼はわくわくするスリルそのものを幸福の源泉と感じ，そのために一定額の出費をしてもよい，と考える。しかし実際のギャンブラー達が，この類型に当てはまるのか，そうでないのか（例えば1.（自分の博才を考慮して）危険中立的に利得の可能性を信じている人，2.賭博以外では入手不可能な高額の金銭によってのみ実現可能な目的をもつなど，金銭の限界効用が逓増する人，などの場合），の判定は，場合によって困難なものとなるかもしれない。もちろんこれらはすべて，「合理的」なギャンブラーの場合である。

てゆくからである[10]。つまりプール内で現実に発生する損失額は，予想損失の合計値に漸近し，不確実性の効果はゼロに近づくのである。もちろん制度の運営費用はかかるが，こうしてP×L＋ｒよりも小さな掛金でこの危険に保険をかけることができるなら（つまり運用費用がｒより小さいなら），その差の分だけ（ただし基数的な効用概念を取らないとすれば，この差は数値化できないが）彼の満足度（幸福の程度）は向上する。その意味で保険会社は，運営費用を考慮してさえ，顧客の幸福度を向上させるサービスを社会に提供していると考えられるのである（もちろんこれは，自由市場において顧客が対価を払うのに同意するすべてのサービスは彼の満足度を向上させているのだ，という同義反復的なミクロ経済学の一般原理のコロラリーに過ぎないが）。

　以上のことが，第一当事者（ファースト・パーティー）保険の場合に明確に妥当する点には疑問の余地がない。不法行為法の場合には，事故の被害者に対する賠償責任を加害者に課すが，これは（上記の「誘因」または「抑制」問題と切り離された場合）その限度で危険の担い手を被害者から加害者へと移転することを意味する。これに伴って，利用される保険も，潜在的加害者達による第三者保険へと変化する。問題は，これを（特に極端な形で）行った場合に，行為制御への誘因にいかなる情報（または誤報）が（意図と無関係に）流れることになるか，である。

第3節　不法行為責任拡大の限界

1　「残念ながらあなたとの保険契約はお断りします」

いささか旧聞に属するが，1986年5月24日のタイム誌は表紙に「アメリカ様，残念ながらあなたの保険は不成立になりました」という文字を掲げ，カバー・ストーリーとしていわゆる保険の危機の現状をレポートした記事を掲載した［Church 1986］。

　「不法行為法の危機」はこのように，一方では「保険の危機」でもあるが，

---

(10)　この関係は基本的に，class underwriting（クラス保険）でも"special risk underwriting（個別評価保険）"でも変わらない。後者の場合には，個々の契約において危険の値（予想損失）とそれに対する保険の掛金が一件づつ評価されるが，それらを集めたプールにおいて，（それらの危険が独立のものである限り）大数法則に似た現象が期待できるので，プール全体の毎年の損失は，各危険についての年毎の予想損失の合計に漸近し，危険の分散と予測の精度向上が可能になる。

第6章　不法行為法における「不運」の位置について

これは責任保険の購入が，掛金高騰により経済的に不可能（unaffordable）になることと，掛金如何にかかわらず引き受ける保険会社がなくなることで購入不可能（unavailable）になること，として現れる。以下ここでの議論の前提として，アメリカが経験したその内実を典型的に示す事例を，この記事をもとに振り返ってみよう。次に挙げるケースのうちもっとも典型的なものは，何らかの社会的必要性を満たす生産やサービス提供の活動について，その活動に責任保険をかけることができなく（unaffordable または unavailable に）なったので，当該の活動自体が行われなくなってしまった，という事例である。別の事例では，賠償金支払の債務が発生すれば経営が危機に陥るという危険を覚悟の上で，保険をかけないまま不安の中でその活動が続けられることになる。また，もっとも幸運な場合でも，一挙に数倍に跳ね上がった保険の掛金のために，その活動を継続するためのコストが急上昇し，それを価格に転化するために商品やサービスの価格の大幅な値上げが不可避になる，というものである。

1　ハワイのモロカイ島では，かつて出産に立ち会っていた5人の医者が，（医療過誤の責任をカバーする）保険料の高騰のため，出産を扱うことを止めてしまい，出産時に医師の立会いを希望する妊婦達はオアフ島かマウイ島まで飛行機で行かねばならなくなった。（ちなみに，医師一人に対する年間の保険掛金は，典型的な例で，ロサンゼルスの産科医で45000ドル，ニューヨーク州の神経外科医で83000ドルになっている。）

2　保険料高騰のため，イリノイ州のウィル郡は管理下にある保存林を閉鎖してしまった（自然愛好家達は締め出された）し，カリフォルニア州のブルー・レイク市はスケート・リンクと公園とテニス・コートを閉鎖した。

3　シカゴでは，訴訟の危険を減らすために公園の遊具が撤去された。その詳細は以下のとおり。1978年に2才の幼児が公園内のすべり台の上から3.3メートル（10フィート）下の舗装の上に落ちて重傷を負い，重い後遺症が残った。その子の家族はすべり台のメーカーなどとともにシカゴ市の公園局を訴えた。公園局の責任をカバーしていた保険会社は結局，150万ドルの基金でその幼児に終身年金を設定することで，家族と和解した。しかし同保険会社はこの事件後，公園局に提供する保険の枠を縮小するとともに掛金を大幅に値上げした。また，同種の事件の再発を恐れた（だけでなく新たな数件の訴訟の当事者にされた）公園局は，約2メートル以上の高さのジャングルジムとすべり台を513箇所ある管轄内の公園のすべてから

第3節　不法行為責任拡大の限界

撤去することにした。

4　託児所は，特に児童への性的悪戯に対する管理責任をカバーする保険について，保険会社のコストが予測困難なため，（保険料の如何にかかわらず）責任保険の提供を受けることが不可能になりつつある。託児所関係の中心的保険提供者であったミッション保険グループはこの業界から撤退したし，別の会社は，性的悪戯の訴えを保険の対象から除外している。保険がかけられる場合も，保険料が急騰したのはいうまでもない。

5　ニューヨークのルーズベルト島とマンハッタンの中心街を6分で結ぶケーブル・カーの保険が，年80万ドルから900万ドルに急騰したので，その運行が一時停止され，5千人余りの同島の住民は，一時間かけてバスと地下鉄で通勤せねばならなくなった。その後，州が「自己保険」の形で保険を引受けている。

6　ミズリー州の5つの郡は，保険が得られないので，数週間刑務所を閉鎖した。その際，一部の囚人は他の刑務所に移したが，軽微犯は釈放せねばならなかった。その後，自己保険制度を設定して，刑務所を再開した。

7　百日咳用ワクチンを作っている製薬会社は2社あるが，1社は適当な額で保険が得られず9カ月間ワクチン製造を中止したし，他の1社も予告されている保険切れが現実になれば製造を止めると言っている。

8　企業の公害に関する責任についても，一般に保険は受けられない。

9　（かつて広く建材として使用されたが深刻な公害源となることがわかった）アスベストの除去工事を専門にするインディアナ州の会社は，創立から9年間に訴訟は一度も起こされていないが，年度の途中で何度か保険をキャンセルされた。それでも顧客が保険を要求するので短期の保険をかけ続け，結果的に一年間で計46万ドルの掛金を払って50万ドルの保険をかけ続けることになった。これは，掛金が昨年から4900パーセント値上がりしたことを意味する。

10　ビーチ・エアークラフト社の計算では，同社の生産する〔自家用小型〕飛行機1機当たりの保険料は8万ドルになる。その結果平均的な人の買える値段の飛行機は作れなくなった[11]。

---

(11)　この点については，「亡国の訴訟公害——小型機メーカーが消える？」（産経新聞1993年8月31日）に，より詳しい記述がある。それによると，「80年代初めまで年間18,000機のプロペラ小型機を生産していた〔アメリカの〕業界は，現在900機にまで生産を落とし，……29社あった企業は20社が倒産し」た。

第6章　不法行為法における「不運」の位置について

11　デトロイトの自動車部品会社であるアルマダ社では昨年，取締役などの責任をカバーする千万ドル限度の保険の掛金が，年間4.5万ドルから72万ドルに上がった。同社がこの保険をかけないことにしたところ，10人の取締役の内，訴訟の標的になるのを恐れて8人が辞職した。その後約半年で，取締役の補充は，適切な能力の人が得られないため，まだ2人しか行われていない。

12　鋸や旋盤などの木工道具は，普通何十年も使うことができる。しかしこのことは，それらの制作会社が，保険の長い「尻尾」をもつことを意味する。そのためある会社では保険の掛金が一挙に4倍になったりした。保険掛金高騰により，全米木工機器制作者協会の113の会員のうち34が業界から撤退し，その後を埋めたのは，製品の種類を限定する小規模の会社群であった[12]。

13　新規事業の開始について，租税，金利と並んで，場合によりそれ以上に，保険料が，企業家精神を萎縮させる破壊的コストとなっている。

2　「保険の危機」の原因

K. S. アブラムは，このような保険の危機を説明するものとして論じられる，4つの原因を挙げている[13]。

i　保険周期（underwriting cycle）説

損害保険業界（the property/casualty insurance industry）では一般に，広い範囲の活動に対して比較的安価な掛金で保険がかけられる「易しい」時期と，保険業界の保険提供能力が逼迫して，保険の対象が狭められ掛金が高騰する「厳しい」時期とが，周期的に繰り返す。今回の「危機」も，この通常の周期の「厳しい」時期が始まったにすぎない，という説である。

保険業の採算は原理上，保険金の支払いと営業コストで構成される支出と，個々の掛金収入と，蓄積された掛金を原資とする資金運用による金融収入とで構成される収入とのバランスによって成り立っている。これと別に，保険会社

---

(12)　その結果予測されることは，欠陥製品が出て責任を負う場合には，それらの小規模の会社は容易に倒産することになり，被害者への賠償義務も果たされなくなる可能性が高い，ということである。

(13)　Cf. Abraham [1987]. ただし，以下の本文における説明は，私の解釈を含んでいるので，必ずしもその忠実な要約ではない。

が引き受けた保険に他の大きな会社の保険をかけるという再保険の制度を利用することでも，保険の容量は拡大させることが可能である。この各要素が時期的に変動することで，上の保険周期が発生する。今回の場合には，1984 年末にヨーロッパの再保険会社がアメリカの保険会社に提供する再保険の対象範囲を縮小させたので，アメリカの保険容量が縮小したことと，1978 年から 83 年にかけての高金利の時代が終わり，一般の金利が下がって，保険会社の金融収入も減少した。その結果保険業界の採算が一般に悪化したのに，業界内の競争のため掛金はしばらく上がらなかった。そのつけが今回，1985 から 86 年の「危機」として，一挙に噴出したのだ，という。

ⅱ　共　謀　説

反トラスト法の例外規定によって恩恵を受けている保険業界が，その独占利潤確保のために共謀して掛金値上げのキャンペーンをしているにすぎない，というもの。ここからは，反トラスト法の厳格な適用と，保険業界の競争促進という対策が導かれる。

ⅲ　予測可能性減少説

未来の責任発生の予測可能性についての保険業界の自信低下による，「予測不能の危険に対する掛金」の追加。

予測可能性減少の原因としてまず，科学技術の発達のために，有害物質を原因とする疾患で長い潜伏期間のあるものを，症状が出た後から事後的に遡って原因を究明することができるようになった事実がある。一方で，これを事前に予測する技術は，まだ未発達である。このため主に 1986 年に，保険契約も occurrence-coverage（請求の時期に関係なく原因が保険期間に発生した損害を補償）から claim-made coverage（原因の発生時期に関係なく保険期間内に請求が始めれられたものを補償）中心へと内容が変更された。

予測可能性減少の原因として次に，陪審や裁判官によって新しいタイプの責任が追加されるため，いわゆる法的安定性（の少なくとも外見）が動揺し，将来の賠償ルール自体の予測可能性について，保険業者が懐疑的になっている点がある。その例としては，広範な警告義務の（おもに事後的な）認定による責任拡大，共同不法行為（joint and several liability）の範囲拡大（共同の相手による加害の程度・その資力如何によって自分の実質的分担額が変化するので，その予測が困難になる），実害の発生以前に「危険に晒されたこと」を非経済的損害と

して賠償の対象とする（別に検査料も含まれる）ような扱い，（有害土壌除去の義務を広い範囲の当事者に課す）スーパー・ファンド法[14]とその類推適用，などがあり，これと別に，種々の形で保険金請求者に有利な方向への保険契約の拡張的解釈が広く行われることがある。

iv　訴訟誘因説

これは最近の急激な保険の危機そのものの説明ではないが，一般にアメリカでは個人傷害に関する訴訟を増大させる誘因が，他国の制度と比べて強く，その結果，長期的に賠償責任・保険コストとも拡大する傾向をもつ，とする。この文脈で，弁護士の成功報酬制度，敗訴当事者が勝訴側の訴訟費用（弁護士費用を含む）の支払義務を負わない「アメリカン・ルール」，（被害者救済を期待できる）充実した一般的な社会保険制度の欠如，が挙げられ，この下で賠償の対象範囲・額についての既存の限界に次々挑戦しそれを拡大してゆく，自己促進的な訴訟活動への刺激が与えられる。

アブラムも言うとおり，i〜ivどれも単独では，突然始まった今回の危機の説明として不十分である。iは循環の規模が今回ほど強かったことの説明にはならないし，iiはかなり多数の会社が既に参加しているとともに新規参入にも原理上開かれているアメリカの保険業界で，カルテル的陰謀から抜け駆けして市場専有率の拡大を目指そうとするものがない事実の説明がつかない。iiiは統計的事実に裏付けられているというより，保険のポリシー設定にあたる者の不安の説明の側面が強い。ivも，一般的傾向の説明にすぎない。さらに，この四つを重ねれば充分な説明になるという彼の主張さえ，充分に説得的かといわれれば，疑問に思われる。

それでも，結論の中での以下ような彼の主張は，注目に値する。つまり，責任保険をめぐる問題の解決のためには，賠償（の完全さ）と保険（提供）可能性とは両極にあるのだ，という認識がまず必要である。「究極的には，保険市場に安定をもたらす予測可能性と，現代の不法行為責任の強固な基礎となっている危険の削減・負担の分散という目標との間に，緊張関係があるのだ。」Abraham［1987: 410-411, note 12］

---

(14)　これについては藤倉［1992］また，環境問題と保険の関係一般につき，フレミング［1991］参照。

第3節　不法行為責任拡大の限界

　　v　法的責任肥大説

　保険の危機の原因として，もっと単純でわかりやすい説明として，主に企業
に対する不法行為責任の拡大という現象を挙げるものもある。これは右のⅲお
よびⅳの説明と重なる部分があるが，予測可能性の低下よりも責任の範囲と額
の拡大自体を，保険金とその掛金の高騰の原因と考える発想であり，アメリカ
の司法省の見解でもある。ここからは，右の責任拡大を抑制する立法の奨励と
いう対策が打ち出されることになる。実際，その後大半の州でこの種の立法が
なされた(15)。しかし，もし法的責任が拡大したことのみが原因であるなら，そ
のこと自体はむしろ保険の需要を増大させるはずだから，それが「保険の危
機」を生じさせたり，保険業界が責任制限立法を要請したり，という現実に発
生した事実の説明としては不十分である。この点については，次に述べる。

3　第三当事者保険の限界

　不法行為法の目的として，前述の誘因または抑制と区別される「保険」は一
般に，回復困難な損害を受ける危険とその不安から人を解放するためのもので
ある。もちろんこれにはコストがかかるが，その限度では，広義の「不運」
（犯罪など他人による違法加害行為の被害者になることをも「不運」と呼びうるとし
て）から人を守るものだ，といってもよいだろう。火災保険などの第一当事者
保険においては，その保険による安心は，損害の被害を受ける可能性のある当
の本人の選択と出費によって（彼が納得する限度で）購入される。しかし上述
のように責任保険の場合は，この論理が幾分異なっている。なるほど表面上責
任保険は，突然自分が誰か他人に対する賠償責任を負いそれによって財産状態
が急に悪化することから，人つまりこの場合加害者を守る働きをする。しかし，
この見掛け上の加害者の損害は，不法行為法が加害者に対して被害者への補償
義務を課しているから生じるのであり，実際に保険金は保険の加入者・購入者
である加害者を経由して，最終的には被害者の手に渡る（「被害者請求」という
手続きを通せば，加害者の手は全く経由さえされない）。だから責任保険は，最終
的な保険金の受取手である事故の被害者の利益のために存在しているのだが，
保険契約は潜在的加害者の判断と出費によってかけられる。保険契約の観点か
らするならこれは，契約者（保険会社と加害者）が第三者（被害者）のために締
結する「第三当事者保険」なのである。

---

(15)　この経過の詳細については，ミラー＝松本［1987］参照。

第6章　不法行為法における「不運」の位置について

　（資力のある）加害者が保険に加入していない場合も含めて，不法行為法は事故の被害者に対してある限度内での保険，つまり安心を提供する。しかしこの面で不法行為法が果たす「補償（compensation）」機能が多くの欠陥をもつことは，よく指摘される[16]。当然，加害者が特定不能（轢き逃げなど）・無資力（かつ無保険）・その他過失や因果関係など不法行為責任成立の要件の一部が証明困難，などの場合には，被害者は補償を受けられないから，不法行為制度のみに頼る被害者補償＝保険制度は，ごく不完全なものにならざるをえない。あえていうなら，このような制度によってたまたま救済を受けられた被害者は，運がよかったのだ，と理解すべきなのかもしれない。

　それでも現実に，悲惨な状態におかれる被害者と，その事故の加害者，そして加害者の加入している責任保険がある時，我々の関心は，その保険を利用して（実質的に加害者本人に過重な債務の負担を負わすことなく）被害者の救済を実現することのみに集中しがちである。この傾向がある限度を越える場合に，困難が発生する。

　G.プリーストによる「保険の危機」の説明は以下のようである［Priest 1987-1: 1524-1525］。

　今日の危機の理解にとって欠くことのできない現代不法行為法の特徴は，司法的に強制される供給者による被害者のための第三当事者保険のレベルが，どんどん高くなってきた点にある。1960年代半ば以来，保険提供が第三当事者である会社によるものへと益々転換されていったことで，保険市場は系統的に弱体化された。この二年間の金利低下によって，これら市場のうちもっとも弱いもの——第三当事者による保険提供を当然視することがもっとも困難な市場——が崩壊した。この崩壊の兆候は，自己保険への転換が加速することに示されている。次にこの自己保険への転換は保険会社に対して，まだ残っている被保険者達による市場を〔採算可能な形で〕救出するために，劇的な掛金の値上げと，基本的保険約款の内容の組み換えを余儀なくさせた。このような市場救出の努力が失敗に終わったところでは，保険会社は，保険（のカヴァリッジの）提供を全体として拒否することになったのである。

　ここでいう「保険市場の崩壊」は，どのようにして起こるのか。

　保険の掛金は一つの危険プールの平均予想損失（および運用費用など）に基づいて計算されるが，その危険プールには，現実には相対的な高危険メンバー

---

(16)　特に，Sugarman［1989］および加藤雅信［1989］参照。

と低危険メンバーが含まれる。この間のギャップが開きすぎると，低危険メンバーは，もし自分たちだけが別のプールになれば可能になるはずの低い掛金よりもずっと高い掛金を支払わされることになり，実質的に高危険メンバーを「補助」する（と感じる）ことになる。一般に危険嫌悪は無際限ではないから，この関係が一定の限度を越えると，低危険メンバーの一部は自己保険などによることにして，保険の危険プールから退出しはじめる。しかし，そうなれば残りのメンバー中の高危険メンバーの比重が高まるので，このプールの平均的危険率は，どんどん上昇することが避けられない。その結果，採算維持のために掛金が上昇するが，それは新たな低危険メンバーの脱退を引き起こす。この過程が進んだ後では，危険プールは平均的危険度が飛躍的に上昇したものになるので，はじめのものとは性質が変わってしまっている。こうして，掛金が数十倍に上昇する，というような異常に見える現象がおこるが，この掛金は，以前と同じ危険プールに対するものと考えるべきではないのである。もちろんこれがさらに進めば，維持可能な危険プールが成立しなくなって，保険可能性自体が失われる。

　このことが，（不法行為責任の拡大を通した）保険全体の第一当事者から第三当事者保険へのシフトによって特に起こるのは，次の理由による[17]。

1　第一当事者保険では，各消費者（潜在的被害者）が自分の判断で適切と思われる程度の（多分損害額の一部に対する）保険を自分の予算に応じて購入するが，第三当事者保険では，一旦責任が認められると全損害の賠償が要求されるので，後者のために必要な保険（または保険金総額）は，前者の下で消費者が自発的に購入するはずのものより大きくなる。つまり，制度的に保険の過剰供給が発生する（保険金額と掛金額の肥大）。

2　第三当事者保険では，損害額の確定と別に賠償責任有無の確定手続き（訴訟を含む）など，第一当事者保険では不要な手続きが必要となり，運用費用も飛躍的に増大することが避けられない。

3　第三当事者保険では，高危険メンバーと低危険メンバーとを区画（segregate）して，それぞれ別の危険プールに入れて別の掛金を徴収するのが困難になる。

　たとえば火災保険などの第一当事者保険では，家の耐火構造・防火設備の有

---

(17)　Priest［1987-1］および同［1987-2］参照。

第6章 不法行為法における「不運」の位置について

無などによって掛金の率の区別が行われる。また生命保険の場合などでは，高い掛金を払って高額の保障を得たい人と，安価な低額の保険で足りる人に応じて，別の保険の提供が可能である。ところが，製造物責任などの第三当事者保険では，（賠償額の一部となる）事故発生による逸失利益などの額は普段の収入額に連動するから，低額所得者の方が低いのに，生産者がその掛金を製品の価格に転化した後にそれを買う消費者は，この種の区画化の利益を受けられず，実質上一律に同じ掛金（分の価格上昇分）を徴収されることになる。

　これは，持家の価格と無関係に同じ火災保険料を取られるのに似ており，低所得層にとっては，余分な保険を買わされるということ以上に，高所得層への（逆）補助金を払っていることになり，この方向への所得移転の機能をも持つことになるだろう。

4　精神的損害

　上記の1（第三者当事者保険を通した保険の過剰供給）にも関連する論点として，非経済的損害の賠償の問題がある。第一当事者保険では普通，この種の精神的損害はカバーされない。保険はあくまで，金銭の支出を時間的・確率的に平準化して，不意の多額の金銭的損失から人を守ることができるにすぎないからである。たとえば，入学試験に落ちたり，恋人にふられたりする危険とその不安は深刻でありうるが，この種の危険を分散してくれる保険はありえない。むしろそんな保険があれば，人生そのものが，わざわざ送るに値しないものになってしまう恐れさえあるだろう。もちろん，頑固に無差別曲線アプローチを適用するなら，「あなたにとって，恋人との結婚に失敗した時に，いくらの金銭が貰えるなら，結婚できた場合と同じ満足度が得られるか」といった金額の算定もありうるが，このような保険は極端なモラル・ハザードにさらされるだろう。それ以上に，どんな金額を設定しても，収入のない幼児が死亡した時の両親の精神的損害を補償することなど，不可能であろう。だから，この種の第一当事者保険は成立しないのである。それは，個人が耐えるしかない不幸・不運であることが，明らかだからである。

　ところが不法行為責任は，精神的損害（を金銭評価したもの）にも適用されるから，第三当事者保険はその分もカバーせねばならない。「他人の違法な行為の結果として損害を被ることに対する憤り」という表現には，道徳的非難と当初に述べた抑制（誘因）の目的が含まれているから，それを損害とみなしてその賠償名目で「慰謝料」を加害者に支払わせることには，それなりの意義が

あるだろう。しかし（一般の理解のように），発生した精神的被害を，それがな
かったのと同じ状態に戻すための金銭支払い義務としてこれを捉えるなら，そ
れは第一当事者保険の場合との整合性を欠くように思われる。つまり，その種
の「補償」は原理上不可能なのである。

第4節　おわりに

　法が不法行為責任をある要件の下に人に課することは，「正義」の要請であ
ると考えてよいだろう。それが，これまで述べてきたような匡正的正義である
限り，この要請は明快で，理解しやすいものである。また，人生と行為選択に
不可避的に伴う賭の要素に着目するなら，被害者に発生した損害が，誰か他の
行為者の賭の結果だ，と見なせる限度で，その者に厳格責任を課すことも，
（コモン・ローの伝統でもそうであるように）容認できる。

　しかし，これと別に不法行為法に，一般的な被害補償と安全供給または保険
の役割を担わせた場合，つまり「社会的正義」のための道具としてそれにアプ
ローチした場合，これが一定の限度を越えると，社会的困難が発生する。特に
それは，社会的に不可欠な商品やサービスについて，潜在的加害者たるその商
品やサービスの供給者が，責任を恐れてその供給を停止するような場合に，表
面化する。この「社会的正義」路線を先に進めながらこれを回避するためには，
ついにはそれらの供給を法的・政治的に義務化して，全体を統制経済化するこ
とも必要になるかもしれない。

　市場で提供される責任保険の制度がある場合には，この過程を緩和して，破
綻を先に引き延ばすことがある範囲でできるとはいえ，その機能も万能ではあ
りえず，どこかで「保険の危機」が発生することになる。その意味で米国の経
験は，一般的な法則の現れと見なすことが可能である。

　もし不法行為法が，補償と保険の目的をどこまでも担うことができないなら，
どこかで人は自分の被害，それも自然現象ではなく他人の行為によって引き起
こされた被害（の全部または一部）を，「不正」とみなして賠償請求の対象とす
るのを止めねばならなくなるだろう。この論理の中では，その種の被害は，社
会的対応可能性を越えた自然災害に準じるものとして扱われることになるだろ
う（それでもこの危険の回避のために，自らの出費で第一当事者保険を市場で購入
することは，それもある限度でではあるが，可能である）。そのような扱い（完全
賠償の要求を抑制すること）を要求する正義がもしあるなら，それを「社会的正

第6章　不法行為法における「不運」の位置について

義」の対極として観念される「自然的正義」の名で呼ぶことは，行き過ぎであ
ろうか。いずれにせよ，もしそれが非人間的に見えるとしても，その範囲が最
小限に限定されることが望ましいとはいえ，その非人間性は，我々の社会の環
境をなしている自然のそれを反映しているのだ，といえないだろうか。

第Ⅲ部
現代社会のテーマ群

第7章　リスクと「安全・安心」

第1節　はじめに

　我々の社会はリスク社会だ，と言われることも多い。しかし当然のことながら，人命に関わるような大規模リスクそのものは，昔からある。特に具体的データを挙げることはしないが，何より人々の平均寿命は，かつての方がずっと短かった。高い乳幼児死亡率，伝染病の蔓延，戦争（内乱を含む），飢饉，治安崩壊，様々な原因による経済システムの機能不全，一般の人々の救済を優先事項と考えない政治支配のあり方，医療の未発達，などによる人々の不慮の死と生活破壊の危険は，以前の方が日常的だったはずである。人が産まれてから一応老人になるまで生きて殺されずに死ぬ（これがホッブズの社会契約が目指した目標と言うべきか……）ことができる確率は，少なくとも先進国においては，現在が歴史上もっとも高いはずである。

　それにもかかわらず現在「リスク」が問題になるのは，①人間が直接間接に持ち込む様々なリスクの規模が大きくなった，②リスクの抑制とそれへの効果的対策が一定程度人為的に可能になりつつある，③リスクの抑制が人々の関心対象として優先順位の高いものになっている，④様々なリスクへの対策のために一定のコストを担う用意が社会の側にある，などの理由からであろう。特に民主主義の下では，主権者としての国民の関心が政治課題設定の主要な要因となる。そのため，人々の関心を集める「リスク問題」が選挙戦の中心的論点になることが多く，それへの対応が公共政策と学問研究の主要テーマともなる。ただここでは，論争としては表面上「リスク」と「安全」を語っていながら，実際に問題となっているものはむしろ「安心」の方だ，ということもしばしば起こる。「安全」と別に「安心」を政策目標として掲げることの意味についても，後に論じるつもりである。

第2節　イデア的世界でのリスク対応

　私がここで「イデア的世界での」と言うのは，「モデルの中での」というほ

117

第7章　リスクと「安全・安心」

どの意味である。たとえば功利主義を論じる場合我々は，一定の行為やルールが生み出すすべての快苦その他の帰結が既知で計算可能であれば，といった仮定の上で議論することが多い。仮定上に成立するイデア世界のあり方を探求・認識すること自体に意義を見いだす理論家もいるだろうが，もちろんこの仮定は現実とは異なっている。現実の「帰結」は，遠いものも含めれば原理上どこまでも続くと考えてよく，遠い帰結が常に近いそれより実践上の重要性が低いという保証もない。そしてそのことが，功利主義全体の倫理思想としてのレレバンスを失わせることになるのか否か，がメタ理論上は最重要の問題だと私は考えている。つまり，一見非帰結主義的な（義務論的とはかぎらないが帰結主義的正当化は当面できないような）倫理思想[1]の存在意義が，このイデア的世界と現実との差つまり人間の原理的無知，に基礎をもつという可能性がある，ということである。

　しかし逆に功利主義は，トロリー問題の場合のように，「犠牲になるのがそこで想定されている人たちだけで，そこで何をすべきかでどんな判断をしてもそれが外の世界に影響を及ぼすことはまったくないとすれば」といった仮定の中で論じられることもある。そうなるのはイギリス倫理学に根深い行為功利主義偏重の結果でもあろうが，これはある意味ばかげた仮定である。なぜなら，カントに全面的に与するわけではないが，我々が有意味に規範問題に取り組む時には，ある行為や判断の（何らかの）普遍化可能性を俎上に載せねばならないのに，具体事例（といってもこれもモデルだが）での規範的判断が他に影響することはないという架空の世界からは，その判断の是非を決めるための必要条件が奪われているからである。徹底的に個別的な判断は，その有効性も個別の範囲に限られるから，他への含意もないはずである。ところがトロリー問題を論じる人々は，その問題への答が我々の世界に対して何らかの含意をもつと考えるからこそそうしているのだろう。しかしその態度は，当初の仮定と矛盾している（pragmatic inconsistency？ つまり言行不一致）のではないか[2]。

---

(1)　嶋津［2011］第23節「開かれた帰結主義」，および本書第1章参照。

(2)　本来のトロリー問題に限れば，「複数人の命を救うために，線路上に一人の人を突き落としてよいだろうか」という同問題の二つ目の問に（形式化された功利主義に従って）イエスと答える，ということは，「何人かの他人の命を救うという目的のために，何ら落ち度も責任もない人の命を故意に奪ってよいのか」という一般的問にイエスと答えるということである。後者のような一般化を禁止しながら問われる前者の問は，本来の倫理的問になっていない，というのが私の考えである。もちろん後者のように一般化された問に肯定の答を出す人は，いつ自分がその種の倫理的判断の犠牲者になるのかわ

118

第2節　イデア的世界でのリスク対応

　私は，オムニシエンス（全知）を想定するかのようなモデルに依る議論がすべて無意味だと言いたいわけではない。以下簡単なモデルを持ち出すのも，社会的現実を理解する上で架空のモデルが一定の意義をもつと考えるからである。

　イデア世界での議論としては，リスクの大きさ（当該のマイナス事象の「発生確率×損害の大きさ」）がすべて既知で計算可能であるとともに，それを回避するためのコストも既知である，という単純な想定も可能であろう。その場合，損害回避の程度がコストのかけ方によって変化する，という条件を加えるのもよいだろう。

　私が考えているのは，以下のようなモデルである。たとえば福島第一原子力発電所事故に関して，後知恵として以下のように考えるのである。東北大震災で発生したマグニチュード9レベルの地震に起因する巨大津波は，貞観津波（869年）のことを考えれば1000年に一度程度の確率のものだった可能性がある。しかも貞観津波の歴史を考慮すべきだという警告は，東北大震災の2年前に行われた同原発の安全性再評価のための経済産業省の審議会で，産業技術総合研究所活断層・地震研究センター長の岡村行信氏によって出されていた[3]。

　もちろん，コストを無視して完全な安全性を求めることが理不尽であるのは明らかである。それなら，希にしか起きないが起きると甚大な被害が発生するリスクに対しては，できるだけコストをかけないミニマムな対策のみを施しておく，という対応が可能なのではないか。かけるコストの低さで起こる頻度の低さを相殺すれば，リスク対策の実施が経済的に可能になる，と考えてもよいだろう。一定のコスト（たとえば1億円）で可能になる様々なリスクに対する対策の効果を数値化し，その〈効果／コスト〉（つまりコスト・ベネフィット）の大きなものから順に実施してゆく（そして予算が尽きればそこで止める？），といったやり方をすれば，原理上は有限のコストで最大の安全を確保することができるはずである。もしこの方法を採用した場合，3.11以前の時点で，貞

からない，という世界に住まねばならなくなる。それも，そうされる危険が事実としてあるだけでなく，そのような文脈でそのように行為する（人を犠牲にする）ことが「正しい」と判定される世界に，である。この論点については，児玉聡京都大学准教授との対立を含む議論に触発されたことを記しておきたい。
(3)　編集部「本当に想定外だったのか──2年前に指摘されていた巨大地震の可能性」日経サイエンス2011年6月号，42頁。しかし，もし1000年に1度の可能性であるなら，原発1機の寿命は40年程度であるから，寿命を終えるまでにその機（海沿いに設置されているとして）に巨大津波が来る確率は，単純計算で1／25になる。発生する被害の大きさを考えるなら，明らかにこれは安心できる数字とは言えないだろう。

第7章　リスクと「安全・安心」

観地震規模の地震リスクへの対応はどの程度の優先順位となったのだろうか。
3.11原発事故では津波による電源喪失が被害拡大の最大の原因である[4]。それ
なら後知恵としてではあるが，この種の緊急時に電源を維持することができた
はずのミニマムな方策とは何であり，そのためにどれだけのコストがかかるの
か，という議論があってもよい。

　「無制限のコストはかけられない」という当然の経済的議論にたいして，
「○○をするだけならコストはわずかなのだからできたはずだ」といった，経
済的な実行可能性（feasibility）を，そのリスクに対処しないで放置すること
ではなく何らかの対策を実施することの論拠にすることで，政策論上の反論がで
きるかもしれない。この場合「○○」にどんな対策を入れるかについては，技
術上様々な創意工夫が可能かと思う[5]。多分それが完全な対策でなくてよいと
いう点が，コスト・ベネフィットを考慮する現実主義的な議論では重要なので
ある。単純な価値観の間の感情的対立を回避して，リスクをめぐる議論を理性
的な枠組みに載せるには，このような議論の仕方も有効であるように思われる。
そしてもしこの種の議論の中でも，事前の対策ができないはずの事故だった
（同程度のリスクすべてに対応するのはコスト上不可能），ということになれば，
我々に可能な選択肢は，今回の原発事故による被害を避けられないものだった
として受容するか，原子力発電自体を放棄するか，といったものになるのかと

---

(4)　「史上稀に見る大きな津波により，福島第一では，多くの電源盤が被水・浸水すると
　　ともに，6号機を除いて非常用D／G〔ディーゼル発電機〕が停止し，全交流電源を喪
　　失，交流電源を用いる全ての冷却機能が失われた。1号機～3号機では直流電源喪失に
　　より交流電源を用いない炉心冷却機能も順次停止した。」東京電力株式会社『福島原子
　　力事故調査報告書〈概要版〉』平成24年6月20日，p. 1.

(5)　創意の例として，今回の日本での事故には適用できないが米国では，スリーマイル
　　島事故後に，新しい原子炉（AP1000型などの「第3世代プラス」と呼ばれる）の設計
　　が行われた。この炉では，電源喪失または操作の人為的失敗時に，炉内（3カ所）と上
　　部に設置されたタンクに満たされている補助用冷却水が，人間の介入がなくとも重力に
　　より自動供給される。そして上部の大タンクは，それを3日間維持できるし，注水も可
　　能とのことである。A. ピオーリ「"想定外"に備える」日経サイエンス2011年7月号。
　　　3.11の例で言えば，福島第一原発では，6号機の非常用ディーゼル発電機と電源盤は
　　浸水を免れ，そのお陰で5号機と6号機は爆発せずに済んだ。だから後知恵としては，
　　同じ処理をして1～5号機の電源を津波から守ることができなかったのか，もしそれを
　　したらコストはどれほどかかっただろうか，を考えることもできるだろう。もっとコス
　　ト切り詰めるなら，非常時には電源盤と電力の入力端子だけを（原発敷地よりできるだ
　　け遠いところに）無傷で確保すれば，外部電源つまり移動可能なディーゼル発電機は後
　　からでも供給可能だったかと思われる。

120

思う。

第3節　現実世界で

　現実世界にこのモデルを適用するのには，明らかにいくつかの困難がある。まず，交通事故のような繰り返される事故とは異なって，ごくまれにしか発生しない事故については，その発生確率を正確に知ることができない。津波そのものは繰り返し発生しているとしても，原子力発電所事故については，これまで世界で発生した主なものは，福島，米国スリーマイル島，ソ連チェルノブイリ，だけである。そして原発事故としての深刻度が最高である7以上のものに限れば，福島とチェルノブイリだけであり，つまりは今回の3.11事故以前の経験は，チェルノブイリのみだった。そしてこの2カ所の事故ではその発生原因や態様もまったく異なっていたから，「同じ過ちが繰り返された」わけでもない。飛行機事故などについては，事故発生後にその原因を徹底的に究明して，同じ事故が繰り返されないように機器やパイロット教育を改善する，という作業が世界中で積み重ねられている。それでも，新たな事故原因は次々に現れるし，過酷な自然現象，機械不良，人為ミスの結果，飛行機事故は今もなくなっていない（ただし統計上，飛行機旅行が自動車旅行よりもリスクがずっと低い，という点は，リスク論の中で繰り返し例として引かれる）[6]。その点原発事故については，人類に「誤りから学ぶ」ことができる余裕と機会は多くなさそうである。
　次に，事故発生の場合の損害の「大きさ」についても，困難はつきまとう。今回の地震と津波の被害者は死者・行方不明者の合計で1万8千人余（執筆当時の数値）であり，東北大震災は日本の戦後最大の自然災害であった。ただ，津波と区別された原発事故に限れば，直接の死者はなかった（原発敷地内で津波のため亡くなった人はいる）が，放射能からの避難騒ぎの中での病死などを含む「原発関連死」は1368人とされる[7]。それ以外に，放射能汚染に関連する避

---

(6)　「アメリカの国家運輸安全委員会の行った調査によると，航空機に乗って死亡事故に遭遇する確率は0.0009%と言われています。アメリカで自動車に乗って死亡事故に遭遇する確率は0.03%なので，その33分の1以下の確率ということになります。どれくらいの確率かというと8200年間毎日無作為に選んだ航空機に乗って一度事故に遭うか遭わないかという確率らしいです。これが「航空機は最も安全な交通手段」という説の根拠となっています。」羽田空港サーバー（https://www.haneda-airport-server.com/entry/20161115060000）より。

(7)　Wikipedia: 福島第一原子力発電所事故#原発関連死

難生活，故郷の喪失，漁業その他産業上の損失（風評被害を含む），など被害の中に算入されるべきものは多い。これらのうち助かった人々が被った損害は，主に民事賠償の問題になる。

しかし，起きてしまったことの確率は100％であり，これは「リスク」の定義からはずれる。損害が発生する以前に，それを予測してそれに備え，できればそれを回避することがリスク対応として要求されることである。もちろん，発生するかもしれないリスクは，現実に発生したそれ以外にも多くある。それら個々のリスクを回避するためにどれだけのコストをかけるのかの判断も，イデア世界でならともかく，実際に自動化・論理化が可能なわけではないから，どこかで政治的決定または決断が必要となる。

第4節　リスク評価の「誤り」──「心配」の過小と過大

人は個人としてまた集団的に，リスク評価を誤りがちである。それはたとえば，何か人々が注目する事故やテロなどがあった後，「心配」になった人々が安全な行動を取ろうとして，結果的により危険な行動に走ってしまう，といった事例である。これについてC.サンスティンが挙げている例が印象的である。

　2000年にイギリスで起こった啓発的なエピソードのことを考えてほしい。列車がハットフィールドで衝突し，それによって何十人かの乗客が負傷し，うち数人が死亡した。この衝突の後，多数の人々にとって列車利用は突然「安全でない」ものに見えるようになり，イギリスの列車利用者の3分の1もが列車に代えてハイウェイを利用し始めた。実際のところは，イギリスでは道路は鉄道の十倍以上危険である。試算によると，ハットフィールド事故後最初の30日間における自動車交通量の増加によって，死者が5人増えたが，それはこの事故以前の30年間の列車事故による死者数にほぼ等しいのである。[Sunstein 2002: 2]

これは，人々が，統計的事実を顧慮せず，目立ってはいるが実際にはリスクの小さな事件に対して過剰反応しがちだ，という繰り返される誤りの一つのパターンである。同じパターン（確率上の小ささを無視する）だが逆向きの誤りの例として，宝くじその他のギャンブルを入れるべきか，も問題になるだろう（後述のように，後者を合理的選択と考えることも可能だが）。上記の例は，カスケード効果の例でもあるだろう，とサンスティンは言う。これは，人々が当該

第5節　民主主義下のリスク対応

の事件とそれに由来する自分の不安を相互間で頻繁に話題にすることで，社会的に不安（心配）が自己増殖的に拡大するような過程のことである。その他，集団的な相互作用の結果人々が誤りに導かれる場合のパターンは，社会心理学や実験心理学などでも研究が進んでいる。

　実験心理学者でもある島崎敢（国立研究開発法人・防災科学技術研究所所属）は，この種の事例を多数挙げながら，彼の定義する「心配学」を論じている［島崎2016］。人々が様々な場面で感じる心配や恐れが，客観的な統計的事実と離齬する場合を指摘して，行動をより合理的なものに修正することを奨励する，といったことである。個人によって差があり，それ故単純に客観化できない「心配」でも，同じ個人の独自の選好の中で，「Bを心配するならそれよりAを心配すべきでしょう」という形で，異なる心配の間の優先順位づけの合理性を問題にできる場合がある，というのは正しいと考える。サンスティンが挙げている上記の例は，まさにその種のものである。

　サンスティンの場合はその後，集合的決定の場面（1970年代に制定された多数の環境保護立法など）で発生する同種の問題（コストへの配慮や，対策が生み出すリスクも含むリスク間のトレード・オフの観点が欠如している）を取り上げて，民主主義を改善する方策を論じ，制度的にその種の方策を施した熟議民主主義を推奨する。ただ，そこで挙げられているコスト・ベネフィット・バランシングのモデルは，コスト無視の単純な慎重（precaution）論より優れてはいるのだが[8]，モデルであるに過ぎないイデア世界と現実世界との差異を軽視しているのではないか，という疑念を免れない。少なくとも現実には，その種の議論を適用できない，または適用することによってむしろ我々が誤導されるような事例も多いだろう。

第5節　民主主義下のリスク対応

　「主権者としての国民」という概念は，国民個々人とはレベルの異なる全体的な存在として「国民」を捉えたものと考えるのが正しいと思う。この国民が，必要な時には（何らかの制度を通して）「意思決定」を行うのである。市民革命によって，この意味の「国民」[9]が君主に取って代わって主権者の地位に就い

---

(8)　Sunstein［2005］参照。
(9)　「国民」は法律用語として慣用に従った。しかし，日本国憲法の前文に何度も登場する「国民」の公定訳は「the people」である。また，天皇に関する規定である同第1条

第7章　リスクと「安全・安心」

た。この国民と，個々人としての国民とが異なる存在だと考えることではじめて，二者の間に発生する対立の可能性を視野に入れることができるようになる。ルソーの社会契約論は，この二つの存在の間の離齬をミニマイズするための種々の方策を論じているが，現代の民主主義は，そのためにルソーが要求している条件をほとんどどれも満たしていないし，そもそもそこで要求されている直接民主主義ですらない。だから，全体と個人という二つの「国民」が別の存在であることを自覚する必要は，さらに大きくなる。

　それでも，個々人で対応できる範囲を超えた社会的リスクは存在する。それに対しては我々は，集合的つまり国民レベルで（あるいは問題によっては世界レベルで）しか対応できないから，その場合には集合的決定のルートとしての民主主義に依拠するしかない（世界的レベルでの集合的意思決定が有効に制度化されているのかは疑わしいが）。リスク対応一般について，上記のように「誤り」が観念できる以上，民主主義的決定であっても誤りうることは当然である。むしろ，上記のカスケード効果や，バンドワゴン現象，議論進行によって生じる極化作用など，心理学が指摘している誤りのパターンは，まさに民主主義の陥りやすさを指摘しているといえる。

　これに対して，上記サンスティンなどによって，いくつかの予防策の提案や，民主主義の制度的改善が論じられている。提案は，統計的事実の重視，専門家と素人の間のコラボレーション，コストやトレード・オフを考慮する議論の形式，などからなる。ただ本稿は，民主主義論を直接の対象とするものではないので，これも論点として提示するだけに止めたい。しかし，誤りはどのような

も「The Emperor shall be the symbol of the State and of the unity of the people, deriving his position from the will of the people with whom resides sovereign power.」となっている。前文では複数扱いの people もあるが，ここでは the people も the will も単数扱いである。GHQ 作成の英文原案を考えるなら，むしろ英文が原文で憲法の日本語はその訳文と考える方が実態に近い。その場合，この will を「総意」としたのは，誤解を招きやすい訳だと思う。「意思（will）」は，（二重人格や精神分裂などの病理現象でないかぎり）原理的に一つでなければならないからである。また people を，「国」によって定義される派生語に見える「国民」と訳すことも，誤訳に近い。社会契約論の文脈では，people が国を作るのであって逆ではないからである。
　ちなみに上記憲法 1 条は，ポツダム宣言受諾に際して日本側がつけた国体護持の条件に対する連合国側の回答に基づく。「The ultimate form of government of Japan shall, in accordance with the Potsdam Declaration, be established by the freely expressed will of the Japanese people」（Wikipedia: Surrender of Japan より）ここにある people についても，同じことが言える。「8 月革命説」は，具体的にはこの部分を根拠とすると思われる。

第5節　民主主義下のリスク対応

制度でも発生する。専門家に判断を委ねたからといって「正しい」答が出るとは限らない，という点も最近は社会常識になっているので，強調の必要もないかと思う。また熟議も，上記の「極化作用」にさらされている。これは，議論を重ねれば重ねるほど人々の立場は両極に分かれてゆき，当初は多かった中間派が減ってしまい，その結果社会的意見は分断され両極間の妥協も困難となる，といった現象である。

そこでまだ残る原理的論点として，民主主義的決定が誤る場合の我々の態度決定の問題を考えよう。これについて私の立場を簡単に述べるなら，以下のようになる。集合的意思決定の不可避な論点において民主主義によってなされた決定については，基本的に我々はそれに従うべきである。少し極端な言い方をすれば我々は民主主義の下，集合的決定に従って集合的に誤るべきであって，誤った決定を修正する場合も，集合的決定によって修正するしかない。民主主義にコミットするとは結局このことを意味している（決定が誤ることがある，という当然の事実を，民主主義を捨てる理由として是認しない）。しかし，集合的に決定する必要のない事項については，可能な限り私的決定に委ねられるべきであって，それへの「介入」は最低限に止められるべきである。そして私的決定においては人々は，私的に誤る「権利」がある(10)。もちろん，何が前者で何が後者に当たるかについては大きな論争の余地があるが，原理論のレベルでは，この二つの領域が区別可能であることのみを仮定して，先に進むことにする。

リスク問題についても，上記の原則を適用すべき場面は多くあるように思う。実践レベルでの詳細を論じることも本稿の意図からははずれるが，多分常識から外れる意見を一例だけ述べたい。それは，「被災地の復興」をコストを無視して政策課題とすることは誤りであって，そこを去る人々の決定も，そこに止まる人々の決定と同じだけ，社会的に尊重されるべきではないか，というものである。そして，その結果何らかの社会変化が生じるとしても，それはそのようなものとして是認されるべきなのである。自由な個々人の選択の結果が受容されることで社会が変化してゆく，というのは，自由社会における社会変化の主要なルートである。

ただ原子力発電は，現地住民の不安に抗して政府が基本政策として推進してきたものである(11)。だから発電所建設の際，その安全性は原子力事業者だけで

---

(10)　サンスティンの体系では，ここで例のリバタリアン・パターナリズムまたはナッジ論が問題になるが，この点も指摘に止める。

(11)　3.11以前の2010年段階で経産省資源エネルギー庁が作成した日本のエネルギー基

第7章　リスクと「安全・安心」

なく政府によっても，地域住民に対して事実上保証されている。少なくとも住民たちがそう考えるのは，無理のないところである。深刻事故は起きない前提で，建設に同意したはずだ。だから万一大事故が起こった場合には，可能な限りで個々人に発生した損害の賠償を確保する政治的責任が，元々政府にはあったと言ってよい。実際には，賠償責任は直接的には原子力事業者が果たすが，それを政府が補助する（実質的に被害者への賠償を担保する）ために3.11の後になってから，原子力損害賠償支援機構法（2014年改正で「原子力損害賠償・廃炉等支援機構法」）が制定された。福島第一原発事故の賠償の詳細は知らないが，制度としては当然の措置であろう[12]。本来は，事前に国家の責任を規定する法律があってしかるべきであったし，もし事後的にであってもこのような措置が取られないなら，今後原発に協力する個人や自治体はなくなる危険が大きいだろう（今回の事故の後では，この措置があっても協力者は現れないのかもしれないが）。

第6節　安全と区別される「安心」の問題

我が国では，リスクへの社会的対応に関連して「安全・安心」という標語が使われることが多い。あるいは，この文脈で「安心」の語が入るのは，日本特有かもしれない[13]。たとえば，科学技術基本法にもとづいて科学技術基本計画が1996年以来5年おきに作成されているが，現行の第5期基本計画（2016-20年度）も，科学技術の目標として「国及び国民の安全・安心」に言及している。そこでは最初に，第1章基本的考え方(3)目指すべき国の姿②国及び国民の安全・安心の確保と豊かで質の高い生活の実現，という項目が立てられている。しかしその本文（以下全文）には「国民の生命及び財産を守り，人々の豊かさを実現していくことは国の使命である。このため，国及び国民の安全を確保し，

　　本計画では，①安定供給　②環境配慮　③経済効率，をエネルギー政策の柱としたが，その鍵を握るのが原子力であった。2030年を目標に，「自主エネルギー比率」を38％から70％（原子力は準国産とみなしてここに算入）に，「ゼロエミッション電源」を34％から70％（内訳の50％は原子力）に高める。そのため現在54基の原子炉を68基に増設する計画であった。参照，滝順一「環境・エネルギー省をつくるべきだ」日経サイエンス2011年7月号38頁。
(12)　原子力損害賠償については小柳［2015］参照。
(13)　英語のsecurityは，安全と安心の両方の意味をもつから，日本語の「安全・安心」は，単に「security」と訳せばよいのかもしれない。

第6節　安全と区別される「安心」の問題

国民の心が豊かで質の高い生活を保障できる国となることを目指す。」とあるだけで、「安心」への言及はない（「心が豊か」に安心が含まれるのかもしれないが、それなら言い換えた理由が不明）。他の箇所（第3章(2)など）でも「安全・安心の（を）確保」という語句自体は何度か出てくるのだが、内容はほとんどが安全に関するものである。あるいは、安全は科学技術の問題にしやすいが、安心は科学技術以上に政治または心理学に関わるタームだから、科学技術基本計画では扱いにくいのかもしれない。

　これについては、時代的に少し古いが、文科省に設けられた「安全・安心な社会の構築に資する科学技術政策に関する懇談会」（座長は中島尚正放送大学教授）が、2004年に同懇親会名の報告書を出しており、そこで簡単にではあるが「安心」が論じられていた。定義にあたる箇所では、「安心については、個人の主観的な判断に大きく依存するものである。当懇談会では安心について、人が知識・経験を通じて予測している状況と大きく異なる状況にならないと信じていること、自分が予想していないことは起きないと信じ何かあったとしても受容できると信じていること、といった見方が挙げられた。」とある。懇親会の意見というより委員個人の発言を報告しているだけ、とも読めるが、これは認知的な（リスクの認識に関わる）安心の定義である。これに加えて「人々の安心を得るための前提として、安全の確保に関わる組織と人々の間に信頼を醸成することが必要である。互いの信頼がなければ、安全を確保し、さらにそのことをいくら伝えたとしても相手が安心することは困難だからである。」とも述べている。

　図式的に整理すれば、安全は客観的なものであり、反対語は危険またはリスクである。そして安心は主観的なもので、反対語は不安または心配である。この二つの側面は必ずしも予定調和にはならず、人々は安全なのに不安を感じたり、危険なのに心配しない、ということも多い。この問題に対する一つのアプローチは、安心は個人の問題だから公共政策では無視してよく、我々は安全だけを問題にすべきだ、というものである。「広報」の問題（これが安心問題だという把握もありうるが）は残るとしても、広報の成功如何が正しい問題解決のあり方を左右することはないはずである。

　しかしここで仮に、事故の発生確率とか死亡者の割合とかが統計上十分に数値化でき、「客観的な」リスクの値が正確に知りうるとしよう。その場合、人はこの数値がどれほどであれば安心してよいと言えるだろうか。これを「客観的に」決める方法はないし、異なる人の間では満足できる数値もそれぞれ異な

127

第7章　リスクと「安全・安心」

りうる。結局これに対する対応方法は，個人個人で決定することができるものについては個人が決定し，集合的にしか決められないものについては，上記のような全体的な存在としての国民を想定し，その「意思」の内容を民主主義によって決定する，しかない。この部分では我々が直面しているのは，正解発見問題ではなく意思決定問題[14]なのである。

　個人が安心にどれだけのコストをかけたいと思うかの選好は，例えば任意保険のかけ方において顕示される。火災保険には様々な種類があり，それぞれカバーする損害の種類と掛け金額が異なる。どれだけの価格を払ってどれだけの安心を買うかは各人の自由である。もちろん，保険をかけずに暮らすことも自由だが，無料でかけられる保険はない。火災保険は金銭的損害の保障しかできないから，限られた安心しか提供しないが，その範囲では異なる選好をもつ個人たちが自分に適した安心サービスを買うことができる。

　この場合重要なのは，私企業である保険会社が提供する保険では，掛け金総額の一部しか事故時の保険金として使われない，という点である。保険加入者全体が払う掛け金から，営利企業としての経費と利益（税金を含む）が差し引かれ，その残りが保険金として支払いに当てられる。それでも保険加入者は詐欺にあっているわけではなく，その点を理解して保険サービスを受けるのである。加入者にとっては，毎年自分が支払う掛け金よりも，もしもの時に保険金が受けられると知っていることによって確保される安心の方が価値が高い。だから彼はその保険に加入し，そのサービスを有料で買っているのである。火災によって自分が受けるはずの損失を確率論的に年度当たりの損失に引き直したものと，保険会社に対して払う毎年の掛け金は，金額として後者の方が大きいのだが，この差額は，火災の有無に関係なく毎年提供され続けている安心サービスの価格なのである。ミクロ経済学の初歩が教えるように，どれだけの安心サービスがどれだけの料金に値するかも，人によりそれぞれであり，各人は，受けるサービスが与えてくれる自分にとっての満足と価格支払いが自分にもつマイナスとの間の主観的差分を，消費者余剰として受け取ることになる。もちろん，家の焼失が自分にとって経済的打撃とならないような富者にとっては，そのことを心配し続けること自体の不幸はないから，保険は不要であり，それへの加入は確率論的には純損失であって，愚かな選択となる。

　全体的な存在としての国民についても，同じことが起こると想定することは

---

(14)　嶋津［2011: 225-］第15章の「メタ問題」の項参照。

第6節 安全と区別される「安心」の問題

できると思う。リスクがあると知っていることから受ける不安，心配は，それ自体が客観的なリスクとは区別される不幸の種である。どれだけの（安全ではなく）安心のためにどれだけのコストを払う意志があるかについて，全体としての国民が一定の選好をもっていると想定して，その内容を推定することもできるだろう。これは，客観的なリスクとはレベルの異なる，主観的な不安・心配の軽減に対する支払いの用意，というレベルでの判断といえるだろう。もちろん，すべての買い物と同じく「愚かな買い物」はありうるが，それでも買い物の決断は普通有効である。それは，国民がリスクの大きさを過小にまたは過大に認識する場合にも発生するが，その点に誤解がなくとも，集合的主体の真の選好（があるとして）と（民主主義のルートを通して）行われた意思決定との関係で，「愚かな買い物をする」または「（買うべき物を）買い逃す」場合がありうる。ただ，それぞれの事故の発生で被害者となるのは，個々人としての一部の国民である。しかし具体的な事故の発生自体は，上記の「買い物」が誤っていたことの直接的証拠とはならない。保険加入の意思決定をするのは，あくまで全体としての国民だからである。これは，交通事故の被害者が被る悲劇が，道路建設の決定の誤りの証明とならないのと同じである。そもそも発生してしまった事故は，（確率的存在としての）「リスク」ではなく，発生後の時間の中で対処すべき現実の事態なのである。

　事故発生後に生じる様々な損失の問題と区別された不安や心配に起因する人間の不幸，をいかにしてどの程度解消するのか，ということも政治の課題であるとすれば，これを上記の「（安全性の）広報」問題に解消するのは誤りであるように思われる。

　ちなみにギャンブルでは逆向きに，つまり不幸ではなく喜びについて，同様の論理が働く。ギャンブル（宝くじなどを含む）では全体として，保険と同じく，掛け金の一部しか勝者には戻されないから，確率的には経済的損失が必然の行為である。もし無限回それを繰り返すなら，必ず所持金はゼロになる。ではこれは，愚かな行為なのだろうか。いや，ギャンブルに勝って得られる賞金をその確率で割った額は，金額として掛け金よりも小さいが，勝利によって得られる喜びはギャンブルによってしか得られないものであろう。だからその可能性を手に入れることの喜びは，掛け金を使わずに持ち続けることの喜びよりも大きいものでありうる。だからこそ人はそれを買うのである。ただこれは，結果としてギャンブルに敗れた後にも言えることなのだろうか。消えてしまった勝利の可能性は，乗ってしまったジェットコースターのように，対価の喪失を

第7章　リスクと「安全・安心」

補って余りあるのかどうか，ギャンブラーでない私にはわからない。ただ，経済人であってもギャンブルをする場合はある。興奮を買う場合と冷静に多額の賞金の可能性を買うだけの場合で，状況は異なると思うが，いずれも経済的合理性に反しているわけではないからである。

第7節　おわりに——主観世界における不安への対応

当初に述べたように，人類は生存を始めた当初から現在まで，様々なリスクに直面して生きてきた。ただ，現代から2000年程度遡った時代（いくつかの宗教の勃興期）を考えてみると，人間は疫病，戦乱，飢饉，など大規模な災厄を防止する方法を持たなかったと言ってよい。他にも，階級（カースト）制度に起因する不幸や，貧困から来る不幸，時代特有とは言えない人生の様々な不幸，ももちろんあった。その環境の下で自分の精神的平安を求めるとすれば，客観的世界を変えることができない以上，主観的世界を変えることによってそれを得る，という方向が追求されたのも当然だろう。

以下この文脈で，ストア哲学と仏教を扱いたい。私はこれらの専門家ではないから，それぞれの教義を探求することが目的ではなく，リスク対応という文脈の中での主観的対応の例として，これらを概観してみたいと考えただけである。

1　ストア派

禁欲（stoic）の語源となっていることからもわかるように，ストア哲学は，様々な物欲の抑制と自己に対する理性（ロゴス）的統御を説く。「ロゴス」は，自然と社会と個人を貫通する原理と考えられ，「論理・言語」の意味も持つ。人間はロゴスを内にもつかぎりで，国家や階級を超えて平等であり，各人はこれに従うことが，あるべき人生だと考えられるのである。それによって，財産や権力よりも倫理的正しさを求める生を送る，といった意味にも解される。

　　不安がっている人を見ると，わしはいうのだ，この人はいったいなにを欲しがっているのだろうか，もし彼がなにか自分の権内にないものを欲しているのでないならば，さらにどうして不安なのだろうかと。……

　　そうすると，一方，意志外のものが善いものでも悪いものでもなく，他方，意志的なものがすべてわしどもの権内にあって，ひとがそれらのものをわし

第7節　おわりに

どもから奪うことも……できないならば，どこになお不安の余地があるのだ
ろうか⁽¹⁵⁾。

　エピクテトスはこのように，自分の権外にあるものに心を煩わされることを
否定し，権内にあるものだけに関心を向ける。そして，普段の訓練によって後
者をより立派に，正しく，操れるようにすることを求める。竪琴の演奏家に
とって，自分の演奏の出来如何は後者の問題であるが，観客がそれを賞賛する
か否かは自分の権外の問題である。だから，賞賛を受けられないのではないか，
と気に病む必要はまったくないのである。
　上記の「語録」よりも簡潔で，内容的に厳しい印象を与える「要録」ではエ
ピクテトスは以下のように言う。

　　心にとめておくがいい，……それでもしきみが，きみの権内にあるものの
　うち，反自然的なものだけを避けるならば，きみはきみの避けているものの
　なにものにも出会うことはないだろう。だが，もしきみが病気や死や貧乏を
　避けるならば，きみは不幸になるだろう。
　　人々を不安にするものは，事柄ではなくて，事柄についての思惑だ。たと
　えば，死はなんら恐ろしいものではない，……いや，死は恐ろしいという死
　についての思惑，それが恐ろしいものなのだ⁽¹⁶⁾。

　もしエピクテトスの勧めるような心の持ち方ができるなら，「安全と区別さ
れた意味での安心」を問題にする必要もなくなるであろう。不安や心配を生み
出す心の働きそのものを修正して，その種の動揺から解放された自由な主観世
界が構成できるだろうから，である。
　それが可能か，もし可能としても望ましいか，はもちろん別問題である。こ
こで引用しているエピステトスの著書を収録している本でその解説を書いてい
る鹿野治助も，「けれども外物や外界は，今日ではエピステトスのいうごとく，
単純に意志を越えたもの，責任のないものと見ることはできない。」として，
古代と現代との状況の違いを指摘している⁽¹⁷⁾。エピステトスの時代には「権
外」とするしかなかった風任せの航海，病気，政治支配，様々な事故なども，
現代では一定程度は人間が左右できるものになり，その意味で「権内」とみな

---

(15)　エピクテトス「語録」第二巻 五 不安について［エピステトス 1980: 328-329 頁］
(16)　エピクテトス「要録」二および五，［エピステトス 1980: 386-387］
(17)　「古代ローマの三人の思想家」［エピステトス 1980: 44］

第7章　リスクと「安全・安心」

せると同時に，人間の責任の問題となるからである。それでもいずれ訪れる死そのものを含めて，受容する以外に対応策のない人間の苦難がなくなったわけではないから，ストア派の教えに学ぶべきものはある。ただストアの教説は，当時の上流層の教養という面も強く，当時の庶民がこれに従って生活できたわけではないから，ある種の理想ではあっても現実世界での実行可能性に疑問があるのも事実である。

2　仏　教

　本稿を準備する機会に少しだけ仏教も学んだので，本式の研究にはほど遠いが簡単なコメントを加えたい。といってもコメントの対象にするのは，ビームラーオ・アンベードカル[18]（Babasaheb Bhimrao Ramji Ambedkar）の「新仏教（Navayana）」の影響を強く受けた米国のインド研究者オンヴェットの著書（Omvedt [2003]）が描く仏教の描像である。

　上座仏教や大乗仏教とも異なってここで描かれる仏教は，輪廻思想と結合したカルマ（業）の理論（前世の業によって輪廻で次に生まれ変わるカーストが変化するとすることで，実質上カースト制度の弁護機能を果たす）を否定する点が大きな特徴である。梵我一如とともにカルマはむしろ，ウパニシャド哲学などの系譜を引いた，同書で仏教と対置されるブラーマニズム（現行のバラモン支配を伴うヒンドゥー教に繋がるもの）を構成する。新仏教の描くブッダの教えは，既存の常識よりもこの世的であり，社会改革思想の面ももつ。魔術や儀式を否定する点では，近代的で科学との親和性も高い。「解脱（または涅槃）」は，ウパニシャドのいう輪廻からのそれというより，既存の思考枠組みからの解放を意味する。この点の指摘は私には，精神医学の認知行動療法とかフランス哲学の脱構築さえ連想させる。出家者（ビク）たちの共同体としての教団（sangha）は，世俗の階層関係を持ち込まず個人の所有を放棄している点で徹底した平等主義であり，ブッダの教えは徹底した平和主義でもある。これは，カースト制廃止を伴うあるべき外部社会のモデルの意味ももつ。

　それでも，新仏教も仏教に特有の自己変革推進の面を保持している。以下は

（18）　ダリット（不可触民）出身のインド思想家・政治家。インド独立時の憲法起草者であるとともに，ダリット解放運動の指導者。多数のダリットとともに1956年仏教に改宗。ちなみに，インドで仏教が政治闘争でヒンドゥー教に敗れ，旧仏教徒の多くがダリットの地位に落とされたことを考えると，ダリットの仏教への改宗は，復帰の意味ももつ。

132

第7節　おわりに

「nibbana（サンスクリットでは nirvana: 涅槃，解脱，覚り）」の語義について，
オンヴェットが語っている箇所である。

　　〔この語によって〕仏教徒の努力の最終目標とされるものが，〔訳語の一つ
　として挙げられる〕「消滅（extinction）」ではありえない。それは，ブッダだ
　けでなく彼に従った多くの他の人々が（そして言い伝えでは彼以前の人々も），
　生前にそれを達成しているという理由からだけでも言えることである。……
　解脱した人は，意識や知覚，そして苦痛と幸福の感覚，を失うのではなく，
　それらをガツガツ欲しがってそれらに固執する，ということをしないのであ
　る[19]。

そして彼女が最初期のパーリ語仏典から引いている長い引用の最後の部分は
以下のように言う。

　　無感覚でないこと，貪欲でないこと，ゆったりしていること，周りの状況
　にかき乱されないこと――これは，揺れ動かない人〔であれとする〕につい
　て私が示す有益な結果である。ガツガツしない人，理解力のある人，にとっ
　て（新たなカルマが）生み出されることはない。（新たなカルマを始めること
　を）慎むことで彼は，どこにでも平安と繁栄を見いだすのである。賢人は，
　平等とか，どちらが下か上かとかの語では語ることはない。気持ちが落ち着
　いており，利己心がないので彼は，何かを握りしめることも突き放すことも
　しないのである。（Sutta Nipata 954）[20]

結論として，涅槃と訳されるのが一般であった nibbana は，現代訳では，
そのまま英文でも使われるか，または「束縛のないこと（unbinding）」や「自
由（freedom）」と訳される。もしそうであれば，ブッダの教えは，あの世的な
救済を説いているというより，この世での社会改革を実現するための心の持ち
方を解いている，ということにもなるだろう。
　本稿の主題との関連で，ストア哲学や仏教が，人々の安心に実際どれだけ貢
献できるかは疑問である。しかし，「安全・安心」という標語に見られるよう
に，「安全と区別される意味での安心」に着目し，本当にそれに関わるを問題
を解決しようと思うなら，人々の考え方の方も変えてゆく必要がありそうであ
る。人の心の方を変えて不幸な事態に応答しよう，という発想は，これまで人

(19)　Omvedt［2003: 268］
(20)　Omvedt［2003: 269］「Sutta Nipata 954」はパーリ語仏典とその引用箇所を表す。

第7章　リスクと「安全・安心」

間が長い歴史の中で，宗教的解決として慣れ親しんできたものである。そのことを思い出すことに意義もあるかと考えて，以上簡単なコメントを行った次第である。

第8章　IT 社会の規範的考察 ── 知財法を中心に

第1節　はじめに：「情報社会の秩序問題」（2001 年度日本法哲学会）

　少し古くなるが，2001 年 10 月に「情報社会の秩序問題」という統一テーマで日本法哲学会が行った学会での報告やコメント，シンポでの討論が，2002 年度発行の『法哲学年報 2001』に掲載されている。そしてこれは全文が，J-STAGE（科学技術振興機構）のホームページで公開されている[1]。

　その中の，たとえば服部高宏による「シンポジウムの概要」（pp. 107-113）を読めば，当日参加者の関心を惹いた論点がどんなものであったかが理解できる（以下，「情報社会」と「IT 社会」は互換的なものとして使用する）。情報社会化は法のパラダイム転換を迫るだろうか／電子コミュニティーと身体性／個人情報の帰属先とプライバシー／権力モデルから権威モデルへの移行／コード・規制・アーキテクチャーと自由／電子民主主義／情報社会における個人と公共性，などが論じられている。この分野の基本書の一つであるレッシグの『Code』は，1999 年に原書（初版）が，2001 年 3 月には日本語訳（レッシグ[2001]）が出版されていたこともあり，このテーマについての基本的な論点は，当時すでに出ていた。そしてそれらが新鮮で目新しかった分，議論が弾んだのかと思う。もちろんどの論点についても，問題の方は比較的明確に提起されていて興味深かったが，明快な解答に至ることはできていない。そしてこの点は，現在でもほとんど変わっていないと思われる。私の理解では，もし明快で皆が一致する解答が出るようなら，それは専門（またはノーマル・サイエンス）の一分野となり，本来の哲学の領域からは外れるはずだから，これも当然ではある。9 人の報告者・コメンテイターのうち，半分強が法哲学の「専門家」であり，同時に，哲学，憲法，英米法，知財法など外部の専門家からも報告者やコメンテイターを得ている。ちなみにこのように，古い学会誌が現在，誰でもどこでも読める状態になっていること自体が，現在進行中の IT 社会化の一側面を体

---

(1)　https://www.jstage.jst.go.jp/browse/jalp1953/2001/0/_contents/-char/ja/
（2016.5.8）

第8章　IT社会の規範的考察

現している[2]。自然科学では一般に（その学問分野が「危機」にある時代を除いて），現代の研究を進める上で先端業績の学習と別に過去の研究や学説史を振り返る必要は薄いだろうが，社会科学や哲学では，思想史や過去の議論と現代の理論との関係はもっと密接である。興味をもっていただける方には是非，目を通していただきたい。

第2節　知的財産権は何のためか[3]——その1

　知的財産の対象となる，アイデア，デザイン，発明，情報，著作物，などがもつもっとも重要な物理的性質は，この種の広義の情報には一般の財のような排他性がない，ということにある。

　一方，ホッブズの自然状態は，万人の万人にたいする戦争として語られるが，そこでは，問題となる財が物理的な排他性をもつことが前提となっている。というか私の理解では，ホッブズの「自然状態」とは，単純化すれば，当時（17世紀ヨーロッパ）の社会に行われている私法的関係（のイデア化されたもの）から所有権の排他性のみを取り去った状態である。それはつまり，物質には排他性があるが権利には排他性がない，という世界である。

　　この能力の平等から，目的達成にさいしての希望の平等が生じる。それゆえ，もしもふたりの者が同一の物を欲求し，それが同時に享受できないものであれば，彼らは敵となり，その目的〔自己保全……〕にいたる途上において，たがいに相手をほろぼすか，屈服させようと努める。……[4]

　　……自然権とは，各人が自分自身の自然すなわち生命を維持するために，自分の力を自分が欲するように用いうるよう各人が持っている自由である。したがって，それは自分自身の判断と理性とにおいて，そのためにもっとも

---

(2)　これは，毎年の政府予算で各学術団体のジャーナルを，創刊号から比較的最近のものまで電子化してネット上で公開してゆく，というJ-STAGEによる事業の成果である。この事業の進行当時私は，法哲学会側でその窓口を担当し，簡便にだが多数の著者の著作権処理も行った。そしてある年には，この公開アーカイブを使って，戦後直後の日本法哲学の様々な文献を学生達にダウンロードさせて大学の授業を行うこともした。グーグル・ブックスなどの例を考えれば，このネット公開事業が政府により行われたことについては，問題にすべき点があるかもしれないが，結果として，この場合日本の現状からして，他の選択肢は考えにくいと思う。

(3)　本書第4章第2節3. 現代的論点 参照。

(4)　「リヴァイアサン」ホッブズ［1979: 155］傍点は嶋津による。

第2節　知的財産権は何のためか

適当な手段であると考えられるあらゆることを行う自由である[5]。

つまり，自然状態では人は誰でも自分に必要だと考えるものに対して自然権をもつのだが，これは（ホッブズの設定する形態では）他の者が同じものの上に権利をもつことを排除しないので，原理上「これは俺のものだ。だからお前のものではない。」という関係が成立しない。だから同じものをめぐって，「お前のものかもしれないが，俺はそれを欲するので俺のものでもある」という形で新たに権利を主張する他者との間で，必然的に（権利間の）闘争となるのである。自然状態でこの争いに決着をつけることができるのは，力のみである。そしてもちろん，そこで勝者が得るものは，暫定的な支配ではあっても排他的権利ではないから，いつまでも新たな挑戦者出現の可能性を排除することはできない。

ちなみに，イェーリングの『権利のための闘争』（イェーリング [1982]）では，権利を侵害された者が，それを回復するために，利害打算を超えて戦う（裁判などに訴える）ことを奨励する。この場合の権利の対象は，イデア的には，例えば裁判所の目からすれば，当然排他的である。つまり誰かにたいして権利を認めることは，同時に他の者にはそれを否定することを含意する。だから，それのために闘争することが権利の確定へと導き，平和のための法的秩序を実現する契機となるのである。この場合，自分の権利のために戦う者は同時に，（法の普遍性を媒介として）同じ立場にある他の権利者のために奉仕していることになる。だから，自分の利益を超えて行われる権利保全における「持ち出し」となる費用（労力と時間を含む）は，この秩序にたいする一種の献金のようなものと理解されるべきなのである。もちろんこれを行う人間は，コスト＝ベネフィットの計算を誤ることのない「経済人」ではない（彼の行動は，個人の中では純損失を発生させるのだから）。しかし彼の行動は，個人を超えた社会の利害というレベルで見るなら，ある種の（普通本人には意図されない社会的）目的との関連で，合理性をもつ。不当な運賃をふっかける辻馬車の御者にたいして，それを許さずに裁判に訴えることもいとわずに戦う乗客だから，愚か者なのではない。だからこそ結果として，このような権利にこだわり「戦う」人々が多い（とされる）イギリスでは，そのような人々が少ない（とされる）ドイツやオーストリアよりも，不埒な御者は少なく，人々は安心して辻馬車を利用できるのだ，とイェーリングの議論は進む。

---

(5)　ホッブズ [1979: 159]。

137

第8章　IT社会の規範的考察

　しかし物理的排他性をもつ財にたいする規範的な排他性を欠いたホッブズの自然状態では，権利のために戦うことが論理必然的に，平和へではなく戦争状態へと導くのである。そしてこの戦争状態は，皆がこのような自然権を放棄するとともに主権者を選んで，彼（が制定する私法[6]）が排他性のある権利（つまり普通我々がこの言葉によって考えるもの）を各人に再分配することでやっと克服可能になる。ある人のものは他の誰のものでもなく，だからそのものに関する所有者としての彼の決定はその限りで，他の者の願望と無関係にそのまま直接最終的な社会的決定となる，という形で社会的決定が（法的関係として）確定するのである。そしてもちろん，この結果は，警察や判決の執行など国家の活動によって強行される。こうして私法の体系が成立し，「社会」状態つまり平和が達成される。

　しかしこの関係は，物理的な排他性のない知的財産については成り立たない。自分が必要な情報は，他者が利用しても減るわけではなく，自分も利用し続けられるからである[7]。だからここで人々が「相手をほろぼすか，屈服させようと努める」必要は，元々ないのである。たとえ権利に排他性がなくとも，ここでは問題は発生しないかもしれない。あるスポーツに関心の薄い女性がサッカーについて，「どうしてみんなにボールをあげないの」というの聞いたことがある。奪い合うものがなければスポーツにはならなくて困るが，知的財産の所属については，これは正しい問いかもしれない。

　リバタリアニズムの代表的論客である森村進が，一般の予想に反して，知的財産権を自然権に含めない[8]理由の中心もここにあると私は考えている。この権利は，平和のために不可欠ではないのである。もちろん，知的財産権を必要

---

(6)　ホッブズのこのような記述に対する私の異議については，拙稿「法の権威を立法の権威に解消することの愚かさについて」法哲学年報 2014（2015年刊）（新論文集に所集予定）参照。私のポイントは，私法はこのような意図的な立法の制度が成立する以前から存在しているとうい点にあるが，この論点は，ファンクショナルな観点から（つまり私法が果たしている機能に着目する限りで）は無視してよいだろう。

(7)　しかし，希少な財の入手法に関する情報などのような，市場での競争を前提した場合の自分の優位性を媒介する情報の場合には，この議論はそのままはあてはまらない。他人が知らない入会地における松茸（これは物理的排他性のある普通の財である）群生地についての情報は，他者が利用することで松茸が減少し，自分はそれから不利益を被るし，消費者に人気の飲料の調合法についての秘密が暴露されれば，競合商品が登場して，その飲料の売り上げが減少するだろうから，である。

(8)　「知的財産権に関するリバタリアンの議論」最先端技術関連法研究，第15号（2016年3月）5-20頁。森村のより包括的な議論として，森村［1995］。

第3節　知的財産権は何のためか

とする他の理由，特に経済的インセンティブに関わる理由はあるが，これについては，次節で述べる。いずれにせよ，すでに生み出された知的な財に関する限りでは，つまり，将来に生み出されるであろう知的な財を視野の外におくかぎりでは，人為的に排他性を与えられた知的財産権は，人類にとって，多分ない方がよいのである。誰でも必要とする者がそれを利用しても，それが減ることはなく，多くの人がそれを利用するほど，我々はそれだけ豊かになるからである。だから，知的財は特殊な財である。当然のことだとはいえ，この点を我々は，常に心に留めねばならない。

　工学と区別される意味での理学，特に基礎科学においては，制度上この点がかなり徹底している。科学者たちは，ある発見や理論にたいする自分の貢献が認められることにはこだわる。それは彼の業績となり，彼の社会的地位がそれによって決定されるし，それに起因する名誉が他に剽窃されたと感じる時には，（ニュートンとライプニッツのように）「戦う」のである。しかしその成果が他に利用されるについては，彼らはそれを禁止する意図をもたない。現代の特許制度においても，自然法則は特許の対象とならないから，いくら独創的な手段で自然法則を発見しても，また，それを表現する天才的な数式を定式化しても，発見者はそれを独占することはないのである。宇宙や素粒子などに関する，巨大な予算を得て発見したデータであっても，それは専門分野のジャーナルを通して，またインターネット経由で，知りたい人すべてに公開されるのである。科学，より古くは愛知としての哲学とは，元来そのようのものである。

第3節　知的財産権は何のためか──その2

　たとえば，新たな薬品を開発するための大きなコストを市場で回収する機会を開発主体に確保するためには，特許制度が必要である。もちろん私にこれを否定する意図はない。しかし，架空の空想世界（ユートピア）の話としては，もし今，特許制度がすべてなくなれば，現存の薬品を必要としているがそれを買う費用が払えない世界の人々はすべて，（所属する国などが）生産のコスト分だけを用意できれば，それを手にすることができることになる。その利益は，何で計るかは色々だろうが，かなり大きそうである。ただこの世界では，将来に得られる未知の薬品等を生み出す誘因が激減することで，明らかに困難が発生する。それに対処する方法として，独占的権利を設定すること以外に思いつくのは，上記の基礎科学研究に類似した制度，つまり市場ではなく（税金を原

第8章 IT社会の規範的考察

資とする）公費や寄付金によって薬品開発の費用をまかなうことくらいである。この場合社会的には，天文学と薬品開発が同じような活動となるだろう。民営化の流れに逆行するわけだから，薬品開発を市場競争から外すことで，社会主義経済の失敗のような生産性・効率性の低下が起きそうである。ただこれは結局，制度のコスト＝ベネフィットの見積もりの問題であるから，本当のところはやってみないとわからない。薬品開発を利潤のための競争から科学的発見のような名誉のための競争に移すことで，どれほどの不効率が発生するのか。私にはまったく見当がつかない。

　多分，上記得失計算はマイナスとなり，特許制度は社会に純利益を生み出しているのだろう。いずれにせよ，この論理では特許は，特許権者の自然権というより，この制度が生み出す社会的利益によって基礎づけられることになる。現在の特許制度では，登録後一定の年数の後，特許権は消滅してその発明はパブリック・ドメインに入る。この場合の特許の存続期間は，上記の開発費用の回収と，発明への誘因を与えることのために必要だから，その限度で設けられている。それならこの期間は，時代と産業等の状況に応じて，試行錯誤的に変更されてゆくべきものといえるだろう。さらに，この制度を一面から見るなら，その全体は，一定の期間経過後に発明をパブリック・ドメインに入れるために，構築されている，とも言えるだろう。本来の誰にでも利用可能な状態に個々の発明等を置くことが，制度の目的であって，一定期間独占権が法によって発明者に与えられるのは，上記の費用回収と誘因確保の必要を充足するためだが，その猶予期間を経た後でこの目的が達成される。だから特許制度とは，デ・ユーレとして人為的に設定された独占権である特許権をどのような条件の下で消滅させ，発明が万人に利用可能だという本来の状態を回復するか，を工夫することで成立する制度だとも理解できる。

第4節　IT社会——その1：フリーソフト

　上述したレッシグの『Code』の書き出しあたりの部分は，IT化が始まった当時のアメリカの一部インテリたちの期待にみちた状況を，以下のように記述する。

　〔自分は（シカゴ学派の一員として）旧共産主義国家の再建事業に関わったが，結局米国の推奨するリバタリアニズムの政策はうまく行かなかった。〕

第4節 ＩＴ社会

ポスト共産主義の多幸感がうすれはじめていた頃——1990年代半ば頃——西側には別の「新しい社会」〔のヴィジョン〕が生まれつつあって，それは多くの人にとっては，ポスト共産主義のヨーロッパで約束されていた新社会と同じくらいわくわくするものだった。これがサイバー空間だった(9)。

この理想の主唱者の一人，Ｒ．ストールマン（1953年生）は現在も，GNU（グヌー）と呼ばれるフリー・ソフトウェアの運動を推進している。この場合，「フリー」は，無料という意味ではなく自由の意味だ，と彼はいうが，基本的に無料でもある。法的に処理されたライセンス（GPL: GNU General Public License）(10)の文言は何度も変更されており複雑だが，要するに，使用者が選ぶあらゆる目的のための使用（freedom 0），ソースコードの入手とプログラムの改変（freedom 1），コピーの他への配布（freedom 2），改変後のソフトの他への配布（freedom 3）という4つの面での自由という条件をすべて充たす場合，それはフリー・ソフトウェアになる。ただこの場合，freedom 3にある改変後の配布のためには，それのソースコードを配布相手に入手可能にせねばならない。ここで強調されるのは，使用者側がソフトをコントロールするべきであって，ソフトが，またはその作者が使用者をコントロールするべきではない，といった思想であり，ソースコードの開示は，その（つまりfreedom 1およびfreedom 3の）ための必要条件とされる。フリーでない，ソースコードを開示しないで普通有料で販売されるソフトは「独占的（proprietary）ソフト」として，敵視されている。理想としては，世の中から独占的ソフトをなくし，すべてのソフトをフリー化すべきだと考えているのだろう。

　　GNUはパブリック・ドメインにあるのではない。誰でもGNUを改変，再配布，することが許される。しかし誰も，（改変）以後の再配布（に条件をつけてそれ）を制限することは許されない。つまり，独占的（なものへの）改変は許されないのである。私は，すべてのヴァージョンのGNUを自由なも

---

(9)　レッシグ［2001: 5］。この本でのレッシグのねらいは，この文脈で想定された単純な自由空間としてのサイバー空間理解を否定しながら，より現実的なあるべきサイバー空間のヴィジョンを，その規範的目標として設定することにある，と言ってもよいだろう。だから彼は，当初の理想主義的なサイバー空間理解をそのまま支持しているわけではない。

(10)　このライセンスを付けて配布される場合，これは「copyleft（反転著作権：仮訳）」と呼ばれる。copyrightを利用しながらその反対物（right＝右ではなくleft＝左）を実現する，といった意味なので，「左派著作権」でもいいかもしれない。

141

第 8 章　IT 社会の規範的考察

のにしておきたいのである [Gay 2002: 34]。

　類似の目的ではあるが，ストールマンたちとは一部対立するものとして，
E. レイモンド（1957 年生）たちのオープンソースの運動がある。この人々は，
自分たちの活動に（世直し）思想的な意味合いを込めることには消極的で，む
しろソフト開発のより有効な方法として，多数の人々の自発的協力に開かれた
形で進めるオープンソースの手法を擁護する。ここでもっとも成功し注目を浴
びたのは，OS の Linux である。実際の Linux は，OS の中心であるカーネル
に Linux を使用しながら，多数の GNU ソフトを合わせて OS として使用する
ものなので，「GNU／Linux」という呼称が GNU 側からは推奨されている。現
在 Linux は，スーパーコンピューター，メインフレーム，などでは主流の OS
となっており[11]，携帯電話の Android も Linux ベースである。その他，自動
車その他の機器に組み込まれた電子機器に使用されることも多い。日本では
Linux を使う PC は比較的少ないが，これも国によって異なる。

　途中からは，（富士通，NEC を含む）大企業のエンジニアたちも Linux の改
良に参加した。有料の既存 OS は機能的にも価格的にも満足できるものではな
く，一方これを独自で開発すると巨額の費用がかかる。それより，オープン
ソースの方式で高性能な OS が開発されるのに自分たちも協力し，その成果を
無償で使用するようなスパコンや携帯電話その他の製品を製造・販売する方が，
企業戦略的にも優れている，との判断がなされたのであろう。

　Linux 開発に協力した人々は，主唱者であるリーナス・トーバルズを含めて，
少なくとも直接には（つまり，この作業にたいする対価を得ていないという意味
で）「ただ働き」である。これは多くの GNU ソフトについても同じである。
有償で開発され独占化されるソフトよりも場合によって優秀なソフトが，ほと
んど組織化されていない人々のボランタリーな活動によって生み出される。そ
れも Linux の場合は，きわめて多数の人々がそれに貢献することで，金銭価
値に換算するなら巨額になるはずのソフトが生み出された。なぜそれができた
のか，についての説明は色々あるが，何より実現したこと自体を認識すべきな
のだろう。実現した後ではじめて後知恵的にその可能性が認識される，という
ことも多いのだから（「按ずるより産むが易し」）。すくなくともこれを説明する
ためには，単純な市場の論理とは別のものが必要であろう[12]。

───────────

(11)　フリー百科事典『Wikipedia』（英文）の「Linux」の項目参照。
(12)　参照，江口聡「フリーソフトウェア運動の倫理的含意」水谷＝越智＝土屋編［2003］

142

第5節　IT社会──その2：クリエイティブ・コモンズなど

コンピューター・ソフト以外の著作の分野でも，インターネット上での作品公開に関して，クリエイティブ・コモンズ（CC）の運動が展開されている[13]。「コモンズ」とは元々，個人所有にはなっていない共有地（入会地）の意味であり，この運動は，自分の作品を著者が自分の意思でその共有地に置くための方策を提供する。そこで使われるCCライセンスでは，著者が作品の利用を認める条件として，いくつかの項目を選択する。作品利用の条件は，①クレジットの表示要請，②非営利（のみ許可），③改変（リミックス）禁止，④継承（改変の場合，元と同じCC条件で配布許可），の4つであり，②〜④はライセンスに含めることもそうしないことも選択できる。①のみ選択する場合は，作品のクレジットと，変更がある場合はその表示とが要求されるだけで，それ以外目的を問わず（営利目的を含めて），改変（リミックス）も配布も可能である。④を選択すると，改変作品も同じ条件でCC内に置かれることになる。これが，a.一般人相手のコモンズ証，b.（当該国に対応した）法律的に厳格な形で文言化されたライセンス，c.ネット上での検索に対応するメタデータ，という3層になった形で提供されるのである。論理的には，上記フリー・ソフトウェアの場合のGPLまたはcopyleftに類似した手法であって，著作の利用許諾の条件の中に，本来の著作権による利用への制約自体を解除または軽減するための条項を明示的に書き込むことで，利用の可能性を広げよう，という方策である。

この運動を推進するL.レッシグは，著書『REMIX』（レッシグ[2010]）を，RO文化とRW文化の対比から始める。前者は，音楽や著書について，一般の聴衆・読者が「RO（リード・オンリー）」の立場にいる文化である。蓄音機やラジオの普及で，プロの演奏家による演奏を皆が楽しめるようになったため，人々はカウチ・ポテト的に家庭でそれを聴くだけで自分で演奏しなくなった。それ以前は，音楽は自分たちで演奏するしかなかったし，その能力も高かった。これを「RW（リード／ライト）」文化と呼ぶ。しかし，デジタル化とネット化が進んだIT社会の現在，他人の作品の再生だけでなく，それをコピペしたりミックスすることがごく簡単になり，誰でも自分の編集ができる。ここで著作

第5章。

(13)　日本でのCCの最近の活動については，https://creativecommons.jp/　また，クリエイティブ・コモンズ・ジャパン編[2005]参照。

第8章　IT社会の規範的考察

権の縛りを部分的に緩めれば（公開上演，一般頒布，商業流通，などのみを規制），
すでに特に若者たちの間で再生しつつあるRW文化に対する法的制約がなく
なり，庶民レベルでの芸術や文学が花開くはずだ。といった話である。ウェッ
ブ上で公開される意見交換や作品の公表も誰でもできるから，世間に向けて著
書や記事を書き芸術作品を発表することができる人が限られていた時代とは，
基本的な環境が異なっているのである。

　同時に，ネット上における商業経済と共有経済という二つの経済のハイブ
リッド化が指摘・推奨されている。商業経済についてもインターネットが可能
にした多くの成功例が言及されているが，共有経済の例としては，ウィキペ
ディアを挙げて，「世界には無料の百科事典を作れるくらいの動機が散在して
いた。……そんなものが可能だとは誰も予想できなかったが……。」と言う。
別の箇所では「生産の金銭的インセンティブが不十分なら，ものも十分に作ら
れないことを経済学者は恐れる。本書では，この恐れに対する一見してわかる
反論を山ほど概観した。お金以外のインセンティブは山ほどある。」とも言う。

　推奨されることは，法的には，（リミックスを利用した）アマチュア創作を規
制から外す，著作権の存続期間の短期化，一般のコピーを合法化（実際にはデ
ジタル化の下ではあらゆる再生等でコピーは作成されている），ファイル共有の合
法化，などである。そして，「われわれを変える」というタイトルで，クリエ
イティブ・コモンズが語られる。これはもちろん，著作権法の下での権利者が，
自発的な行動によって他者にたいする著作権の縛りを緩和する方策を提供する
ものである。

　特許権について上の第4節で述べたことは，著作権にもあてはまる。つまり
この制度の本来の目的は，著作権が消滅して対象となる著作物がパブリック・
ドメインに入り，誰でも利用できる状態になることを確保する点にある，と考
えることも可能である。

　これに関して，この10年ほどの間，日本でも関係者が気をもんでいた米国
におけるグーグル・ブックスの訴訟が，最近決着した。2015年10月16日に
第2巡回区連邦控訴裁判所で判決が下り，2016年4月18日に連邦最高裁判所
が上訴申立不受理の決定をしたことで，フェア・ユースが認められたグーグ
ル・ブックスの勝訴が確定したのである[14]。しかしここで中心的に争われたの

----

(14)　増田雅史，【判例解説】Google Books訴訟　フェアユースを認めた控訴判決
　　　Authors Guild, Inc. v. Google, Inc., 804F. 3d 202（2nd Cir. 2015），月刊コピライト，
　　　2016年4月号，https://masudalaw.wordpress.com/2016/05/04/google-books-2nd-cir-

は，書籍全文の公開ではない。

Google は 2004 年 12 月，大学等の図書館の蔵書をデジタル化して検索可能にする "Library Project" を発表し，……図書館との合意に基づき書籍のスキャン及びデータベース化を進め，2005 年 11 月より検索サービス "Google Book Search" の提供を開始した。これが，現在の Google Books である。Google によりスキャンされた書籍の数は，2015 年 10 月の時点で 2500 万点に達している。

本のデータベース化は行われたが，Google Books が提供するサービスは，語句の検索だけである。知らされるのは，検索した語のヒット数と，その語が出てくるページの「スニペット」と呼ばれるページの小部分数カ所だけである。だからこのサービスは，本を買う代わりにはならず，むしろ本の販売を促進する可能性の方が大きい。このサービスと平行して，本のデジタルコピーが各図書館にもどされたが，これも図書館はフェアユースの範囲でしか利用しないことになっている。その意味では，判決は予想できる内容であった。

この場合，裁判自体は，フェアユース法理の適用をめぐって行われ決着したのだが，そのこと自体はここでの論点ではない。むしろ，その背景で 2500 万点の書籍がスキャンされデジタル化された。実際の作業を私は知らないが，もしその中にすでに著作権の切れた本があれば，そのデジタルコピーを受け取ることで図書館は，全文を公開する条件が整う。現時点ではまだ著作権が存続している本も，すでにコピーは手元にあるのだから，著作権が消滅する時点でただちに公開可能になる。だから，もし現在の著作者の死後 70 年という米国での著作権存続期間をもっと短くできるなら，その社会的利益は巨大なものになりそうである。ちなみにレッシグは，「例外はあれ，（著作物の）商業的な寿命はごく短期間で尽きてしまう。人々の創造的な過去をデジタル化して提供しようというアーカイブや大学の努力に法が介入すべき理由は，著作権の面からはまったくない[15]。」と言い，書籍販売の統計的データを根拠にして，著作権をまず出版から 14 年間にし，それ以上の存続を望む著者は作品を登録する，という制度を提案している。

---

decision/ に，上告不受理の点を加えて転載。
(15)　レッシグ［2010: 251］。

第8章　IT社会の規範的考察

第6節　おわりに

　ここまでの議論の中に含まれている基本的な論点を，潜在的なものも含めて整理し，若干の考察を加えたい。最初は，所有権の存在意義，そしてそれとの関連で，知的財産権の存在意義を一般的に考えた。ここで提示している議論とはまったく別の議論ももちろんあるだろうが，ここでの立場は，知財の存在意義は発明や創造へのインセンティブ付与にある，という帰結主義的なものである。しかし，排他性のない財について，その利用に人為的に独占権を付与して財産化することは，結果としてそれの利用可能性を減少させる。これについてのコストとベネフィットとのバランシングは，IT社会化によって，従来とは大きく異なったものになっている可能性がある。レコードであれ本であれ，従来からコピーは可能であるといっても，情報は媒体となる物と結びついているから，それを瞬時に地球の裏側まで届けることなどできなかった。情報流通はそれなりに大きなコストを伴っていたのである。しかし情報がデジタル化され，サイバー・スペースに置かれてしまえば，情報の媒体と情報本体の分離は徹底したものになり，情報は媒体からほぼ独立して流通するから，その伝達やコピーのコストはゼロに近づく。その環境で，情報にたいする従来の人為的独占化を維持するなら，そのコストは極端なものになる危険が高いと思われる。

　このIT社会では，経済学でいう取引費用（最善の相手を探し出し，相互の利益になる取決めを結び，相手の実行をモニターする，などのための費用，つまり，人間関係において潜在的に可能な相互利益を現実のものにするための交渉・取引にかかる費用）もミニマイズされる。世界中の人間との間で，ミニマムなコストで様々な交換や奉仕が行われる条件が成立するのである。一般に経済的な誘因は十分大きいから，取引費用が高い関係でもそれを乗り越えて取引が成立する（たとえば，戦争中の相手や蛮族とでも必需品の売買が行われることも多い）が，確かに存在はしているが微少な奉仕の用意または動機，のようなものはこれまで，現実の行動とならずに終わることが多かった。しかし取引費用が下がれば，それは現実の行動として表れる。ウィキペディアやLinuxなどに見られる経済的動機では説明しづらい人間行動も，このことを表しているように思われる。基本的に，人間が変化したのではなく，環境変化によって，行動が変化したのである。

　創造についても，同じことがいえるかもしれない。経済的な動機による創造

第6節　おわりに

はもちろん重要だが，多分これまでの人類の歴史において，天才たちを偉大な
創造へと駆り立てた動機の中でそれが中心を占めた，という見方は極めて疑わ
しい[16]。上記のように社会環境が変化した IT 社会の中で，何が人々を創造へ
と駆り立てる動機になるのか，薄い相互関係の中で多数の人の労力が結合され
て，予想もできない成果を生み出す，といったことが，激減した取引費用のも
とでは起こるのか。いや，実際それは一部すでに起こっている。

　いずれにせよ，この過程が進行した後の社会は，あるいは現在の我々の想像
を超えているかもしれない。アダム・スミスの『国富論』の後半はあまり読ま
れないのかと思うが，そこではイギリス政府が当時行っていた，細々と異なる
商品に対するアドホックに差異化された補助金，税金，関税などのことが書か
れていた。これらはその後，スミスの経済理論が理解されたことが主要な原因
となって，廃止され，自由貿易の体制が実現されていった。もちろん，そう
なった後から見れば，そして現在から見ても，それらの補助金などは，不当で
愚かなものに見える。あるいは現在我々がもっている複雑な知的財産法の体系
も，特権的グループの特殊利益に奉仕する不当なものであったことが，後にな
ればわかるのかもしれない。

---

(16)　著作権についてハイエクは，次のように言う。「著者がそれについて排他的な著作
　　権をもつことができなかったなら我々が手にすることはなかった，というような偉大な
　　文学作品が一つでもあるのか，私は疑わしいと思う。（しかし）百科事典，辞書，教科書，
　　その他検索用書籍のような極めて利用価値のある作品は，一旦出来上がると自由に（タ
　　ダで）複製できるというのであれば，（元々）産み出すことができなかっただろう。著
　　作権の根拠は，ほぼ全面的にこのような状況に基礎をもつのだと，私には思われる。」
　　Hayek [1988: 36-37]

第9章　規制緩和・民営化は何のためか
―― 国家の位置を考える

　「規制緩和・民営化は何のためか」という問に対する標準的な回答は，（少子高齢化などにともなう政府機能の拡大と税収の相対的減少に対応すべく）「コスト削減のため」というタイプのものだろう。本論考ではそれを否定するわけではないが，それに加えて「発見過程としての競争を機能させるため」という観点から，まずこれを論じてみたい。

第1節　企業の経営

　たとえば，家電メーカーの経営者は何を考えねばならないだろうか。素人である私が想像するだけでも，下記のような事項が直ちに思い浮かぶ。

・製品構成，工場立地（海外を含む）などにかかわる長中期的戦略の策定
・現在の製品のラインアップの中で，採算が取れているものと取れていないものの判定
・それらについての，短期・長期の将来的市場見通しに基づき，生産を増大するものと縮小・停止するものの決定
・新たな製品の開発に向けた，予算と人員の配置
・新たに開発できた技術の製品化とマーケティングの手配
・広報と宣伝，販促などによる消費者向け活動（CI活動を含む）の方針策定と統括
・日々変わる消費者動向の把握
・ライバル会社の戦略の把握と対抗策の策定
・原料の仕入れ先，下請け，量販店など取引先や提携企業の評価に基づく取捨選択と関係維持
・会社内部の団結と士気の鼓舞
・賃金体系の確立と個別的人事評価システムの運営
・決算書を通した企業業績の確定と利潤の配分（株主配当，増資，内部留保，賃上げ）

149

第9章　規制緩和・民営化は何のためか

・金融と証券市場を通した資金の調達
・株価維持のための配慮
・国全体と当該業界の景気動向や為替変動の予測
・不断のリストラを伴う一般的なコスト削減のための方策
・製造物責任や労働関係など法的問題の処理

　これらの事項のうちのかなりの部分は，不確定な情報に基づく決定，むしろ賭の要素を含んだ，いわゆる経営判断である。そこでは，確実に正しい答えを得る方法はないが，考えることを無意味とするようなランダムネスが支配しているわけでもない。経営者，または経営チームに要求されるのは，一般的・個別的を含む知識・情報と経験・意欲・価値観の総合的な活動として打ち出される会社全体に関わる意思決定としての決断である。

　重要なのは，ほぼ同じ立場にいる企業が他にも複数あって，それぞれの経営者が自分の会社にかかわる判断を行っている，という点である。同程度の能力をもつ経営者であっても，判断の内容は普通異なる。そして，どの判断が正しかったかは，いずれ時間の経過とともに，会社の採算を通して明らかになる。最近の家電業界の例でいえば，多額の投資を行った薄型テレビやデジタルカメラの生産から撤退するとか，対抗関係にある別の標準との競争に敗れて独自のディスク規格を放棄する，と公表した企業などがある（興味深いことに，これらの事例では公表によって株価は上がることが多い。マイナス要因を切り捨てる決断が評価されるためであろう）。これらは明らかに失敗で，結果として多額の損失を発生させたが，それが必ずしも当初から防止可能だったとはいえないだろう。予測不可能な多くの要因が働いた結果だからである。そして一連の会社の判断と連動する採算の結論によって，成功する会社と失敗する会社が明らかとなり，後者が長期化すると倒産や清算（そのためのM&Aを含む）・業界からの退出などにより，当該業界からその会社が消滅する。それを避けるためには，継続的に赤字の会社は，これまでの経営とはラディカルに異なる変革を実行せねばならない。もしそれに成功すると，その会社は既存の同業者の常識を打破する新しい経営を業界に持ち込むことになる。そして成功した経営（商品，生産方法，販売法，経営上のノウハウ……）は普通，早晩他に模倣されることで業界の標準となる。もしくは，異なる方針をとる会社（たとえば主要な生産拠点を海外に移転する会社と国内に置き続ける会社）が，拮抗する形で異なる経営方針をとり続けることもある。

競争が生み出す新たな効率的戦略の拡大・標準化と，同程度に効率的な複数の戦略間での拮抗という事態は，たとえばスポーツでも見られる。走り高跳びでは，メキシコオリンピックで劇的に登場した背面跳びが陸上界で完全に標準化し，それ以前に行われていた飛び方（正面跳び，ベリーロールなど）を採用するトップアスリートは今はいなくなった。この劇的変化は，競技のルール変更とは無関係である。しかしテニス界では，ネットダッシュ戦法と後方でのストローク戦法のいずれが有利かについて，男子では前者が女子では後者が比較的多いとはいえ，逆の戦法を取る選手がトーナメントで優勝することも多く，決着はついていない。ただラケットの機能が進化した現在，臨機応変に両方ができる選手がいくぶん有利か，といった状況である。野球やサッカーについても，様々な形で異なる戦法を取るチームの間で，毎年のチャンピオンが交代している。

「発見過程としての競争」とは，このように様々な分野で見られる現象であって，新しい戦略が次々と登場し，それの成功失敗は導入当初は不確かだが，時間とともに結果が出て，失敗したものは消滅し成功したものは模倣される，といった，知識と情報をめぐる進化論的過程のことをいう。もちろん，その主要な場面は市場における企業活動であるが，スポーツ・芸術・学問，その他競争のあるところではどこでも見られる現象である。そこでは，当事者は競争の中にいて勝ち残ろうと懸命に努力するのだが，その結果人間的観点からは不断に知の更新が行われる，という側面をもつ。知財法は，発明などへの独占権を設定することによって投資回収の方策を発明者に与え，これを人為的に制度化する。

民間企業の経営は結果として，このシステムの利点を最大限に利用することになるので，常に新しい発見がなされ，古いやり方が時代遅れとなってゆく。そこでは個々の業界そのものも，長期的な栄枯盛衰を繰り返す。繊維産業，造船，自動車，PCソフト，ITを利用する巨大企業などの世界の中心は，数十年のスパンを経て時代とともに移動している。その結果たとえば，第2次大戦前のわが国の大学生らにとっては，炭坑会社はあこがれの就職先だったが，（三井三池炭坑などで閉鎖にともなう多くの摩擦を経た後）今や操業している炭坑は小規模なものが少数あるだけである（夕張市問題はその小さな帰結の一つである）。

規制緩和や民営化とは，このような過程の中に置かれている民間企業に，これまで国家が担当してきた業務を一部ではあっても委ねようとする方針のことである。

第9章　規制緩和・民営化は何のためか

第2節　計画経済からグローバル市場へ⁽¹⁾

　社会主義の計画経済が失敗したのは，上記のような企業経営者の判断，それ
も異なる主体の異なる判断の評価が競争を通して決着をみてゆく，という市場
経済のメカニズムを廃して，一国の経済全体の運営を中央当局で計画的に行え
ば，その方がずっと効率が高まるはずだ，という（サン・シモンなどのフランス
社会主義に発しマルクスも受け入れていた）アイデアに根本的な誤りが含まれて
いたからである。各財の相対価格を通して，未知の情報を未知のままで利用す
る自生的秩序としての市場は，複雑な生き物のように精緻な経済運営を可能に
する。それを廃止して経済全体を自覚的・計画的に運営しても，個々の主体の
自由な努力の結果を統合している自由市場以上のパフォーマンスは得られな
いのである。

　社会主義経済の失敗は，インセンティブ論によって論じる議論が多いし，そ
れは誤りではないが，出来高賃金のようなインセンティブの制度化なら，計画
経済下でも可能である。市場経済の優位性を理解するには，労働の量よりむし
ろ質と方向を問題にする認識論的な側面を見る方が，事態の本質に迫れるだろ
う。「同一労働同一賃金」というテーゼは，本来は女性差別の廃止を求める文
脈で使われるものなので，その限度ではよいのだが，労働時間に着目する労働
価値説の背後にも，この種の均質労働の想定がある。しかし，もしこれが分野
横断的な一般原則となると，明らかな経済的不都合が発生する。人は，同じ労
働でも賃金が異なるからこそ，どこで働くのが有利かを考える。どこでも同じ
だけ働けば収入が同じだ，というなら，すでに役割を終えた産業や，淘汰され
るべき旧態依然の企業でも，誠実に標準的な努力をすることで他の分野にいる
人々と同じ賃金が保証されることになる。それでは市場の機能が停止してしま
うのである。市場経済においては労働者も，どこで働くか，いかなる能力を身

---

(1)　【後注】グローバル化について私の考えは，肯定的なものから批判的なものへと変化
　　しつつあり，主には本書の次に出版を予定している論文集（またはその次の単著）で扱
　　う予定である。結論だけ述べれば以下のとおり。自由市場のルールは多様なものが考え
　　られるため，可謬主義にしたがうなら，世界経済を均質化するグローバル化よりも，多
　　様な（社会福祉などの再分配政策を含む）国民国家単位の異なる集合的意志決定間の競
　　争を重視すべきではないか，ということである。もちろん，この競争自体がグローバル
　　な政治・経済システムを構成することになるのだが。当面は，移民問題を扱っている嶋
　　津［2022］参照。

第2節　計画経済からグローバル市場へ

につけて労働市場に出るか，を考えねばならない，という限度では，企業家なのである。そして企業の成功失敗は，努力や犠牲の量や誠実性などの道徳的要素で決まるとは限らず，不確実な判断に対する偶然を含む結果的評価として決まるのである。金融バブルに乗り遅れたある大手銀行は，自覚的に行った経営判断が正しかったからというより，単に決断が遅かったために，バブル崩壊の痛手をミニマムにすることができ，その後の競争を，もっと目端の利いた同業他社より有利に展開した，といわれている。ポイントは，主体の数だけの複数の戦略が，結果の成功の保証なく試されるシステムである，という点にある。

　市場のメカニズムを考えれば，このようなある種不合理ともいえる結果は，それでよいとして是認せねばならない。一所懸命働いたのに，賃金は低く，場合によって会社倒産により不払いとなる。それを，仕方ないのだと見切ることは人情として難しいが，人々，特に市場ルールにしたがうゲームの審判としての法律家は，それに慣れねばならない。もちろん，失業保険制度などによって転職に伴う困難を緩和する措置が，本来の市場の機能を損なうことなしにどの程度導入可能か，という問が重要であることはその通りである。しかしこれは，人権論というより（労働）市場論に属するべき論点だと私は考える（また，失業保険を民間の保険会社に委ねる，という選択肢ももっと真剣に考慮されてよいだろう）。

　経済のグローバル化は，社会主義の崩壊後，各国がそれぞれの動機から規制緩和など市場中心的な経済運営に転じたことの結果であって，グローバル化自体が誰かによって目標とされたという側面は小さい。各国が（GDPなどで測られる）経済成長をめざして，外国資本の受け入れや工場の途上国移転その他の市場行動を自由化し，WTOなどの主導により貿易障壁を減少させる措置を取ったために，経済が国境を越えて地球規模で相互連動して動く事態になった結果である。この流れに乗らないことは，経済発展の停止・後退を意味するから，（宗教的閉鎖国家や独裁国家を除いて）多くの国が実際この方向を強める政策を取った。もともと経済は国境に縛られるものではないから，グローバル化は自然の帰結でもある。それでも，カネとモノの移動に比べてヒトが国境を越えて移動することは比較的難しかった。しかしIT技術によって情報伝達の時間的・コスト的障壁が完璧なまでに消えたために，たとえばアメリカ企業のための労働集約的なPC作業がインドで行われる，といった事態が発生している。かつて，米国内での電話案内がインドにいるオペレーターによって行われている，との報告もあった。否定的な文脈でグローバル化に言及する議論も多いが，

153

第9章　規制緩和・民営化は何のためか

これには大きなプラスもあることを忘れてはならない。中国やインドの10億単位の人口が，歴史上はじめて経済発展のメリットに浴そうとしている。また最近，これまでの景気変動パタンが変化して，グローバル化経済においては好景気が長く，不況は底が浅く期間が短くなっている，という統計も報告されているが，これについては専門家たちの評価をまたねばならない。

　情報の伝達が飛躍的に簡単になったことは，政治的な意味のグローバル化をも生み出した。ネットでは各国の新聞が当日に読めるため，同じ情報が地球を同時に走る。ニュースもメッセージも，個人の机から直接ただちに地球の裏側まで届くのである。だから，様々な政治的グループも，地球を意識して発信するし，影響も地球規模で生じる。そして様々な理由による市場性悪論も，この場面で拡大再生産される傾向がある。

第3節　官から民へ

　国や地方の機関では，上記のような企業経営者が行う配慮のかなりの部分は実質的に不要である。ほとんどの行政サービスは，予算の裏付けをもつとともに法的（de jure）に独占されているから，競争によって国家機関が消滅する心配はない（絹糸産業保護の例に見られるように，不要になった後でもかなりの期間残存する傾向が強い）。各仕事は，根拠法令によって国家機関に与えられ，人と予算もそれについてくるから，法令の規程に従うことにさえ注意すれば，それ以上のコスト削減を要求されることは少ない。

　国家機関の運命は，法令を作る議会によって決せられるので，窓口に来てサービスを受ける国民の評判や満足度に直接には依存しない。そして国民の不満が「議会で問題になる」場合にのみ，それは国家機関の運命を左右する。この場合の国家機関の活動を担う公務員の動機を，権限の拡大と予算の獲得にある（日本の場合では天下り後の賃金も含めて），という仮定で分析する公共選択論は，かつてJ. ブキャナンなどによって論じられた。すべての行政的決定を，官僚の純粋に利己的な動機と結びつけて理解する，という描像は，偶像破壊的作用とともに一定の予測可能性ももっていて，今でも時代遅れとはいえないと考える。もちろんそれがすべてではなく，公務員の義務感やプライドなど，経済分析のためにこのモデルが削り取った人間的要素にも真実が含まれているのは当然である。

　逆に民営化を批判する論者は一般に，コスト・ベネフィットなどの経営的判

第3節　官から民へ

断にさらされないで必要なサービスを供給できる，という点を官業の利点と考える。国民の権利を守り法が規定する公的機関の義務を十分に履行するには，コストへの配慮によって制約を受けない方が安心だ，というのである。

ただ，特に機会費用として見た場合のコストは，当事者が意識しなくともいつも発生している。資源を何かに使えば他のことには使えなくなる，というのがこの意味のコストであるから，ここでコスト削減＝効率化に成功すると，行政全体が提供できるサービスが増える。不効率な行政は，何かを（不効率に）している，というより他に潜在的に可能なサービスをしていないのだ，ということを知る必要があるだろう。ただ，何がなされていないのかを特定する（または想像する）ことが困難なために，この事実は政治的決定に反映されにくい。決算書類の帳尻に現れる黒字と赤字は，この意味のコスト（つまり犠牲になったもの）を測るためのラフな指標を与えているだけである。

だから，行政に委ねる場合もコストへの配慮は必要である。それでも，公務員の地位は安定しており，企業のような競争にさらされないから，仕事が常に革新を要求されることもない。それがプラスに働く文脈もあるだろう。しかし特に日本では政権交代の機会が限られているので，民主主義による行政のコントロールも弱いレベルに留まっている。もし高級官僚の大部分が政権交代によって入れ替わるようなことが頻繁に起こるなら，異なる政党支配の時代間を通したある種の行政サービス競争も可能となるかもしれない。

森村進［2007: 14］は，公私区分について，「公（public）」を official, common, open に分けて論じる。それぞれ，権力作用を中心とする活動，人々に共通するマター，利用者は一部でも誰にでも開かれているサービス，といった意味で「公なるもの」の意味である。どの意味の公的活動も，国家機関が直接行わねばならないとは限らない，というのが森村の結論であり，これは基本的に正しい。

本稿で問題になるのは，政府の活動のコア部分，つまり税金によってまかなわれ常勤雇用されている公務員が仕事を担当する部分としての政府の役割である。それがどの程度，民に委ねうるのか。この問の背後にある民の基本的条件は，上記のような競争にさらされている，という点にある。だから，現在160ほどある独立行政法人や特殊法人の大半は，民の資格を持たない（たとえば国立大学法人の場合，予算は政府に依存するが学生との関係で競争が存在し，運営上の自由度は増大しているから，中間的といえる）。たとえ形式上は株式会社であっても，（天下り役人を配するなどにより）政府の発注を事実上独占することがは

155

第9章　規制緩和・民営化は何のためか

じめからわかっている主体は，競争の下にあるとはいえないから，本来の民間企業として扱えないはずである。

国鉄，NTT，郵政の民営化は，当初の資産（や新線の建設）を除けば，現在税金の手当なしに自立した営業を行っているから，民営化の典型といえる。JR がかなり長期にわたって運賃の値上げなしに運営可能であったことも，民営化の効率を実証している。採算の取れない鉄道線が廃線になる（第3セクター化が成功すればよいが）とか，地方の郵便局がなくなって不便になる，などで批判はあるが，真に補助金が必要ならそれの理由と額を明示して，市場と別の論理（本来の政治的ルート）で支出すればよいのである（限定的な受益者の便益ために税金を支出することに納税者が納得すればだが）。

M. ロスバードや D. フリードマンなどの無政府主義的リバタリアンは，ほぼどんな政府の仕事でも市場で提供可能だ，という。警察と治安はガードマン会社が担当し，裁判もガードマン会社を通して仲裁機関が行う。ただ，国防のみが例外として扱われており，これが何故かを追求してゆくと，全体の議論が逆転する可能性も秘めている[2]。民間の保険会社はもちろん存在するから，掛け金を支払う健康保険や年金など（現在政府と雇用者が負担している部分も含めて，強制徴収部分を一旦賃金化することになるから，普通の勤労者は収入が5割ほど上昇するだろう）は問題ないとして，生活扶助は慈善活動に委ねられる。つまり，生活困窮者が給付を受けるのは，受け取る側の権利ではなく，与える側の法的権利と（本人が受け入れている）道徳的義務の結果である。この仕組みの方が道徳の再生が可能になるのだ，というメッセージは，多分よき意味のイデオロギーとしてのリバタリアニズムがもっとも強くアピールする部分であろう。この枠組みでは，道徳が再生しなければ弱者保護はできないのである。

ロールズの原初状態を中心とする正義論は，博愛を持ち出さないまま，個々人の自己利益への配慮から再分配的な制度を擁護する枠組みを打ち出した，という点で画期的だった。特定の道徳に依拠しないという意味でリベラルなある種の強力な再分配制度（といっても，渡辺幹雄がある研究会で論じていたように，ロールズの枠組みではその正義原理の中ではじめて各人の取り分が決まるから，これは「再分配」ではないのだが［渡辺 2001 参照］）を論じたのである。あるいは，ロールズ主義とリバタリアンで原初状態での論争を組織することを考えてもよ

----

(2)　【後注】リバタリアニズムの検討については，嶋津［2011］第12章「自由のみでどこまでいけるだろうか──リバタリアニズムの社会ヴィジョン」参照。

いかもしれない（私は自然権論には与しないので，この枠組みに乗ることが可能である）。

第4節　国家の役割

　ここまで問題にしてきたのは，「制限（limited）」とか「小さな（small）」という限定詞をつけた「政府（government）」であった。しかし本来主題とすべきものは国家である。この場合も，nation state（ネーション・ステート）という場合の nation と state のいずれを国家論で問題にするかで議論は分かれるだろう。憲法論は，個人の自由に対する潜在的抑圧者としてのステートを当面の対象にしている。これは，政府とあまり差異のない国家組織（三権を含む）のことだと考えてよいだろう。ただ語感としては政府（たとえばトマス・ペインが社会と対置した）とは異なり，ステートは末端の国家機構として国民を含んでいる。憲法は，それの組織構成を決め，権限を割り振り，権利を特定することで国民と政府の関係を規定する。意思決定機関をもたない集団はただの烏合の衆だから，国民が集合的に何事かを行うにはステートが必要である。この議論は憲法学者にまかせよう。しかしまだ nation が残っている。日本国がこの場所にこの人々を構成員として存在するについて，それを何らかの意味で必然たらしめるもの（が何かあるとしてそれ）がネーションである。それが国家との関係で事前にあったか事後的に構成されたかはここでは重要でない。いずれにせよ，ステートがこのように区切られていることを現時点において単純な偶然以上のものにするものがネーションである。民族・国民など，どう訳してもうまくゆかないが，私の議論ではこれは，われわれの自由のマトリクスを構成するという意味の「世界」である。外から見れば，日本は世界にいくつもある国家の一つにすぎないが，内側からそれを見ると，それはわれわれの宇宙となる。普遍主義的なものも含めて何らかの理想を語るときにも，われわれの場合にはそれを日本語で日本の聴衆に語るからである。そしてその空間が確保されないかぎり，様々な自由は（すべての人間がもつ天賦の「人権」のはずなのに）画餅となる。例えば公用語として日本語の使用が禁止されるような政治状態を考えてみればよい。それはいつの日か実現するかもしれない悪夢である。日本はたまたま征服された経験をもたないから，そのような歴史記述はないので想像するしかないが，その状態で個人が（私が）自由であり続ける，と想像するのはやはり困難である。

第9章　規制緩和・民営化は何のためか

　われわれは自分の生まれる国を選択できない，という意味では，ネーション
は子供にとっての家族に似て，いくぶんの宿命的なもの（つまり偶然的なもの
として自我の一部を構成する要素）を含んでいる。現在家族も崩壊の過程にある
のかもしれないが，この意味の国家の未来も明るくはないかもしれない。ただ，
もしこの宿命性を取り除いてしまえば，国家は単なる税金の徴収単位となり，
それを使って様々なサービスを提供するだけの，官僚を中心とする一つの組織
＝政府となる。代議制を中心とする民主主義の機構は，政府活動に正統性を調
達するが，数年に一度の投票で可能になるのは，この組織を表面的に装飾する
以上のことなのか，は大いに疑問である（ギリシャ人もルソーもそれ——間接民
主主義——を信じていない）。それに対して，官僚は生業として全面的に自分の
生活がステートにかかっているのだから，自分の利益を簡単に手放すはずはな
い。国家は，暴力を独占し最終的にはそれを使って収入を維持しているという
点では，普通の任意団体以上に暴力団にも似ている。

　このステートの活動の当面の目的が，社会秩序と国民の権利擁護，その他の
公共財の供給にあり，最近では福祉行政の比率が高まっている，というのは事
実である。これは，国民生活の手段として見た場合の国家（state）である。し
かし，伝統的には国家は相互に戦争をし，国民は国家を守るために生命をも要
求された。ギリシャ人は政治マニアの傾向があり，ポリスとの関係抜きの個人
の人生を想像するのが困難だったようである。われわれはそれほどではなくと
も，手段ではなく一定の目的，価値，または個々人の一部を構成するものとし
てのネーションはもういらないのだろうか。「国家の撤退」というフレーズが
問いかけるもっとも深刻な疑問は，この点にあると私は考える（佐伯啓思
［2001］および同［2008］も参照）。日本国憲法は，敗戦の結果できたものなので，
この部分の規定は持たない。それは歴史上の沿革を反映してはいるが，ではそ
れ（戦前の日本に過剰にあったもの）はなくなったのだろうか。より根源的には，
国家は憲法典（というせいぜい二百数十年の歴史しかもたない実験的法典）に書か
れているものに尽きるのだろうか。

　もしネーションとしての国家に独自の役割があるとしたら，それはこの部分，
つまり自分たちの宇宙であるものを対外的に確保し，個人的自由の条件をまも
るためにそれが必要だ，ということを教育し確認する，ことにあるのではない
か。われわれが常識と考えていることのかなりの部分は，国の外では通じない。
もっとも重要だと考える価値も，踏みにじられるかもしれない。だからそれが
危機に瀕した場合には，われわれの常識と価値が意味を持つ世界を確保するべ

158

く，国民は団結する，ということだろう。ここでは議論が，宗教的価値の擁護と似てくることは，どうも避けようがないように思われる。政教分離を実現している以上，神への信仰は共通でなくともおなじ国民でありうるが，平時においては存在すると考える法の遵守と対外的危機における組織体としての国家への忠誠について，基本的な価値観を共有することによってネーションは構成されるのではないか。もちろん，その価値が何かは開かれた文脈が用意されている（リベラルな社会である日本においてはその文脈自体が守られるべき価値である）から，多様な解釈が可能だが，この国家の論理と形式は捨てられないのではないか。

　たとえば，現在日本人にかなり共通に受け入れられているように思われる「寛容」を考えてみよう。寛容な社会は望ましい。しかし「寛容」も一つの価値であるから，「寛容でなくともよい」「寛容であってはならない」という立場もありうる（現実にはそのような勢力は外の世界でかなり強力である）。だから，寛容をメタ価値として構成する議論は幻想であり，それは一つの価値として擁護する必要がある。それゆえ寛容を基本的価値とする社会を擁護する者は，それを否定する敵と，必要な場合には闘わねばならないように思われる。これは日常的には警察官にまかせておけばよいのだが，それでもその警察官は私の戦いを闘うからこそ，彼の職務は正当なのではないのだろうか。そしてその場合にはじめて，暴力団と国家の違いが明確になるように思われる。また，外敵と闘う場合には，自分と共に闘ってくれる戦友たち（compatriots）も必要になるだろう。

第10章　ロールズの平等妄執（obsession）を抉る

ロールズ論の好著2冊への書評

1. 亀本洋『格差原理』成文堂，2012年
2. 同『ロールズとデザート』成文堂，2015年

第1節　はじめに

　この書評で私は，著者である亀本にたいするそれと別に，ロールズにたいする理解と評価も問われることになる。緻密な亀本の議論に同じ緻密さで付き合いそれを評価できる者は，世界でもごく少数の専門家だけであろう。『格差原理』[亀本 2012]（以下では『原理』という）では，ロールズの経済学（まがい）に対する亀本の一部酷評を含む理解の是非を判定するために評者の経済学理解が問われ，『ロールズとデザート』[亀本 2015]（以下では『デザート』という）ではロールズ『正義論』[Rawls 1971]（以下ロールズの著書については亀本の省略法に従い TJ）に至る前後のデザート論の倫理学史理解が問われる。あるいは，両者を必要な程度まで理解している者は，亀本本人を除いて今や世界中のどこにもいないのかもしれない。経済学者は一般に他の専門や特に思想史に弱いし，この時代の倫理学史に精通する者は，ファインバーグやロールズ自身を含めて，すでに鬼籍に入っているからである。結果として以下の私の論考は，亀本の議論によって触発された私のロールズ論，といった内容が中心になると思う。ロールズ自身の議論と，それを解釈して見せている亀本独自の議論とを，明確に区別して論じることができるとよいのだが，どこまでそれができるかも定かではない。亀本の分析によって表面に現れた，というか率直にいえば正体を暴かれた，ロールズ正義論について，私が好きなことを言っているだけ，ということに終わるかもしれない。亀本の2書にたいするレヴューというより，それらを種にした自由なエッセーになってしまうことについて，事前に読者のご海容を請う次第である。

161

第 10 章　ロールズの平等妄執（obsession）を抉る

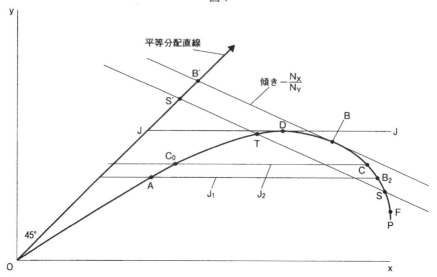

図 1

第 2 節　市民の社会的協働と所得分配

　数え方にもよるが、上記図 1[(1)] と同じ図は、『原理』の中で 19 回ほど登場する。別に書かれた複数の論文を集めて『原理』ができているためではあるが、これが同書のもっとも中心的なテーマであることは間違いない。この図が厳密には何を表すかについてのロールズの解釈は時期によって異なる[(2)] ようだが、簡単に表現すれば「所得分配曲線」といってよいと思う（分配されるのは基本善であって多様なものを含むが、それらを所得で代表させている）。亀本は「OP 曲線」と呼ぶが、オリジナル・ポジションと紛らわしいこともあり、勝手に「所得分配曲線」または「曲線 P」と呼ばせていただく。以下、私の理解と関心に従って、この曲線をめぐって論じる。
　横軸は、恵まれたグループを代表する個人 X の所得 x、縦軸は恵まれないグループを代表する個人 Y の所得 y であり、所得分配曲線は、X と Y の所得の組み合わせである点（x, y）が取り得る点をプロットすることで得られる曲線で

---

(1)　図 1 は、『原理』内のいくつかの図を重ねて作成した。以下の文では、点その他の名称はこの図に付したものを使用する。
(2)　『原理』50, 67-68, 151 頁。

第2節　市民の社会的協働と所得分配

ある(3)。もちろんその背後で，何らかのレレバントな要素を変化させ他の条件は同じ，とすることでこの曲線が描けるのだろうが，何を変化させているのかがどうも定かではない(4)。ロールズがこの曲線を使って言いたいことは「XとYの所得がまったく同一の点，つまり原点O（点 (0, 0)）から出発して，両者に格差をつけていくと最初はxとyがともに増大し（つまりパレート改善になり），yがDで最大に達した後は，xは増大を続けるがyは減少に転じる（つまりパレート基準から外れる）。そしてFでxも最大となり，以後はxyとも減少に向かう」ということである（ただし，両者が減少する第3のフェイズは少なくとも一見自滅的だから，これがまともに取り上げられることはない）。

　もちろん，この座標に進行の方向は書かれていないし，単なる2次元の函数だから，上記のようにOから始めて右方向に進もうが，Fのあたりから始めて左方向に進もうが，本来差はないはずなのだが，どうもロールズにとってはこの方向が重要らしいのである。xやyは長期的な（または生涯）期待所得の値らしいのだが，この長期がどのくらいの期間をいうのかで話は大きく異なると思う。

　たとえば，この期間が数百年くらいならどうだろうか。当初のXやYはもう死んでいるが，当該の2グループは保存されていて（というのもありそうもないかもしれないが），曲線は妥当している。そして，各点は実現する歴史的時点が異なるのであり，その結果曲線に方向が与えられ，点は左下から右上へと時間に沿って移動する。この場合，Oから右上に進んで実際にD（yの最高点）に到達するためには，それまでの世代の中で消費を控えて貯蓄し，それを投資す

---

(3)　これが，なぜ面でなく（幅をもたない）線なのか，もよくわからない。パレート効率（最適）点だ，というなら線でありうるが，それなら右下がりでしかありえないから，右上がりの部分（ロールズにとってもっとも重要な部分）の曲線Pの意味が不明である。

(4)　一応説明されているのは，背後にある報酬を含む協働のスキームを変化させてゆくことで異なる点へと移動する，といったことである。当初は，一つのスキームの中で曲線Pが描かれる，という説明だったが，『公正としての正義　再説』[ロールズ 2004]ではこのように解釈されているということである。ロールズの議論を素直に追うなら本文にあるように，xyの格差ゼロ（O点）から始めて，徐々にこの格差を開いてゆくことでこの曲線が得られる，と読めるかと思う。しかし，格差の開き方は，（統計）量だけでなく質または方法によって，異なる点がプロットされるだろうから，やはりこの線の描き方はよくわからない。「その量の格差を発生させる中でもっとも効率的なスキーム」そして「もっとも効率的とは，yが最大となるスキームのことである」などを補えば，一応明確になる。しかしそれだと，等正義線は点のプロットの段階ですでに一度考慮されていることになってしまうから，D点はy最大化の最大化点になってしまう。

第 10 章　ロールズの平等妄執（obsession）を抉る

ることで生産を拡大してゆくことが必要である。もし生産物の多くをできるだけ平等に「分配」して消費してしまえば，生産の増大は不可能になるか大きく遅滞するから，数百年間におけるｙの想定上の潜在的最高点であるＤには行き着けない。ごく大雑把に言えば，これがハイエクによるロールズ批判のポイントである。

　　……実際，すべての未来の変化が正義にかなうものであれと主張するなら　それは，進化が止まることを要求するに等しい。〔社会発展の〕初期の時代　に，魔術的な力が何か平等主義的または功績主義的な信仰箇条を実施する権　力を与えられたと想像してみるだけでよい。そのような出来事は文明の進化　を不可能にしたはずだ，ということがわかるであろう。ロールズ的な世界は，　〔もしあったとすれば〕決して文明の域に達することができなかったはずで　ある。運による格差を抑圧することで，それはほとんどの新しい可能性の発　見をつぶしてしまっただろうからである[5]。

　しかしこのように解釈すれば，ロールズはその最高点に到達することを求めている，とも考えられる。その場合には，当初ハイエクが考えたように（Hayek [1976: 100]），ロールズとハイエクの間に対立はないことになるかもしれない。ロールズは恵まれない者たちにたいして，長期的な所得増大のために短期的に大きな所得格差を是認するよう説くかもしれないからである[6]。もちろんこれ

----

(5)　Hayek [1988: 74] これに言及した 拙稿として，本書第 14 章参照。

(6)　レーガン政権の末期に，高額所得者をターゲットにして税額の軽減が図られたが，その目的は，投資を促進して職を増やすことにあった。ちなみにハイエクには，ロールズのいう格差ゼロ・デフォルトと逆のことを言っている箇所がある。私なりにパラフレーズすれば以下のようになる。もしある社会の人々の所得があまりに平均化してしまい，飛び抜けた財産をもつ者がいなくなったら，消費のアヴァンガルドや様々な芸術その他のスポンサーなどの役割を果たすアクターがなくなり，多くの面で社会は凡庸な水準から抜け出すことが難しくなる。だからこれを回避するために，たとえばくじ引きで無理矢理大金持ちを作るなどをすることが必要になる。つまり，デザートと無関係にでも，この種の所得格差を生み出すことが，社会または人々のために必要だ，というのである。テニスやゴルフなどのスポーツや，現在美術館で見ることのできる芸術作品の多くはかつて，人口のごく一部を占めた王侯貴族やブルジョアたちが始めたり援助したりしてこの世界に登場したことを思い出していただきたい。Hayek [1960] の第三章「進歩の常識」は，格差擁護論として読むことができる。そのポイントは，進歩のためには一部の者であってもまず進歩することが必要であって，そのことが他の者がそれに続く可能性を開くのだ，という点にある。平等を求めて前者を阻止することは，後者をも結果として不可能にすることになる，というのである。

164

第2節　市民の社会的協働と所得分配

は，Xが得る所得の多くの部分が貯蓄と投資に向かう，と想定しての話である。それとも，他人のために犠牲にならない，という反功利主義の文脈で使った議論[7]を採用してロールズは，同じグループの中でも後世の仲間のために現在の恵まれない者が犠牲になるのには反対だ，というだろうか。これは，反経済成長論というべきだが。

　ソ連邦初期の頃，トロツキー派の経済学者プレオブラジェンスキーは，「社会主義的原蓄過程」について語った。政治経済体制が資本主義を脱して社会主義になっても，経済発展の原資は必要だから，消費を切り詰め，生産拡大のための投資に回すことが必要である。資本主義へと向かう歴史の中ではこれは，（資本主義下における合法的な労働者の「搾取」とは異なる）野蛮な「収奪」などの原始的蓄積過程によって行われた。しかし，「階級の敵」は打倒したとしても，経済的発展段階の低い当時のソ連でもその経済的等価物への必要性は変わらないというのである。このような理屈で正当化されるとは思えないが，実際社会主義初期にはソ連でも共産中国でも（人口の規模は異なるがカンボジアでも），多数の農民が（場合によって千万人単位で）餓死した。普通の説明ではそれらは，原蓄過程の結果というより農業政策（農業集団化，人民公社制など）の失敗のせい，とされるのだが[8]。

　それよりもわからないのは，XとYの関係である。TJの描く原初状態ではXとYは，基本善の分配のあり方を決める基本構造についての合意である社会契約を結ぶべく集まった人々（が無知のヴェールの背後で想定する各層）の代表だ，とされる。しかしそこでの社会契約の結果成立する社会は，どんな形の経

---

(7)　TJの中の私が好きなロールズの議論は，輪廻にかかわるものである。もし我々が輪廻を信じており，死後に別の人として生まれ変わる（そしてどのような人にかの確率は同じ）と考えているのなら，我々は社会の様々なグループに属する人々の境遇を自分のものとして体験する可能性をもつことになる。その場合には，自分の利益のみを考える原初状態の人々にとっても，（平均効用最大化的）功利主義が合理的な選択となりうる。たとえ恵まれた人の境遇がそうでない人のそれを犠牲にして可能になっているとしても，これは輪廻的世界観の中では，自分の利益ために自分が犠牲をはらっているのだから，虫歯の痛みから長期的に逃れるために，歯医者に行って一時的痛みに耐えるのと同じことになるからである。しかしこのような信仰を持たず，自分の人生は一回きりだと考えている現在の我々は，他人のために自分が犠牲になることを要求する原理を基本構造とすることに納得はできないはずだ，というのである。ここから，マクシミンルールを経て正義の2原理へと進むロールズの議論に私は賛成しないが，ここまでの議論には全面的に賛同する。

(8)　クルトワ他［2016］，同［2017］，楊［2010］参照。

第10章　ロールズの平等妄執（obsession）を抉る

済を営んでいると想定されるのか。それがもし上記の社会主義である場合は，話は簡単になる。そこでは，計画経済の下，すべての経済活動を国家が統制し，必要な財を生産するとともに，それを（つまり所得を）適宜分配するからである。生産の局面と分配の局面が別々に切り離されている以上，インセンティブへの配慮も含めて報酬のルールを作成することは，必要でもあるし可能でもある（それは残念ながら効率的ではありえないが）。要するにすべての労働者が公務員であれば，その賃金表（ロールズのいう協働のスキーム）を書き換えることで分配のあり方はどんな風にでも人為的に変更可能である（そして極端に誤ったそれを農民に強制して過剰に食物を徴発したことで，膨大な餓死が発生した）。私の想像するところ，ソ連の経済・労働関係の担当部署では，実際に分配曲線のようなものを想定して，一定の目標に向けて賃金表を改善する試行錯誤が行われていたのではないか（もちろん，目指されたのはD点ではないだろうが）。これがどれほど全国一律なのか，地方によって異なるのか，それとも生産現場で個々に決められるのか，はわからない。しかし日本でも，国家公務員と別に地方公務員や独立行政法人職員もいる。これらの間に若干の待遇差はあるが，そのことが本質的な差異を生むわけではない。たとえば，完全な強制的指令経済であって，軍隊の徴兵と部隊への配属命令のようにして各労働者を選択の余地なく個々の仕事に配置するという（戦時経済）モデルもあるが，一定の自由度の中で労働者自身が職場を選べるモデルもあるだろう。その場合賃金は，必要な労働者を必要な部署に確保できるように，対応する格差をつけて各職場で人を募集することが必要であろう（たとえば人気の乏しいシベリアの職場は賃金が高いなど）。また効率さえ無視するなら，完全雇用を実現して失業をなくすこともできるだろう。生産上は不必要な労働者を雇えばよいだけだからである。その場合には，雇用と生活扶助の差，本来の生産と失対事業の差は事実上なくなるだろう。もちろんそれでも，「社会主義下で反体制派であることは緩慢なる餓死を意味する」というトロツキーの嘆きは無効にはならない。政府はいつでも，反体制派の個々のメンバーについて，その雇用をすべての機関に禁止することができるだろうからである（ブラックマーケットがあれば反対派も少しは息がつけるだろうが）。もちろん，ロールズの正義の2原理は，第1原理（自由原理）があるため，統制経済を排除する。しかし話を格差原理（第2原理の後半：「もっとも恵まれない者の取り分が最大になる限りで格差は是認される」）に限るなら，この原理が社会主義下の経済で適用される場面を想像するのは容易である。経済計画の目標を生産最大化から（もっとも）恵まれない者の所得の最大化に

転換するだけだからである。もし政治権力者にその意志さえあれば，だが。

亀本は，XとYが米を協働で作る，というような例で所得分配曲線を考えるのがよいという。もしXとYが代表しているそれぞれのグループの者が多数集まって協働して，ということなら，人民公社やコルホーズのようなものが思い浮かぶ。確かにそれなら，農場も集団（または国家）所有となっているから，どの米を誰が，またはどちらのグループが作ったかの区別はできず，協働で一定量の米を作った後，現物でまたは換金して，協働の成果が生む所得を構成員個々に分配することになる。当事者間に能力差などがある場合，悪平等の分配が生産性を損なうということも，実際にあるだろうから，曲線Pのようなものを考えて，報酬に格差を設けることもありうる（多数派であるはずの差をつけられた側が不満を言うだろうから，人民公社の下では政治的に難しそうだが）。しかし私は，この例のあげ方について少し異論があるので，まず私の一般的な考え方を次に示してから，議論を進めたい。

第3節　分配的正義

経済学者の中には，「配分」と「分配」をはっきりと異なる意味で使う人が多い。資源は（各用途にたいして）「配分（allocate）」され，所得は（国民の間で）「分配（distribute）」される，というのである。前者の目標は効率にあり，後者の目標は平等・公正・正義・福祉などにある。これに従うなら，distributive justice は「分配的正義」と訳す方がよいことになるだろう。

フォロワーはいないようだが，私は「分配的正義」の語を「社会的正義」と明確に区別して，前者を分配行為がある場面でだけ使用するのがよい，と主張している[9]。人間は認識や行為において，いつも何かを目指す。その際に規制理念（regulative idea）が働く。これは，獲得されたその候補との関係で常に超越的なステイタス（本当にこれでよいのか，との反省を迫るという機能）をもつ。認識においては真理（自分が心中に描く世界の像またはモデルと現実の世界との必要な限度での一致）が規制理念であり，行為や規範的判断では（それがすべてではないが）正義が規制理念（の一つ）となる。もちろんこれらは規制理念にすぎないから，それを目指すことと，それが入手できるまたはその入手が確認で

---

(9)　たとえば拙稿「経済学・規範意識・社会的正義」，岩本康志等編『現代経済学の潮流2006』東洋経済，2006年，177-179頁。

第 10 章　ロールズの平等妄執（obsession）を抉る

きることとは別である。要するに，いつも目指してはいても，自分が手にしているものがそれだ，と最終的に証明したり確認したりはできないのである。それでも，誰かが何かを分配するという行為を行う時には，「いかなる分配が正しいか」を自他に問い，「あなたの分配の仕方は理に合わない」などと受け手が分配者に不満を言うことは可能であり，それには意味がある。具体的内容には種々のものがあるだろうが，そこでは「あるべき分配」がテーマとなっており，その正解つまり分配的正義，の存在が想定されているからである。文脈を特定すれば普通，あるべき分配の内容についても，一応の候補（conception）を挙げることもできるだろう。

　合戦の後，勝者側の大将が獲得領地を部下に分配するなら，当然その規準は勝利への貢献度に応じて，だろうし，特定の新商品がヒットしたことで業績を飛躍的に向上させた会社で利潤を従業員に分配する時には，その商品の開発チームに特別のボーナスが与えられるべきだろう。ここで問われているのはごく健全で理解可能な分配的正義である。プラトンの『国家』には確か，盗賊が獲物を分配する場合の記述があり，そこでも正しい分配が重要だ，とされていたと思う。さもなければ，分配者である盗賊の首領は部下の忠誠と支持を失う危険がある。ちなみにこれらの分配的正義の例はすべて，後述のデザートに応じた分配である。もちろん，はっきりした貢献者を特定できず，一律の平等分配が適切なケースもあるだろう。それでも分配を受ける集団の範囲が特定されており，その構成員がその集団に属することによって，集団に発生した，全体量が限定されている利益の平等分配を受ける，というなら，これもデザートに応じた分配の派生形態であるといえるかもしれない。「自分たちが成し遂げた成果の（平等な）分配」だからである。

　ただ，市場経済の中で活動している民間会社の利潤分配であれば，個々の会社が異なる発想で自社内の分配を行うことも許されるはずである。会社Aは，平等分配的な分配原理に従って運営され，その結果全労働者の団結心と労働意欲が高められてより業績を向上させる。そのような場合または業種もあるだろう。会社Bは，その内部のエリートである開発担当者たちの創意発明が競合他社に対してどれほど優位にあるかに会社業績が依存する業種であるため，開発担当者たちを優遇し，もっとも優秀な研究者たちが集まるような方針を採っている。より有利な条件を提示して競合他社から高給で優秀な開発担当者を引き抜くこともある。一方技術開発関係以外の社員（は簡単に「替えが効く」こともあって）の賃金は低い。会社Cはワンマンのカリスマ社長が支配しており，必

第3節　分配的正義

ずしも理由や基準を示さない社長の判断によって，昇級等が行われる。しかし言語化や説明は行われなくとも社長の判断または直感は優れているようで，これまでのところ経営は成功している。

これらでは，それぞれ会社の収益の分配は異なった方式で行われている。それでも，もし労働者の他社への移動が自由であれば（これは取引費用ゼロの市場という非現実的な仮定の一部だが），自分の処遇に不満な者は他社へ移ればよいだけだから，将来的にも自分の優位を発揮できる見込みのある労働者は，個々の会社の分配のあり方を正義だ不正義だと論じる必要はあまりない(10)。そして，それぞれの分配方式の間でも競争（会社内の競争のあり方についての会社間の競争だからメタ競争と呼ぶべきか）が成立しているから，愚かな分配方式を採用する会社はそのために，経営上不可欠な人材を引き抜かれるなど，いずれは経営に困難をかかえることになるだろう(11)。もちろん，一世一代の大発明をした開発部の担当者は，過去向きで自分のデザート（一般にデザートは過去向きだが）の評価を主張するだろうから，この種のものは別扱いが必要であろうが。

私の意図は，分配的正義の語が問題なく適用できる場面と，社会的正義として一般に論じられる，よりあいまいな場面(12)とを区別したい，という点にある。逆に言えば，デザートとか分配的正義とかを健全に語れる場面があることを，社会的正義論と独立に確保することにある。私と同じ趣旨の区別は亀本も行っているし，私が区別した典型的な分配的正義の場面は，トリビアルだが問題のないものとして，簡単に言及している（[亀本 2015: 61] など）。だから，所得分配曲線を扱う場合に亀本が念頭に置く例が，集団による米の栽培とそれに起

---

(10)　各種プロスポーツの選手の地位はこれに近い。彼らは，移動禁止の契約条項に縛られないかぎり，自分をもっとも高く評価するとともに高い給料をくれる雇用主を求めて，移動を繰り返す。もちろん雇用主の方も，予算上の制約内でよりよい戦績を求めて，作りたいチーム像を想定しながらトレードを多用する。それでも，予算の多いチームが常に勝つとは限らない。

(11)　ロールズの格差原理はあきらかに，この文脈では使えない。会社の運営を効率的にしてこのメタ競争で会社を有利にするとは思えないからである。それはこの場面では「愚かな分配方式」といえるだろう。

(12)　市場の結果のように，誰かが分配したわけではない形で発生した所得などの統計的差異について，その正義如何を問題にする場面。周知のようにハイエクは「社会的正義の幻想（または蜃気楼）」論の中で，「社会的正義」という語の使用自体を批判する [ハイエク 2008]。ただ論理的には，それを誰かが再分配する場合には，それをいかに行うべきかを論じることが可能である。その場合，この議論が収斂しうるのか拡散するしかないのか，が次の問題になる。

169

第10章　ロールズの平等妄執（obsession）を抉る

因する集団的所得の各構成員への分配である，というのはミスリーディングだと私は感じるのである。この例は明らかに，私が定義する意味の分配的正義の例だから，それなら問題は深刻ではない。元々何らかの分配は行われねばならないのだし，それがどうあるべきかについては，多分いくつかの答え方がある，というだけだろう。そしてこの場面であれば普通は，何らかのデザートに基づく分配が優勢になるのではないか。しかしこれはロールズの答えようとしている問題（公正としての正義）ではないはずである。それでは問題が簡単すぎる。

第4節　基礎構造と社会的協働スキーム

　所得分配曲線については，OからDまでの右上がりの部分（以下「左側」という）とDからF（とその先）へと続く右下がりの部分（以下「右側」という）がある。ロールズはこれを，右側はYの所得を犠牲にしてXが所得増を得る部分であって「正義に反する」部分だ，とする。このロールズの態度については，亀本も批判的な含意の文章を書いている。図1[13]で，所得分配曲線上にあるyの値が同じ2つの点AとB$_2$について，左側にあるxの値が小さい点Aは「正義にかなっている」のに，右側にあるxの値が大きい点B$_2$（図1ではベンサム点であるBと区別するために以下B$_2$とする）は「正義に反する」ことになるはずだから，パレート改善になるB$_2$点が，ロールズの判定では，平等からより離れるためにA点より劣る，と評価される。さらに問題なのは図1[14]でAからCへの移動がある場合で，これはXY双方の利益となるのに，平等または互恵性の面での改悪であるから，ロールズはA点の方をよしとするようだ，というのである（＊本章末尾の追加分1）参照）。もしそうなら，平等への妄執というしかない。私は所得分配曲線について，以下のように考えた。

1　解　釈　a

　普通に考えれば，点Dは以下のようにも理解できる。右側はパレート改善ができない部分，つまりパレート効率点の集まりで，たしかにXの利益のためにはYの損失が必要（曲線Pを右に進む場合）であるが，その逆もまたしかり，つまり，Yの利益のためにはXの損失が必要（曲線Pを左に進む場合）である。

---

(13)　亀本［2012：57］の図7に同じ。
(14)　亀本［2012：73］の図8に同じ。

第4節　基礎構造と社会的協働スキーム

ロールズはOから右に進んでいるから，Dからさらに右に進み，この部分は恵まれないYの犠牲によってすでに恵まれているXがさらに利得を得る局面だと解釈する。そして，そんな横暴なことは許されない，というのだろう。だが試しに我々は，現在の分配が右側の任意の場所（仮に図1のS点）にあるとして，そこからDに向かって曲線P上を左上に進むことを考えてみよう。これは，Xの所得を減らしながらYの所得を増やす局面である。XからYへと直接所得を移転することによっても，直接でなく何らかの因果連鎖によって間接的にそのような所得の減少と増加がXとYのそれぞれに発生する（ようななんらかの「協働スキーム」を導入することによる）のでも，基本的に同じであるが，わかりやすいので，直接移転を考える。これを，Xの任意にではなく，正義の名において強制的に行った場合（私は正義には強制可能性の含意があると考えている），どのような事態となるだろうか。

　特にそれから離れる正当化可能な理由がない限りすべての分配（ここには自然資産つまり生まれつきの才能等に起因する格差を伴う所得も入る）は平等を原則とすべきだ，という立場（上記の「平等妄執」の現れ）からは，許されない格差が社会に実現している場合，それを強制的に矯正する必要（義務……）が認められてもおかしくはない。そこでXからYへ強制的に所得移転を行うことにする。

　文脈は違うが，亀本が［2012: 183］に番号を振りながら引用しているロールズの文(24)で書いているような「ウェイトをつけた傾き」をもつ図21（本稿図1）にある右下がりの直線を考える。Xの人数を N_X，Yの人数を N_Y，所得移転による xy の変化をそれぞれ $\Delta x \Delta y$ とすれば，もし所得移転のコストがゼロ，および移転される所得以外にそれに起因する他の所得変化は起きない(15)，なら，

---

(15)　この二つの仮定はもちろん，ありえない仮定である。まず，国家規模で富者から貧者に所得移転を行うには，徴税と補助金支給のための全システムを創設し運営するコストがかかる。下手をすると，このシステムでもっとも潤う者は，これを担当する官僚たちだった，ということすらありうる。次に直接の所得移転に連動して起こる他の所得に影響する変化も多様であろう。プラスの変化としては，Yの所得が増えた結果，Yによる教育支出なども増加し，その結果Yの次世代はより高い自分で稼ぐ能力を獲得する，といったものである。その結果，本文記載の傾きをもつ直線は，曲線Pと交点Sで交わり，Sの左側で直線が曲線Pの下に来ることもありうる。その部分では，曲線上の点つまり実際の状況の方が，直線つまり移転コストゼロでXからYに所得移転が行われた状況よりもパレート改善になることが可能である。そして当然その直線は，もう一度その左で曲線PとTで交わり（曲線Pは原点Oを通るのだから），その左では実際の状況の

第 10 章　ロールズの平等妄執（obsession）を抉る

$$-\Delta x \times N_X = \Delta y \times N_Y$$

が成り立つ[16]。だから,

$$\Delta y = -\frac{N_X}{N_Y} \cdot \Delta x$$

つまり, 傾き $-N_X / N_Y$ の直線であって, もしこのような所得移転が可能であるなら, 現在のSから出発して, Sを通るこの傾きの直線上を左に移動し, Oから45度で斜め右上に伸びる直線（平等分配直線）との交点S'まで来ると, そこがもっとも理想的な分配となる。ここではXYの所得が全く等しく, どちらもO点の値つまり（0, 0）より大きいから, パレート基準と平等基準の双方が充たされるのである（本来は, 同じ作業をB点つまり全体の所得最大点, つまりこの傾きの直線と曲線Pが接する点から行って得られるB'点が, XYが獲得できる仮想上の平等な最大値であるが）。

　しかし所得移転のコストはゼロではない。この点がロールズ正義論の肝である。「経済の効率化によってパイを大きくしてから, それをみんなで（公正に）分ける」という経済学の教科書に出てくる比喩は実際にはミスリーディングなのであって, 経済の全体規模をパイにたとえるなら, このパイは, 本物のパイと異なって, 「分け方」次第で縮むのである。だから完全平等の分け方をすると, 我々はS'からO点へと引き戻されてしまう。これが, ロールズの所得分配曲線が告げる事実（仮定）である。実際には我々は, XからYへの所得移転によって, 曲線P上をSから左上へ進んでゆくことができるだけである。そして点Dまで来ると, それまではXの所得減少とYの所得増加が起きていたが, これから先は「左側」に入りXだけでなくYの所得も減少することになる。だから, この所得移転をそれ以上進めることはせず, D点で止めましょう, というのがD点, つまり到達可能な最高の等正義線で表現される格差原理後半部分の意味だ, と考えることができる。いくら平等を願うYでも, 自分の所得を減らしてまで平等を求めることはしないだろう（するべきではない）ということであり, ここで「嫉妬心の否定（no envy）」が機能する。もちろんXから言えば, 無理矢理の所得移転もこの点で止めてもらえる, ということになる。私の

　　方が直線よりも悪くなる。もちろんマイナスの変化としては, Xのやる気がなくなることや, Yが補助金に依存してしまい経済的自立の動機を失うこと, などがある。

(16)　左辺はXグループが供出した移転所得の総額, 右辺はYグループが受け取った移転所得の総額である。ただし, 減少する Δx は負の値を取るので－を付して左辺も正の値となるようにした。右辺を左辺に移項して, 全体を足すとゼロになる, と書いた方がわかりやすいかもしれない。つまり天からマンナは降ってこないのである。

イメージでは，「お前は，この社会にいるからこそそれだけの所得を得られる（「社会的協働」の意味）のだから，所場代を払え」と言われるのだが，その所場代はこの点までで止めてもらえる。政治的権力は，1人1票の下では，多数派であるＸの側にあることに注意されたい。曲線Ｐの右側は，ロールズの解釈ではＹの犠牲によってＸが利得する部分とされたが，ここではＸの犠牲によってＹが利得する部分，つまり平等へと近づいて行く部分とみなされることになる。どちらの解釈も，異なるパレート効率点の間の移動はこんな形（一方の利得は他方の損失を生じさせる）になる，ということに過ぎないのだが。

ロールズの議論の出発点はＯ点（0,0）であったが，この点は現実化している事態ではなく理論上仮定されているだけである。完全平等の社会が実現したことなど人間の歴史上にはないからである。むしろ上記のように，我々の社会は現在右側のどこかにあって，もしＤ点が正義だ（もっとも高い等正義線上にある）というなら，そのＤに到達するためには曲線Ｐの右側を左上へと移動せねばならない，という方がありそうな事態であろう。この移動はもちろん，Ｘの犠牲の下に行われ，Ｙの最大の利益を実現して（ただし完全な平等には至らないまま）Ｄ点で完成する。

2 解 釈 b

しかし考えてみると，同じことを「Ｘの犠牲」に言及せずに，つまり右側ではなく左側の出来事として語ることができることに気づく。ロールズが語っているのは「基本構造」の創設であり，それを原初状態での合意によって決めることで初めて，すべての市民のすべての権利・義務・その他のアドヴァンテージを分配するための原則が決まるのである（この論理は例のタブラ・ラサ論であって，それだけでも疑わしいが）。だから，上記の「Ｘの犠牲」を気に病む必要はない。元々，その部分を差し引いた所得だけがＸの所得だ，と上記の基本構造で決めておけばよいだけの話なのである[17]。別の言い方をすれば（たとえば自然権論に立つリバタリアンなら）これは，舞台裏で背後の移転が行われているのだ，とも言えるだろう。だから，所得分配曲線のうち右側について，この

---

(17) 亀本も［2015: 192-193］他でこの点を述べている。この論点は結局，集合的決定によって個人の所有権の内容をどこまで自由に変更できるのか，という，法理論と政治理論に関するもっとも大きな基本問題と私が考える問題に行き着く。これについても本稿で少し論じようと思っていたが，多分独立の著書でも書くしかないかと考え，諦めることにした。

第10章　ロールズの平等妄執（obsession）を抉る

種の背後の移転を当初の合意の中に組み込んでしまえば，右側は左側に読み替えることができるのである。XからYへの所得移転など行っていない。その部分は元々Xのものではないから，所得の「再分配」などどこにもない，ということである。ただ，表（おもて）で移転すれば曲線Pの右側から出発するので「正義に反する」と言われ，裏で移転すればこの操作は隠蔽され，我々は曲線Pの左側にいて，これは「正義へと向かう（?）」局面になる，というのも釈然としないが。

　まあ亀本も，ロールズの正義論では結局恵まれた者への課税と恵まれない者への補助によって格差原理が実現されるのだ，という解釈を何度か示している[18]から，落ち着き先はそんなところなのだろう。それなら初めからそう言ってくれれば，全体の見通しがつけやすかった気がする。私の失敗を繰り返したくない人には，『原理』は，最終の第6章から先に読むことをお勧めする。インプリメンテーションのイメージがないままロールズの議論に付き合うのは，かなり忍耐力を試されるからである。私もずっと，これは所得移転の話なのか否か，と疑問を持ちながら，その疑問が解消されない宙ぶらりんな状態で読み進めねばならなかった。ちなみに，「もっとも恵まれない人々」というのは，障害者などではなく，普通に働けるが低い所得しか得られない人々のことだ，という点は，原書が2001年に出版された『再説』［ロールズ 2004］で明確に語られている，ということである。これも，そんな重要なことはもっと早く言ってよ，というしかない。TJを間違って読んでいた（それもかなり根本的なところで）人は，私も含めて多かったのではないか。もちろんこの誤解を捨てる方が，TJはずっといい本になると思うが。

第5節　市場について

　上記の描像には，まだ大きな点で欠けるところがある。実は仕事のできる人とできない人という2種類の人を登場させて，格差の是認が可能にするインセンティブを通した効率化を容認するとともに，背後の所得移転による平等化をこれと両立させよう，というロールズ正義論の構想は，前に見たように，社会主義においてさえ可能なことにすぎず，本当の市場の機能を理解しているとは言えない。

---

(18)　たとえば，亀本［2015: 130］。

第5節　市場について

　単純化すれば，計画経済と市場経済の決定的な違いは，インセンティブの働き方が異なるという点にある[19]。能力を発揮して多く働けばそれだけ報酬が多くもらえるから，そのためにインセンティブがある，というだけなら，その種のインセンティブは社会主義の下でも多く存在した（設けられていた）。オリンピック選手がメダルを取ると，英雄などの称号をもらって大きな家や高級自動車がもらえる，などというステート・アマ（アマチュアとしてオリンピック等に出場するが，国家の手厚い支援の下競技の訓練を事実上の仕事としており，実態はプロ選手に近い）の話は，社会主義崩壊以前からよく取り上げられていた。よく働いて普通の労働者の何倍もの出来高を上げた者が表彰される，などというのもあった。これらは，自分に与えられた仕事にどれだけ熱心に取り組んで高い生産性を上げるか，にかかわるインセンティブである。しかし，市場が提供するもっと重要なそれは，どの方向に自分の努力を向けるべきか，に関する情報としてのインセンティブである。そしてその内容は世界に生起する無数の関連事象を反映して刻々変化する。加えてこの場合，各人に仕事を割り振る主体はどこにもいない。これは非人格的な制御または情報伝達である。以下にもう少し詳細を述べるが，ここでのポイントは，そのような市場のメカニズムを通して実現されるような事実上の分業と，その結果得られる各アクターの所得上の差異に対して，個々のアクターのデザートや功利を根拠にして，または全体的な所得分布についての（統計的）平等要求などに基づいて，なんらかの結果状態[20]を求めることが妥当なことか，もっと正確にいえば，市場メカニズムの効率性を大幅に毀損することなしにそれができるのか，という点にある。

　多分先進国の人口の中でサラリーマン・ウーマンが占める割合はかなりの速度で増大しているだろう。しかし彼ら彼女らにはこれ（市場の論理）を理解することが難しいのかもしれない。まず公務員は「親方日の丸（星条旗，三色旗……）」だから，雇用主の経済状態を気にする必要が薄い。国家は最強の独占企業であって他からの競争に晒されることがなく，強制的な徴税権ももつので，倒産の危険は極度に低いからである。それ以外の民間企業に勤務する者たちも，個々の雇用者（同じ会社）の下にいる他の被用者たちとの関係では，私の定義する意味での分配的正義を問える関係にある。所得を分配している主体（経営者，人事課……）がそれぞれいるからである。人々は，各雇用者のアンブレラ

---

(19)　可謬主義的な観点からのものではあるが，私の市場論として本書第9章参照。

(20)　これは，ノージックがロールズ批判で使用した概念である。参照，ノージック
　　　［2004: 260 et seq.］。

第10章 ロールズの平等妄執（obsession）を抉る

の中にいると言ってもよいだろう。だからアンブレラの中の分配的正義は問えるが，異なるアンブレラ間には競争があり，その中での個々のアンブレラの地位はまったく保証されていない。特にグローバル経済の下では，民間企業は世界の競争相手たちと常に競い合っており，その中で勝ち抜くことができる場合にのみ自分の地位を確保できるが，その勝利は誰も保証してくれない。資本が国境を越えて簡単に移動できる時代には，国内資本も常に，外国の労働市場の動向を見ながら経営戦略を立てねばならない。だから被用者たちは，自分の属するアンブレラの枠を超えて，国家的または国際的意味で分配的正義を求めることなど，できるはずもないのである。もちろんそれぞれの企業に勤務してそこから所得を得ている各労働者は，主君に仕える侍とは異なって，その企業と心中する義務を負うわけではないから，企業が倒産したり経営が困難になったりしたら，他の企業に勤め先を変えることで自分の所得を守ることができる。ただそのように行動する場合には，この労働者自身が，経済的な意味の企業家として行動しているとも言えるのである。彼は自分の判断で，市場からの情報に反応して，自分の経済活動の方向を調整（操舵）しているからである。

　要するに市場の中にいる経済主体は，常に競争に晒される。競争とは原理上，事前の勝利を保証してくれないものである。その中で勝ち抜くために各経済主体は，市場が発する情報に反応して，自分の活動を調整する。これまで成功していた活動は，もう時代に遅れているかもしれない。新しい商品や製造方法，リテイルのシステムは，導入すれば大成功するかもしれないし，失敗に終わるかもしれない。大成功しても，イノベーションはすぐ他社に模倣されるかもしれない。

　このようなメカニズムの基本にある論理は，同じ活動または労苦は同じ結果を保証しない，というものである。同じ労苦にたいして異なる報酬が得られる，つまり所得に格差があるからこそ，人はよりよい報酬が得られる方向へと，常に自分の努力の方向を変え続けるのである。格差は情報伝達メカニズムとしての市場の核にある伝達のメディアである，といえるだろう。なぜその格差が生じたのか（そしてたとえば自分の仕事がなくなったのか），の原因を理解することは必ずしも容易ではない。遠い世界の端で発生した作物不良や豊作，革新的技術開発や消費動向の変化，隣の巨大経済大国で起きた生産過剰，などが自分の経済活動がもつ市場的価値を変化させるのである。しかし，その結果は価格変化として伝達され，その変化の理由を理解しなくとも，目の前の価格変化にたいして自分に可能な形で対応することで，各経済主体は世界の経済状況の変化

にたいして，事実上自分の活動を整合させるのである。市場と結合した自由な経済がもつ効率性の基礎がここにある。もちろんこの「自由」は，市場の論理に逆らう自由を意味しないから，それをどれほどありがたいと感じるかは，その人次第である。

ロールズの所得分配曲線でXとされる「恵まれた人（の代表）」は，このような市場のメカニズムの中で，上記のような経済主体として有効に活動する能力をもつ人（タイプA）として想定する方が，全体の理論をずっと魅力的・現実的なものにするだろう。また，技術上，経営上，その他のイノベーションを産み出す人（タイプB）も多分これとは別に必要である（このタイプの存在は社会主義の中でも予定・期待されていた）。タイプAは，今ここにある経済情報（現場の情報）に適切に反応する能力をもつが，タイプBは，潜在的にはより普遍的な意味での革新を産み出す人々である。そのような革新は成功が明らかになった時点で知識として模倣され，それらが多く重なることで経済の水準が飛躍的に高まり，恵まれない人たちも含めて，結果として人々に豊かな生活を可能にする（この文脈でも市場は計画・統制に優りそうだが）。所得分配曲線のようなアプローチが意味をもつためには，この種の理解も，その理論なり解釈なりの中に位置を与える必要があるのかと思う。つまり，Xの所得を（背後で！）Yに移転しすぎると，これらの活動が十分には提供されなくなり，結果としてYも含めた人々の所得を，潜在的に可能な水準よりずっと低いレベルに留めてしまう，ということである。

もちろん，ロールズを「お釈迦様」として描くこともできるだろう。つまり，このような議論を彼は全部お見通しで，「恵まれない者たちの所得を最大にする」という記述の中には，それが全部組み込まれている，という風に，我々がロールズを解釈する，ということである。もちろんそれなら，私に異議はない。しかしそんなお釈迦様が，XY間の所得格差ゼロであるO点から格差論を始める，などということをするだろうか……。O点がどんなに悲惨な点なのか，お釈迦様はご存知なのだろうか……。

第6節　デザート論

ロールズの正義論は，基本的にデザート論を排除するという印象を与える。しかし考えてみれば，公正な機会均等原理（第2原理の前半）では，様々な社

第10章　ロールズの平等妄執（obsession）を抉る

会的ハンディキャップを解消する措置[21]を要求（この部分が「公正な」にあたる）しながら，全員が就くことはできない特権的地位（大統領や国会議員になるとかエリート大学に入るとか）については，それに就く機会がすべての人に開かれていることを求める。換言すれば，それが開かれたものであることを条件にして競争を許容するのである。そして一般に競争は，それに参加する者の範囲が広がる「公正な」競争ほどより激しくなる。ここには競争にまつわるテーマ群がすべて入り込んでくるから，その文脈でデザート問題も当然問われるだろう。「誰が競争で勝利すべきか，勝利に値する者だ」といった形で，である。比較的問題にされることは少ないが，ロールズ正義論に魅力を感じるファンの一部には，この部分がアピールしている可能性があると私は考えている。世に競争好きは（特にアメリカ人には）多いのである。ただここでの勝者たちは，競争に勝ったことだけを（ファインバーグの用語に従えば）デザート根拠または資格条件として[22]，その地位から得られる利益を享受することを許されるのではなく，格差原理の後半（当初の定式化では前半）の条件をも満たさねばならない。それは（もっとも）恵まれない者たちの最大の利益になる場合に限り，格差が許されるという条件である[23]。この部分では所得の多寡のみが問われており，デザートへの配慮は完全に排除されている（亀本も示唆するように，能力が高いのに自分の選択で所得の高い職に就かない者が，「恵まれない者」として補助されるのか否かはよくわからないが）。

　ついでに述べれば，亀本にも指摘があったと思うが，ロールズによる自然資産（生まれながらの才能・能力）のプール論は，ネガティブにではあるがデザー

---

(21)　ちなみに，この措置のコストは誰が負担するのか。当然これも恵まれたグループが，であろう。それならここですでに，所得移転（「背後の」それを含む）が発生していることになる。具体的にはどんな措置が考えられるだろうか。高等教育を含めた教育全般を無料にする（欧州大陸方式）とか，豊富な奨学金制度を設けるとか以上に，たとえば貧困層をターゲットにした無料課外授業なども含まれるのだろうか。しかし，できない子のために授業の進行速度を遅らせるような措置は，平等主義の下わが国でもまま見られるが，これは恵まれた者の能力を利用しつくそうという格差原理に反するから，ロールズには容認されないだろう。

(22)　「正義と人のデザート（報いに値すること）」嶋津訳，ファインバーグ［2018: 第5章］。

(23)　ロールズはこの部分のみを指して「格差原理」というのかもしれないが，私は「公正な機会均等原理」も含めて全体を「格差原理」と呼ぶ方がよいように思う。この全体が，格差が許容されるための条件を構成するからである。もしこの二つを分離するなら，「正義の2原理」（原則平等ただし例外として格差を許容）ではなく「正義の3原理」（平等・競争・互恵）と呼ぶ方が分かりやすくなるだろう。

178

第6節 デザート論

ト論を根拠としている点にも注意されたい。「誰も生得の才能に値する（それがデザートである）わけではない」という命題は，「もし何かがその人のデザートであるなら（彼はそれを独占してよい）」といった規範を前提しているからである。しかし（天才たちには気の毒だが）デザートはないのだから，それから得られる利益を独占する権利もなく，それゆえ利益は社会的にプールして（分配的）正義にしたがう分配の原資にすべきだ。ロールズが前提するのは，こういう論理なのであろう。格差ゼロデフォルトという発想の先駆者として『デザート』では，1944年のスピーゲルバーグの論文が詳しく紹介されていて参考になった。やはりこれらは，平等へのオブセッションというしかない。

一方，西洋思想史上正義論の枠組みを提供してきたアリストテレスの正義論，特にその中の分配的正義論は，一貫したデザート論である[24]。『デザート』は，最初にアリストテレスを振り返ることで，このことを確認する。つまりアリストテレスの（正義論の一部を構成する）分配的正義は，ロールズの（基本善の分配にかかわる制度の徳としての）正義，特に格差原理の後半部分とは別物なのである。ちなみにロールズ以降，財または善の社会的分配にかかわる部分のみを「正義論」のテーマと考える理解が理論家の間でも蔓延しているが，私は賛成できないし，多分『デザート』で亀本が論じたいことの一部もそこにあるのだと思う。

ただ，これまで論じてきたこととの関連では，以下の点を指摘しておく必要がある。『デザート』で扱われているデザート論の一部（古くはそのほぼすべて）は，基本的に私が定義する意味での（つまり分配者の存在を前提とする）分

────────────

[24] ただ，「各人に彼のものを」という正義の格律について，私は一般とは異なる解釈を提唱してきた。一般にこの格律においては，「彼のもの」は事前に決まっていて，正義はそれを実現することだ，と考えられていると思う。しかし私は，「彼のもの」はまさにこの正義の格律によって決まるのだと考える。そうするとこの格律は，デザート論に基づくのではなくむしろ，デザートを産み出すものだ，と理解される。デザートが正義を生み出すのではなく，正義がデザートを生み出すのである。この場合の含意は（話を所有に絞れば），所有制度は一般に，それが正しい基礎に基づいているか否かよりもむしろ，それが確定していることが重要だ，という点にある。1989年から始まる社会主義の崩壊において，旧社会主義国の一部，たとえばチェコ共和国では，かつて国有であった土地や工場資産などについて，国民に証券を発行するなどの方法によって，「正しく」所有を回復することより「早く」所有を確定することが優先された。このような方針も，私の理解する「各人に彼のものを」の適用として理解できるように思う。所有者が確定さえすれば，売買などによってそれを事後により効率の高いものにするための条件が整う，という考え方である。

179

第 10 章　ロールズの平等妄執（obsession）を抉る

配的正義に関わっている。ファインバーグが扱っているデザート論[25]はもちろん，ロールズ正義論の前に書かれており，そこで行われるデザート観念の分析の目的はまず，正義（といってもここで問題にされているのは，例えば刑罰についての正義などであって，ロールズの問題にする一般には社会的正義といわれるものではない）の本質を理解するために正義とデザートとの結びつきを解明することにある，とされた。しかし結論的にはこの結びつきは，一般に想定されているほど強くはなく，デザートは正義の一部と結びつくにすぎない，というのが彼の結論である。またそこで分析の対象となるのは「人に他者が与える報いのみ」であり，出てくる例も，大統領に選ばれるに値するとか，感謝に値するとか，学生が高い成績に値するとか，賞賛や非難または賞罰に値するとか，競争で勝利者という判定を受けるに値する，といったものである。つまり，何かを分配または授与する行為がはっきりとある場合であり，市場のような社会的制度の機能の結果，誰かが行ったわけではない分配によって所得格差が生じる，といったものを，少なくとも直接の対象としては想定していない。だから『デザート』では，ロールズの正義論とデザートの関係を論じ始める前に，私のいう健全な分配的正義論にかかわっていたデザートに関する議論を，ロールズが扱うような国家全体，または地球規模の所得分布のようなものに適用することができるのか否か，がまず問われるべきであっただろう（明確にそれをテーマに論じてはいないが，亀本も多分，ここに引っかかりを感じて全体の議論をしているのだと思う）。

　紙面もないので，これに対する私の結論だけを述べれば，以下のようになる。市場のような自生的秩序の結果について，それが分配的正義に叶うか否かを問うことはできない。各社会層の所得についての統計的な分布を調査して社会的事実を解明することはできるが，それは誰かの分配行為の結果ではないから，それ自体は正義の問題にはならない（不正義として非難することはできない）。しかし用語は変だが，その分布のあり方に一定の変更を加えることを目的として政府が「再分配」を行うことは，論理的にも政策的にも当然可能である。これは実は，再分配ではなく（一回目の）所得移転行為または所得の分布調整という方が正確だが，英語には一般に process-product ambiguity があって，distribution の語は，分配行為と無関係に成立している分布の意味にも使うの

---

(25)　ちなみに，『デザート』で扱われている 'Justice and Personal Desert' を含むファインバーグの論文集の邦訳を現在準備中である（嶋津格・飯田亘之監訳）。
【後注】これは，本書末の文献リストにあるファインバーグ［2018］として刊行された。

で，re-distribution をこの分布調整の意味で使うこともできるかと思う。これは，一定の目的をもって政府が社会に影響を与えようとする活動であり，要するに政策の問題である。それを（観念上政策と対置されるべき）正義の問題（そこではコスト等への配慮は一応度外視される）として構成することは不適切だと私は考える。政策として，何がどこまで可能なのか，大きすぎるコストや付随効果は発生しないか，国民の支持はどこまで得られるか，そしてそれは，政策と独立に保証されている個人の権利（これがまさに正義の問題だが）を侵害しないか，などを配慮しながら，試行錯誤的に導入すべきものである。この政策が一旦制度化された後で，その制度の適用をめぐって，例えばルール上受給資格があるのに給付を受けない人が，自分の権利侵害を訴える，といった行政法上の救済問題は当然残るが，これは法制化後の資格条件（法律要件の充足如何）に関係していて，この文脈では本来のデザート論は，ほとんど出る幕がない。上記の市場の機能を考えれば，そこで各人が得る所得の多寡または格差は，情報伝達のメディアであって，個人の道徳的デザートを反映するものでは本来ないからでもある。

　もちろん，上でも社会主義に関連して少し述べたように，市場経済のメリットを全面的に放棄するという劇的な政治決断と，さもなければ実行不可能なはずの社会的正義の要求とが結合する場合には，別の話になるだろう。『デザート』の最終章で語られる，スピーゲルバーグとサドゥルスキの紹介を読んでいて，私は奇妙な既視感を味わった。それは，はじめてマルクスに触れた時の知的驚きの記憶であり，その時読んでいた本は『経済学・哲学草稿』だった。私は当時まだ共産主義の歴史に疎く，「市場の全面放棄」の結果必要となる，絶大な全体主義的権力のことを理解していなかった[26]。

【追加的に】

　本稿を書き終わってから，どうしても追加しておきたいことに気づいたので以下2点，挙げさせていただきたい。

1)　本文4節で述べているように，図1のCよりもAの方が正義にかなうとロールズは判断している，と亀本は言っている。ロールズの解釈としてはそうかもしれないが，私は正義度の判定において「等正義線」の定義をそ

---

(26)　『デザート』の最後にある補論については，私の能力が足りないため，言及しなかった。

第 10 章　ロールズの平等妄執（obsession）を抉る

のまま適用することが，理論的一貫性に叶うと考える。つまり，どの分配
の方がより正義に叶うかは，すべてこの等正義線の上下で判断するのであ
る。そうすると，AとBの正義度は等しく J_1 線上にあり，C_0 とCの正義
度も等しく J_2 線上にある。そして J_2 の方が J_1 より上にある（yの値が大
きい）から，正義度はより高くなる。この場合，正義度の評価において平
等への配慮は無視されているが，こう考えないと，「等正義線」の意味が
わからなくなると思う。ただこれだと，『原理』における亀本の分析のか
なりの部分が無意味化してしまうかもしれない。

2)　曲線P＝所得分配線は，ロールズから採ってきている。それが厳密に何
を表すのかは依然として明確でないままだが，この曲線の形について少し
コメントしたい。元々は，D点（Yの所得最大点）より左に比べて右が急
に落ち込むことが疑問だ，という文章をここに書いていた。しかし今回読
み返してみて，もっと重大な疑問をもったので，以下に述べさせていただ
く。（私は「右側」を左上に進む方が，即時に行われるゼロサム型再分配のモデ
ルになると思うが）仮にロールズの言うように「左側」を右上に進むとする。
これはXとYの両方の所得が増加する部分だから，ゼロサム・ゲームでは
なく，（両者に格差はできるが）パレート改善になるフェイズであり，その
ためには財の総量が増大せねばならない。それには時間の経過が前提とな
る。そして時間とともに財の総量が増大するというなら，この曲線Pは，
傾きはともかく，どこまでも右上がりに伸びてゆくという可能性が考えら
れる。財の増大分を，平等ではなくとも双方が受け取り続けるなら，線は
右上に伸びるからである。それならPは，どこまで行ってもD点に到達し
ないのではないか。ロールズは当該点のY座標を「等正義線」というのだ
から，これは正義度が増大してゆくことになり，結構なことのはずである。
実際，地球規模の人類史も，極貧層の割合は減りながら全体の財は増大し
てきているだろうから，このモデルに近い。ただ最近の傾向では，エレ
ファント・カーブがあるので，中間層（多分先進国の中流下層部分）の所得
（と人口）が減少しつつあり，それが「ポピュリズム（私はこの呼称に賛成
ではないが）」と呼ばれる政治の支持者を増やしている。グローバル経済
の下層部分と先進国の中間層との利益が対立する，というこの問題への対
応として，「ナショナリズム」復権の傾向が見られるが，我々はいかなる
正義論でこれに対応すべきだろうか（参照：B.ミラノヴィッチ『エレファン
トカーブが予測する未来』みすず書房，2017年）。

第 IV 部
ハイエク研究余滴

第11章　F. A. ハイエク（1985年）
——忘却の淵から蘇った自由主義の不死鳥

第1節　法哲学者ハイエク[1]

　フリードリッヒ・アウグスト・フォン・ハイエクは1974年にノーベル経済学賞を受けていることもあって，一般には経済学者と考えられている。しかしハイエクの研究対象が専門分野としての経済学の内部に収まっていたのは，だいたい第二次大戦までのことである。戦後のハイエクの研究対象は，社会科学方法論と社会思想史をはさんで，社会哲学一般に拡大する。この分野での彼の主著は『自由の国制[2]』（*The Constitution of Liberty*）と三巻からなる『法と立法と自由』（*Law, Legislation and Liberty*）であるが，これらの内容に少しても直接に触れた者なら，ハイエクを現代の法哲学者の一人に数えることに異論は唱えないであろう。法に関する議論が彼の理論全体の中心的位置を占めているからである。

　欧米の法哲学専門家がハイエクのこの分野での業績をどう捉えているかについては，時期的な変遷が大きいようである。『自由の国制』出版当時は，これを「壮麗なる恐竜（時代おくれ）」とするような評価（A.クイントン）に同調して，実質上は無視する扱いも多かったようだが，その後『法と立法と自由』第一巻出版後ぐらいから，ハイエクの影響力は拡大しているようである。論じるに値するとは認めながら理論の内容には批判的，というスタンスを採る者（J.ラズなど）も当然多い。たとえば，Cunningham［1979］などを見られたい。これは1976年にサン・フランシスコで開かれたハイエクを祝しての大会に提出された論文を収めたもので，ここでハイエキアン達に肩を並べて，ラズ，R.サルトリウス，R.ドゥオーキン等英米の代表的法哲学者達が，法の支配や自由論について，ハイエクの理論を意識した議論を展開している。

　また，法理論を含むハイエク哲学を内在的に理解した優れた著書として，Gray［1984］が最近出たので，是非ここで紹介しておきたい。同書には60頁

（1）　以下の拙稿は，一般向けの法哲学者ハイエク入門である。詳細の議論は私の学位論文である嶋津［1985］を見られたい。

（2）　ご参考までに未邦訳時の私の訳を示す。邦訳後の訳は『自由の条件』である。

第 11 章　F. A. ハイエク（1985 年）

以上にもわたる網羅的なハイエクの文献表もついているので，欧文文献については そちらを見られたい。

第 2 節　ハイエクの略歴[3]

　F. A. ハイエクは 1899 年にウィーンで自然科学者の多い家系に生れた。L. ヴィトゲンシュタインは遠い従兄にあたる[4]。第一次大戦に従軍して祖国の敗戦を経験した後，ケルゼンなども教授陣にいたウィーン大学で，法学と経済学の二つの博士号を得た。彼は経済学に於ける「ウィーン学派」の第四世代に属するが，当初は景気循理における貨幣の役割等を研究対象とした。

　1931 年にロンドン大学に移り，そこで経済学・統計学の教授として 20 年間を過ごす。この間，世界恐慌を背景としたケインズとの論争が注目を集めるが，ケインズの『雇用・利子・貨幣の一般理論』（原書 1936 年）の出版後は，ケインズ理論が経済学界を席巻し，ハイエクは経済学専門家から忘れられてゆく。しかしその後のハイエクの理論的発展は，途方もなく大がかりな，ケインズ的なるもの一般への再反論ともみなせるのであって，昨今の経済学者によるハイエク再発見が，ポスト・ケインズ経済学というコンテクストからのものが多いのも当然である。

　後に彼が告白するところによれば，ハイエクは 1929 年に「理性の濫用と凋落」というタイトルで大規模な著作を行う計画を立てたという。これは結局そのままでは実現せず，『科学による反革命』（雑誌への発表は 1941-44 年）と『隷従への道』（1944 年）にその構想の一部が結実した後，40 年の歳月をかけて，『自由の国制』と『法と立法と自由』へと発展するのである。

　『隷従への道』は，理論的な観点からする計画経済への反論と自由経済擁護の書であり，特に合衆国ではベストセラーになって専門家以外にも広く読まれたので，1950 年にハイエクが「社会・道徳諸科学」の教授としてシカゴ大学へ移った時には，彼は有名人になっていた。シカゴにいる間に出版された本の中に『感覚秩序論』がある。この本の元になっているのは，ハイエクが 18 歳ごろに書いた草稿で，当時彼は経済学と心理学のいずれに進もうか悩んだとい

---

(3)　【後注】もっと詳しいハイエクの履歴については，拙訳の自伝［ハイエク 2000］参照。

(4)　【後注】ハイエクの母が L. ヴィトゲンシュタインの一番上の姉と親友で，又従姉妹 の関係にあり，ハイエク家によく来てルートヴィヒの話をしていた［Hayek 1994: 60］ （拙訳書が手元にないため，原書の頁数を挙げる）。

186

う。ここに表現されているのは，心身問題についての一種のマテリアリズムなのだが，ハイエク社会哲学の源泉を構成するもっとも核心的かつ難解な要素が表現されている。この議論は，後の二つの論文集の中で「哲学」として分類されている諸論文[5]へと発展する。

1962年にハイエクはシカゴからドイツのフライブルク大学に移って，経済政策の教授となる。1967年に退官した後オーストリアのザルツブルク大学に移るが，現在はまたフライブルクを本拠にしているようである。『法と立法と自由』が結果的に三巻本となったのは，彼が自分の高齢から仕事が頓座する場合を慮って，出来上った部分から順に独立の本として出版していったためであるが，79歳でこれを完結させてからも，ハイエクの執筆活動はさしたる衰えを見せていない[6]。

第3節　自生的秩序

「自生的秩序」（spontaneous order）の語は，マイケル・ポラニーの『自由の論理』から借りたものだが，ハイエク社会理論の中心概念を表現するものとなっている。この概念自体は，たとえば星の進化，原始地球における水循環系の成立，生命の発生と拡散・進化，様々な規模で維持される生態的物質循環等々の，柔軟で安定した秩序の自然発生にも適用しうるものである。つまりこれは，特定の条件の下では，精緻な自動安定化機構を具えたシステムが，自然発生的に成立することを表現している[7]。

このようなシステムが各々いかにして，いかなる条件の下で発生し維持されるかの解明が，各分野の科学の中心となるのは当然だが，ハイエクにとっては社会科学もまた，これと同じ課題をもつものと考えられるのである。

「社会秩序」，特に現代社会の複雑な秩序は，人間の意図的企画と具体的な操作によって生み出され維持されているものではない。確かに我々は，自覚的な「立法」や「治安維持」の活動を行っている。しかし，社会を構成している多数の個人がもっている目的と手段の知識は，極めて多様であり，またそれらは

---

(5)　【後注】それらの論文を集めて『哲学論集』として1冊の訳書にしたものがハイエク［2010］である。

(6)　【後注】その後ハイエク［1988］を出版した後，1992年に92歳で没した。

(7)　生命との関係でネゲントロピーを論じた古典ともいえるシュレーディンガー［1951］も参照されたい。

第11章　F. A. ハイエク（1985年）

個々に変化し続けている。ここから生み出される各人の各時刻の行動が，何らかの整合性をもち，秩序を構成していてはじめて，追求されているこれら多数の目的の少なくとも一部が実現されうる。この条件が全く成立しないカオスの下では，個人による目的追求そのものが不可能または無意味となろう。

　この秩序を人間が意図と企画に従った努力によって生み出そうとするなら，その人間は社会の全構成員の各時間の行動を指示せねばならなくなる。これはほとんど無限に複雑な操作を必要とするから，不可能であるし，国家機関も含めて，誰もこれを行っている者は存在しない。それにもかかわらず人々の具体的な行動の間に事実として成立しているはずのこの秩序を，ハイエクはコスモス，または自生的秩序と呼ぶのである。

　アダム・スミス以来の市場の機能の分析は，上の秩序を可能にしているメカニズムの一部を明らかにするものであるが，ハイエクの市場論は，市場の情報伝達作用に着目する点に特色がある。市場は人々に，達成可能な目的とそのための最適手段に関する情報を不断に与え続けることによって，人々の自由な目的追求行動の間に，整合性と秩序を生み出す方向に人々を誘導する。

　このメカニズムによって各人の自由と社会の秩序は，両立可能，いや不可分の関係に立つことになると考えられる。市場で成立する各財の価格，提供されている収入の道と額，様々な消費と生活の仕方の模範，等々は，刻々変化しながらも各個人に自分の自由の利用法についての情報を提供する。そしてそれに従って各人の行動が変化すれば，それが直ちにシグナル化されて再度他に伝達される。この過程で行われる様々なレベルでの競争は，各人の自由の利用法についての一種の発見手続とみなされる。

第4節　自由の法——ノモス

　自生的秩序に対置されるものは「組織（organization）」と呼ばれる。これは人間の意図と企画によって成立する，特定の目的を伴う自覚的な人間集団の秩序であり，企業とか軍隊などがその例となる。組織を成立させるための法をハイエクはテシスと呼ぶが，その特質は，上位規範と下位規範が授権の関係に立ち，全体がはっきりとした階層構造を形作ることにある。

　法哲学者は伝統的に公法の専門家が多く，このようなテシスの概念で法秩序全体を捉える傾向が強い。確かに国家の統治機構は「組織」であり，そのあり方を定める法はテシスである。しかし，自生的秩序としての社会を現に成立さ

第4節　自由の法

せ維持している法の概念を，この下に包摂することはできない，とハイエクは強調する。自生的秩序の法はノモスまたは自由の法と称されるが，歴史的にはこれこそが本来の法であり，それが受けていた権威と尊敬を，国家機関への服従義務へと転化・利用するところに，法実証主義の法概念が成立したのだと考えられるのである。

　一見抽象的な主題に見える法概念論は，絶大な理論上・実践上の負荷を担っている。なぜならハイエクにおいて，立法権の行使を制約するものは，こうして確定される法の概念だからである。法が「立法府の意志」とか「適正な手続で採択された議案」等々と同視されるなら，立法府の権限には制限がなくなり，三権分立の理念も存立の概念的基盤を喪失する。反対に，「立法府の権限は法の確認と修正に限られる」という命題に意味を与えるような法概念論を語るとすれば，議論は直ちに現代民主主義論に踏み込んでしまうことになろう。

　これは当然，法の支配をめぐる問題とも関連する。実証主義的な発想の下では，法の支配とは裁判所の支配のことだというような解釈が支配的となるが，ハイエクはこれを排するために，裁判官の活動の分析を進めてゆく。法の発見作業は，特定の目的に向けて自由にルールを制定することとは異なる。裁判官達は，既存の実体法の体系を前提にして，それが円滑に機能するように，個別的な利害と独立に，永続性または普遍化可能性に着目しながら，整合的な紛争解決のパタンを既存の体系につけ加えてゆく。この作業は，意志的・目的的というよりも，認識的な精神作用と共通性をもつ。

　こうして生み出される法体系の全体も，それ自体が人間の意図と企画によって設計されるものではないという点で，自生的秩序の一つとみなされる。議会による立法活動も，この作業を発展させるものであって，決して個別諸利害の妥協を目的とするものではないと考えられる。ここでハイエクは，自覚された個々の利益に還元されない人間の価値意識またはルール感覚を問題にする。人間は外界（及び内的環境としての自己）を認識する動物であるとともに，ルールに従う動物である。そして人間の従っているルールの生成の背後に，進化論的過程を想定するなら，これらルールの内には，個体発生的・系統発生的な人間の経験が蓄積されている[8]と考えることができる。

　これは，原始的な社会におけるタブー等についても言えることであるが，現代社会に於けるルールは，このようなものではなく，例えば言語の文法や意味

(8)　【後注】本書第1章参照。

第 11 章　F. A. ハイエク（1985 年）

規則，様々なゲームの構成ルールのような，ずっと抽象的性質のものである。

　ハイエクの心理学・認識論は，人間理性の概念を，既知の目的のために既知の諸手段の間の選択を行うという狭い範囲に留めず，それを，規範意識や無自覚的なルール遵守またはルール使用（たとえば言語による意思疎通）にまで拡大する。このような人間観を適用して立法活動を理解する場合の法理論は，法実証主義に対する有力な対抗理論となりうるように思われる。

　だからといって，行政府に対する人民のコントロールと平和的政権交替を可能にする唯一の制度としての民主主義の意義が軽視されるべきでないのは当然である。しかし，このことと立法の活動とは本来異なった性格をもつのだという考えは，彼の理想国制論において，「立法議会」と「統治議会」を別に設けるという発案に結びつく。

＊　　＊　　＊　　＊

　教科書的な分類法に従ってハイエク理論を分類し，それにあれこれのラベルを張るのは，多分容易なことであろう。しかし問題は，この分類法に体現されている背景的理論にある。ハイエク哲学の真価が，この常識的な分類法の基礎をゆさぶり，深い所で我々の半無自覚的前提を覆す所にあるとするなら，ハイエク理論に直面して直ちにその分類作業にとりかかるのは，それに対する哲学的対応として，賢明な策ではないと，私は考える。

【邦語文献】

（この紹介的な記事を書いた 1985 年当時，間近にせまる社会主義圏の崩壊を予測する者は世界的にもごく少なく，ハイエクに注目する研究者もわずかだった。その記録のために，網羅的なものではないが当時の邦語文献リストを挙げさせていただく。）

ハイエク，今西錦司『自然・人類・文明』1979，NHK ブックス
古賀勝次郎『ハイエクの政治経済学』1981，新評論
　　——「ハイエク社会理論体系の研究」(1)～(6)，早稲田社会科学研究第 17 巻（1977年）
嶋津格『自生的秩序——ハイエクの法理論とその基礎』1985，本鐸社
　　——「F・A・ハイエクの法理論に関する一試論」1980，法哲学年報一九七九
　　——「『法と立法と自由』1～3 巻の書評」1980，国家学会雑誌 95 巻 9＝10 号
松原隆一郎「コンベンション理論の再生——ハイエクを中心に」季刊現代経済，1984 秋期号
佐伯啓思『隠された思考 市場経済のメタフィジックス』1985，筑摩書房

第 4 節　自 由 の 法

N. バリー『ハイエクの社会・経済哲学』矢島鈞次訳，1984，春秋社

＊　＊　＊　＊

　ハイエク自身の主要著作について，主要なものは現在ほぼ網羅的に邦訳されている。以下参照。
春秋社ハイエク全集（第Ⅰ期全 10 巻＋別巻 1，第Ⅱ期全 10 巻＋別巻 1）

第12章 『法と立法と自由』第1巻の解説

第1節 解説Ⅰ：イデオローグ・ハイエク（1987年）

　一般にハイエクの文章は，軽快ではないが極めて明解であり，かつ何度読み直しても読者に新たな驚きと発見を与えるような，多重の層をもつ含蓄に富んでいる。その内容は，言葉の真の意味におけるイデオロギー（この語はハイエクにおいて否定的な意味合いをもたない──『科学による反革命』第二部参照）というべきであって，社会的世界のあり方についての包括的な認識の一つの有力な視角を与えるとともに，その認識は，新たな社会的現実を生み出すことによって事後的にそれを自己充足させるような方向へと人々を駆り立てる，未完結だが（だからこそ）魅力的な未来像を，その一部として含んでいる。議論の内容は正反対でも色々な意味でハイエクは，マルクスに似ているなと感じさせる面をもっている。

　三部からなる本書（『法と立法と自由』）全体の論点をおもいきり狭くとるなら，その全体は「立法」の一般理論とその制度化（「立法議会」）論にあると考えることもできよう。

　現代の常識的見解に従うなら，法の解釈論と対置される意味での立法論は，民主主義による意志決定の問題であり，それはつまり「政治」の問題である。このような前提からは，立法と政治の間に線を引くことは不可能であり，立法の理論は即ら政治の理論とならざるをえない。もっとも現実には，商法や刑法の改正案を作成する審議会での審議（「立法」的過程）と各年度の具体的な予算審議（「政治」的過程）などが，同じ種類の（集団的利益調整を目的とする）議論だとは，それに携わる人々にも（幸いなことにまだ）感じられていないのかも知れない。しかし，それらが全く異なった能力と態度を人々に要求する別の活動であると考えるための，概念のマトリックスが，常識的な理論の枠組の中に用意されていないのである。つまり政治と立法を区別するための言葉が整備されていないために，これらは同じようなものにしか見えないのである。そしてそれ以上に悪いことには，実際にもこれらは，（政治の無制限な立法への侵入によって）区別のつかないものになってゆく傾向が見られるのである。

第12章 『法と立法と自由』第1巻の解説

　人間の行動に基礎をもつ社会の諸現象に関する限り，現実が観念を追いかけること，または，人々がある観念を認識の道具として受け入れたこと自体が，その観念に対応する（誰も歓迎しない）事実が現実に生起することの唯一の原因になること，には何の不思議もない。「理想」が，人々の意図的な行為を通して社会的現実を自己充足的（self-fulfilling）にまたは自己破壊的（self-defeating）に変化させるのに対して，価値中立的と考えられている（現状の誤った）認識は，現状を変化させようという意図を伴わないまま，その認識に従う（誰もが不都合と認める）結果を現実の上にもたらすことがある。この場合の「誤り」は，認識上のそれであるとともに，実践上のそれともなる。

　これに対する対応措置は不可避的に，右の誤った認識に導く基本的言語群の再編成を伴うことになる。ハイエクの方法は，二分法を多用しながら，常識的には似たものをさす語とされる二つの語を，相互の反対語として仕立て直し，このような反対語の連鎖を通して，前項群によって表現されるべき対象と，後項群のそれが，別々のものとしてあるのだ，ということを読者の眼前に示そうとする。

　本書第一部の中心をなすコスモス（自生的秩序）とタクシス（組織），それぞれの法としてのノモスとテシス，の二組の二分法は，その回りにハイエクが用意している他の多くの二分法によって支えられている。進化（論的合理主義）と設計（的合理主義），価値と目的，正義と利益，意見と意志，コンヴェンションと契約，ルールと命令，knowing how（実践知）と knowing that（対象知）……。ここで重要なことは，これらの二分法を構成している各対は，もともと対極概念として一般に意識されている語でできてはいないということである。つまりハイエクは，既存の二分法（とその前提にある背景的知識）をそのまま利用して何かを語ろうとしているのではなく，むしろ語り進む中でこれらの二分法を創り出し，読み終えた者にとってはそれらが当然の対立概念を表わすものに見えるように配慮しているのであり，同時にその「当然の」概念群を通して見える「新しい」世界を見せようと力を傾けるのである。そこで問題にされているのが例えば，理性と感情，手段と目的，事実と価値，知（識）と意（志），意識と無意識，自然と人為，等の二分法（とそれらの担う常識的理論）ではない，という点には注意が必要である。

　子供による言語の修得の場合を考えても明らかなとおり，新しい概念（それも一個一個ではなくシステム的繋がりをもった一群の概念対）の意味は，各々の定義によってではなく現実の使用によって示され，理解されるしかない。つまり

194

第1節　解説Ⅰ：イデオローグ・ハイエク（1987年）

これらハイエクの導入する新奇な意味を担う対立概念群の意味は，本書におけるそれらの使用によって支えられているのである。

相互に支えあっている各二分法を単純化して示す事の危険を承知しないわけではないが，あえてこれら対概念の統一的理解の一つの仕方を示すならば，抽象と具体という分類の鍵を使うことであろう。これは，ただちにハイエク理論の源泉である著書『感覚秩序』や論文「抽象的なるもの先行性」の問題に連なるが，残念ながら，ここでそれに立ち入ることはできない。ただ著書『法と立法と自由』を，哲学者ハイエクの認識論・方法論を理解するために読むという，逆方向からの接近法も（不健全な哲学的偏向であることは否めないが）可能であり，実りもあるに違いない。

問題を絞り込みながら正面から読む限り，本書（全三巻）は，前述のとおり，立法の理論である。前述の各二分法によって用意された概念のマトリックスは，限定的に見るなら「立法」を語るためのもの，と考えることができる。つまり，立法とは，通常のテシスの立法と区別されるべきノモスの立法を中心とするものであり，その場合には，テシスの立法にかかわる制度的・既念的装置（民主主義・交渉・合意・代議制・圧力団体・利益集団・意志決定……）と別のそれが必要となる，というのである。制度的問題は第三巻（第三部）で具体的に論じられるのだが，そこで提唱される（現在のような「行政議会」と別の原理によって運用されるべきものとされる）「立法議会」が，本当に（行政上の意志決定と区別された）立法（のみ）を行ってゆくためにも，「法」の概念が確定されていなければならない。さもなければ二つの議会を設けたところで，現行の二院制以上の結果は期待できないのだから。

正確で詳細な議論は本文にゆずるとして，ごく簡単に述べるなら，ノモスとしての法は，抽象的・一般的な行動のルールであり，（相対的に）独立の事実上の秩序であるところの，コスモスとしての（社会の）自生的秩序に連動している。この（具体的あり方を刻々変化させながら，抽象的態様を維持する）秩序の円滑性の維持・向上が法システム全体の目的であるとともに，このような一般的目的と別に，その具体的適用の場面で「法の目的」を論じることは一種のカテゴリー・ミステイクと考えられる。

法の源は生物としての人間にとって理性と同程度に重要なルール遵守力に発する。そして不文慣習法を経て，「権利」「義務」「請求」「訴追」等々の「法」を表現する法用語群が，長年にわたる裁判官その他法律家の活動によって整備されてきた。一旦それを表現する言語を得たものは，直ちに人間の意図的操作

第12章　『法と立法と自由』第1巻の解説

の対象とみなされる傾向がある。しかしこの「操作」は，「工学」「設計」等よりも「農学」「（健康維持としての）医学」に類するそれであって，基本的に対象（各個人の行為または作法）のもつ自己組織性に依拠する活動なのである。たとえ「立法」であっても，この事実は変らないのであって，一から十まで人間の意図と願望に従って社会を設計しようとすることが，人間理性の（自己認識を欠いた）傲慢なのだ。そこで操作の対象とされるべき人間個々人が，設計しようとする主体と同程度の複雑性をもつとともに，それら人間によって営まれている社会のより背後には，原理上意識的理性を越えた複雑性をもつ（そしてこの理性を生み出した）自然があり，人間はこれに対応する仕方を，文化（道徳・価値観・マナー，等々）の中に蓄積してきたのであって，理性的認識と計算によってそれを行っているのでも，それができるのでもない。

　先に述べたような趣旨からして，第一巻（第一部）は切り離して読まれるべきではなく，特に第三巻と関連させて理解されるべきだと考える。ある意味ではもっとも挑発的な第二巻（社会正義の蜃気楼）への言及ができなかったが，（立法の指針という機能をもつ）正義の概念が，法および立法の理論と必然的に関連するものであることは当然である。同時にそこでは，第一巻ではただコスモス・自生的秩序とされているものの中心にある市場の秩序について，そのメカニズムに立ち入った議論が展開されている。

　蛇足かもしれないが，一言つけ加えたい。理性の有限性を強調するハイエクの基本的観点をハイエクの（それ自体極めて理性的な整合性を備えた）理論体系に適用するなら，この体系を全面的に覆す別の理論体系の生成も，予想可能である。そのようなものが登場するとするなら，それはハイエク理論の前提に潜んでいた（多分小さな）誤謬を発見・意識化し，それを理論的に発展・展開させてゆくことから始まるのかも知れない。それは，進化論の部分か，認識論の部分か，正義論の部分か……。いずれにせよ，たとえこれが現実のものになるとしても，それはハイエクがかくも見事に批判した，設計主義（実証主義……）の諸理論の単純な復活ではありえない。少なくともこの点は確信してよいのではなかろうか，と私は考えている。

第2節　解説II：自由と秩序を両立させる規範のコスモロジー（2007年）

　本書の旧版から20年，原書の出版からは33年の時間が過ぎ，ハイエクも今はない。年月は本書の意義をまったく毀損していないどころか，そこでハイエ

第 2 節　解説 II：自由と秩序を両立させる規範のコスモロジー（2007 年）

クが示した様々な点で現代の常識に反するコスモスとしての社会秩序の描像が，リアリティーを増してわれわれに迫ってくる，という印象が強い。この間の事情もふまえながら，本書について再度の解説を試みたい。旧版に付した解説（解説 I と呼ぶことにする）を廃棄して全体を新たに書き直さないのは，私の怠惰のためというより，今の時点でこれ以上に簡潔で意味のある概観を書く自信が私にないからである。ただ解説 I については，少しだけ訳語の修正を行い，関連して少し考察を加えたいと思う。

1　基本的訳語の変更——その背景的理解

　解説 I で私が使った訳語の問題として，"knowing that" は「対象知」より「命題知」の方がよい。「対象知」の語は，マイケル・ポラニーの暗黙知論が頭にあって訳語として使用した。その意味では誤りではないのだが，ややもすると言葉になっていない対象の直示的把握を連想させる欠点があると思う。英文の that の後には命題が来るのであって，これは要するに言葉になっている知識のことである。それゆえ，"knowing how" と "knowing that" の対概念は，「実践知（やり方を知ること）」と「命題知（言葉で知ること）」の区別なのである。この二分法はギルバート・ライルからハイエクが借りているものである。M. オークショットであれば，「実践知（practical knowledge）」と「技術知（technical knowledge）」というものにだいたいあたる［オークショット 1988: 第一論文］。本文で繰り返されているように，ハイエクの知識論は前者を強調する点に特徴があることはいうまでもない。人間は，言葉にできない知識を計り知れないほどもっており，その中には従うべき規範についてのそれも含まれる，というのがポイントである。存在と当為，対象記述と規範提示の区別は，命題化された知識においてはじめて明確になる。しかし動物行動学的なレベル（たとえばミツバチの集団的意志決定法ともいえる 8 の字型ダンス）から人間の職人技にいたる広範な実践知においては，認知的に事態を知ることと実践的にそれへの対処方を知ることとの間に断絶した線を引くことは困難または不可能な場合が多いのである。対象の具体的あり方や因果的関連を知らないままそれへの対処法だけを知っていることは，未開社会などでは当然だが，発達した人間の段階においてもごく普通のことである。そう見極めれば，現在わが国で混迷を極めている道徳教育の扱いなどでも，われわれの対応に大きな違いが出てくるのではないだろうか（道徳に関連する論点として，Hayek ［1982］／邦訳全集第 10 巻，末尾のエピローグをぜひご覧いただきたい）。

第 12 章 『法と立法と自由』第 1 巻の解説

　実践知としては，言語の用法がよい例である。われわれは日本語の文法や意味論を構成する複雑なルールを言葉によって語ることができないまま，日本語を正確に使い発話を理解する能力をもっている。そして言語について言語感覚を問題にできるように，われわれは社会の基本ルールについて正義感覚を問題にできる（全集第Ⅱ期の『哲学論集』に所収の「抽象的なるものの先行性」論文参照）。われわれはそのような感覚（同論集内の「ルール・知覚・理解可能性」ではこれは「超意識的メカニズム」の働きとして述べられている）を自分の内にもっているのであり，その意味で社会の基本ルールを「（実践知として）知っている」のである。立法を政治と区別する一つの鍵はここにある，とハイエクはいう。この部分は，『自由の条件』以後『法と立法と自由』でつけ加わった主要論点の一つをなす。かつて『感覚秩序』（本全集第Ⅰ期第 4 巻。50 歳ころに書かれているが 18 歳のハイエクが得た着想を背景に含む）で展開された心理学基礎論と『自由の条件』での自由論とが，ここではより有機的な形で結合されている，といってもよいだろう。だから，第 3 部での具体的政策論を含む『自由の条件』は自由主義の政治哲学（ミルの『自由論』のハイエク版）である一方，制度上のユートピア論を含む『法と立法と自由』は自由な社会秩序のコスモロジーといった趣をもっているのである。

　もう一つ訳語についていえば，第 3 巻で登場する governmental assembly も，解説Ⅰでは「行政議会」と訳しているが，「統治議会」の方がよいと思う。前者の訳は三権分立論で「立法・司法・行政」というのに引きずられていた。その場合には，この三権があわさって「統治機構」を構成するとされる。つまり統治には立法が含まれるというのが常識であるから，立法を統治と対置するのは，その常識の中ではおかしく感じられるのである。しかしハイエクの意図は，常識的な三権分立論の基礎を解体して立法を統治行為一般と区別することにある，と考えた方がよい。明らかに本書の中心的意図は，立法を行政とではなく政治または統治一般と区別することにある。ハイエクにおいては，立法議会が行うべき本来の立法は「意思決定」ではない。ではそれと別の何であるといえるのか。それを語るための理論的準備をすることがこの第 1 巻の主要な目的なのである。そのために「法とは何か」という法哲学の主要論点が，基本語彙の再編をともなってまったく新たに再論される。この巻で展開されているハイエクの法概念論は，経済学と法学・政治哲学にまたがる視野を背景としており，私の狭い知見では他に類を見ないものである。私の結論では，それは自然法論でもないし法実証主義でもない。そこでの法は社会と共に変化・発展してゆく

第2節　解説Ⅱ：自由と秩序を両立させる規範のコスモロジー（2007年）

ことを想定しているから本来の自然法論ではないし，もちろん人間の自由な規範定立によって創造されるはずの法実証主義的な法でもないからである。そしてこれは，「法の支配」の理念において想定されている「法」だと彼はいう。この意味の法にのみにかかわる立法議会（上院）を設けるべきだとされている一方，これと別に設けられるべき統治議会（下院）は，政府の活動に対する民主主義的コントロールのために統治に関する意思決定を行う。後者の方が，現在の議会が行っていることの大半を所管する議会なのである。だからそれに現在のように「立法府」という呼称を与えるのも誤解の種だ，とハイエクはいう。統治議会は，各年度の予算（特に支出）など永続的ルールとは無関係な具体的意思決定を行うが，立法議会の確認する私人を含む社会全体に妥当する一般的ルールとしての法に従わねばならないのである。

2　「立法議会」が制定する法はノモスかテシスか？

さて本書『ルールと秩序』（『法と立法と秩序』第1巻）は，解説Ⅰでも述べたとおり立法論（そして立法議会論）を展開するための基礎理論の位置を占めている。ただ残念ながら，この巻で基本語彙として造語されている秩序の分類としてのコスモスとタクシス，それぞれに対応するルールとしてのノモスとテシスの用語は，立憲論を展開する第3巻ではほとんど登場しない。その理由をハイエクは，この造語を一貫して読者に押しつけるだけの勇気が自分になかったためだと第3巻の序で述べているが，以下で述べるように，あるいは論理的一貫性を保つのが困難と判断した結果であるのかもしれない。このことを反映して，この用語の理解についてはハイエク研究者の間でも少し理解の相違が見られるので，この点について述べたいと思う。

論点は，ハイエクが推奨するような本来の立法議会が成立するとして，そこで行われる立法はノモスなのかテシスなのか，それともそこではこの分類法は放棄すべきなのか，にある。コスモスとタクシスの分類は，秩序の分類であるからあまり問題はない。これはそれぞれ「自生的秩序」（現代的には「自己組織的システム」などの語でもよいと彼は言う）と「組織」という既存の語で表現されるものとほとんど異ならないと考えてよい（ただ解説Ⅰで述べたように，実際の当てはめの段階ではこの区別は程度問題になると私は考えるが）。しかしノモスとテシスの分類はそれほど簡単ではない。ハイエクも，ノモスと同じ位置にくるものとして「私法」や「正しい行動のルール（rules of just conduct——以下RJC）」を上げながら議論を展開しているが，これらの語群がいつも代替可能

199

第12章　『法と立法と自由』第1巻の解説

な関係に立つともいえないようである。

　一つの解釈は以下のようなものである。人間が作る法はすべて定義上テシスである。ノモスは，慣習法や判例法としてはあるのだが，原理上非言語的なものであり，意図的な立法とは矛盾する。しかしテシスは，その上にノモスとしての法があることを想定して，それに似せて作ることが可能であり，立法議会はこれを行う。この場合にはノモスは従来の自然法論が論じてきた自然法と似た位置，つまり制定法の形式または内容の指導理念といった位置を占めることになる。具体的な立法はすべてテシスであって，それはどれほどノモスの理念に近いかまたはそれに反しているかによって，その価値を測定される。本文の中にも次のように，このような解釈を裏付けるような文章がある（ハイエク[2007: 167][(1)]）。「立法府が議決する制定法（テシス）〔括弧も含めてハイエクの原文〕は，ノモスのすべての属性群をもちうるのであって，自覚的にノモスのモデルに従って形成されるなら実際それら属性群をもつ可能性が高い。」少なくともこの部分ではハイエクは，制定法はすべてテシスだと言っているようである。ただしここでハイエクは，英米モデルを想定していると考えられる。英米法では，議会が制定する様々な制定法が，判例法の体系であるコモンローからなる海の上に浮かんでいる。制定法はそれが規定する範囲ではコモンローに優先するが，全体をなすのはコモンローであり，これを制定法化する運動が行われた時代はあるが，歴史上それが成功したことはない。だから上記の「制定法（テシス）」はここでは，法の一部としてのそれを想定している。コモンローにあたるものも制定法化する独仏や日本のような法制ではこの関係がどうなるべきか，をハイエクが考えたのが，『法と立法と自由』で独自の立法府の体制（「立法議会」）を論じた第3巻だといえると思う。発展途上国などで自由な社会を可能にする法を導入するのに，判例法の蓄積を待つ時間はないから，この方式を採るしかない，というのがその理由であろう。

　もう一つの解釈は次のようである。立法議会が確認する形で作る法はノモスと考えてよい。これは自由な「創造」の結果ではなく，自分たちが従うべきより上位の規範または原理が常にあることを想定しながら，自分の内にある正義感覚（によって捉えられるRJC）を表現しようとする努力によって言語化されるものである。その結果は一般的ルールの形で表現され，永続的なルールとな

────────────

(1)　【後注】手元にあるキンドル版の原文では頁数が示せないので，訳書で出典を示しておく。

200

第2節　解説Ⅱ：自由と秩序を両立させる規範のコスモロジー（2007年）

ることが常に目指されていて，個別的な事件や短期的な事態にはかかわらない。既存の法解釈学でも前提されているように，ここでは規範の体系的一貫性・整合性が想定されているから，この「表現」は単純な字義解釈によって無目的的に墨守されるべきではない（あるべき解釈を考えるについては，表現が誤っている可能性をも想定してよいと私は考える）。これは何のためにそのルールがあるのかを理解しようとする知的努力と人々の正義感覚とずれていないかの反省を経て，裁判所で解釈されるとともに社会で通用する。そしてハイエクが繰り返すようにもっとも重要な点は，このノモスがこれと相対的に独立した事実上の秩序であるコスモス——社会の人々の行動の間にある自生的秩序——と相関し，後者をより円滑化するためにという目的（のみ）をもって運営されることにある。これに対する指導理念は「正義」（「正しい行動」）であり，制度上政治的配慮から絶縁された立法議会も裁判所も，正義をめざしてこの法を制定し解釈するのである。

　統治組織のルール（rules of the organization of government——以下ROG）であるテシスは，一定の目的を実現するために人為的に人を効率的に組織するという独自の目的と機能をもつはずである。だからこの語をすべての制定法を表す意味で使うとむしろ議論が混乱するのではないだろうか。秩序の基本性質が異なれば異なるルールが必要であるから，コスモスたる社会にはノモスが，タクシスたる政府にはテシスが対応するという明快な区分を維持する方が議論として優れていると私は考える（嶋津［1985］ではそのように論じた）。ノモスはRJCでありテシスはROGである。そしてこれらはそれぞれに相応しいものとして制定することができる（それゆえ多分本来のROGの制定は，立法議会でなく統治議会で行うのだと思う）。これならずいぶんすっきりする。ただ，本書をよく読んでみると，立法議会は徴税の基本ルールなどRJC以外のルールも制定するので，実際の議論は細部に行くほど単純ではなくなる。

　また，ROGが定める政府部内の役割分掌は便宜的なものにすぎないから，政府の役割を果たすのに必要なら緊急の事態に対応するためROGを一時的に無視するなどは許される，と考えるべきだろう。この場合，ルールを守ることを自己目的化するより，様々に変化する環境の下で本来の目的（国民の安全確保など）を達成することの方が重要だからである。たとえば典型的な組織である軍隊の場合，敵と戦う時に軍規に縛られてみすみす敗れるのは賢明といえないだろう。しかし政府と市民の接点にある問題領域は別であり，困難な問題を生じさせる。むしろ「公法」と呼ばれるものが主要な対象としているのはこの

第12章 『法と立法と自由』第1巻の解説

領域であり，法の力によって政府の恣意的な活動から市民を守ることを主な目的にしている。統治が国王によって担われる場合なら，前者は宮廷内の内部ルールにすぎず国民の権利義務とは無関係だが，後者は私人の自由と権利（受給権などを含む）にかかわる部分である。国家賠償や行政行為の差し止めをめぐる行政訴訟は，まさにこの政府組織と自生的社会秩序のインターフェイスに関わるものである。だから，現在の公法をそのまますべて ROG だと考えることにも問題があるだろう。『自由の条件』にも出てくるように，ドイツで発達した公法は，少なくとも初期においてはこのような目的——政府活動を市民との関係で法的に制限・統制すること——をもって登場したのである。これとの関連では，「イギリスには公法はない」という議論もある。しかしこれは，イギリスには ROG がないという意味ではなく，その種のルールはイギリスでは法とは呼ばれない，という意味であるにすぎない。

3　ハイエクの抑うつ，その他

『法と立法と自由』成立の経緯については第3巻の序に簡単に述べられているが，ハイエクの個人史をより詳しく知りたい方は拙訳『ハイエク，ハイエクを語る』［ハイエク 2000］をご覧になられたい。これの原書（*Hayek on Hayek*）は彼の死後，未刊であった前半生の自伝と以後の録音テープなどをもとに 1994 年に編集・出版されたものだが，彼はこの中でそれまで知られていなかった自分の精神的トラブルを告白している（訳書 pp. 162-164）。

　1960 年に『自由の条件』を出版した直後，強い抑うつ状態になりそれが1年間続く。ハイエクは当初これをパイプをやめたせいだと考えていたが，パイプに戻った後，1970 年ころから4年間ほどまた抑うつに悩まされる。その途中の 1972 年には，当初の症状もこの疾患の現れだったと解釈しなおしている（あるいは自分に精神疾患の気質があると考えていたのかもしれない）。彼はその症状を「内なる震え」と呼んだが，これにより当時彼は知的な活動停止に陥っていた。1974 年にノーベル経済学賞を受けた前ころには回復するが，この回復が受賞の結果ならハイエクも意外と俗物的で面白い。彼自身はさらに後に，これらが糖尿病と誤診されて当時飲んでいた血糖降下剤のせいだった，と再度解釈しなおしている。原因はともかく，彼がその頃間歇的に抑うつに悩んでいたことは間違いない。

　第3巻の序にある「1969 年に健康上の問題が起こって本書の完成が遅れた」の内情はこのようなことであった。『法と立法と自由』第1巻が他と切り離し

202

第2節　解説II：自由と秩序を両立させる規範のコスモロジー（2007年）

て1973年に出版された時，まだ彼は抑うつ状態にあったことになる。だから計画した仕事を完成する力が自分にあるかに悲観的になり，かなり以前に完成していた部分をまず第1巻として出版したのである。これを読むまで私はこの「健康上の問題」は，高齢のため自分の命がいつまで続くかわからない，という意味かと思っていたが，事情は少し違っていたということらしい。

　第3巻の序では，本書はアイデアを得てから17年間の後に完成した，といっている。つまりハイエクは，『自由の条件』完成直前にすでにこの本を書くことを考えていた。その後の長い期間に，抑うつの間を縫いながら彼が本書の準備を念頭において書いた論文は，二つの英語の論文集（[Hayek 1967]と[Hayek 1978]）とドイツ語の論文集[Hayek 1969]（これは英語になっていない重要な論文を数本含むが，大部分は英語からの独訳で構成されている）に納められている(2)。

　他の巻の解説でも触れられると思うが，内外のハイエク研究も最近は進んでおり，単行本だけでも，橋本勉『自由の論法──ポパー・ミーゼス・ハイエク』（創文社，1994年），渡辺幹雄『ハイエクと現代自由主義──「反合理主義的自由主義」の諸相』（春秋社，1996年，2006年の改訂版『ハイエクと現代リベラリズム』もある），山中優『ハイエクの政治思想──市場秩序にひそむ人間の苦境』（勁草書房，2007年）など優れたものが出ている。経済学プロパーの中には他にもいくつかあるに違いない。また，海外では各国で研究書が出ているが，特にBruce Caldwell, *Hayek's Challenge; An Intellectual Biography of F.A. Hayek*, University of Chicago Press, 2004を挙げておきたい。詳細に読んでみたが，今後のハイエク研究の基礎を提供することになる優れた著書であると思う。ただ，一カ所だけ疑問を感じたのは，本全集第II期に含まれる予定の『致命的思い上がり（*The Fatal Conceit*）』の評価が低い点である。というか，この本はハイエクの真正な著作とはいえないというのがコールドウェルの考えであるといってよい。ただ，私が1985年の夏にオーストリアのオーバーグールで会った時にはハイエクは，胸のポケットに入れてぼろぼろになったこの本の暫定的目次を持ち歩いており，本の基本的アイデアを語っていた。実際の完成段階でW.バートレイのアイデアが混入している部分があるかもしれないが，この本の基本線がハイエクのものであることは間違いない，というのが私の考え

---

(2)　【後注】これらの論文は，哲学・政治・経済・思想史などジャンルごとにまとめ直して邦訳された。春秋社ハイエク全集第II期参照。

第 12 章 『法と立法と自由』第 1 巻の解説

である。

4 「法の支配」の理解と日本国憲法

　ハイエクは 1899 年 5 月に生まれ 1992 年 3 月に死んでいる。年齢と健康の点で，1991 年のソヴィエト崩壊をどの程度理解できる状態だったかは明らかでないが，1989 年に起こった東欧の変革は感慨を持って見ただろう。社会主義と福祉国家全盛の時代に長く少数派だったハイエクは，最後に世界史を味方に付けたといえなくもない。今や世界はレーガン，サッチャーの時代からさらに移り，ある意味ではハイエクの思想は常識の中に織り込まれている時代になった。革新者レーガンと父ブッシュの共和党政権の後を襲った民主党のクリントンは，経済政策において大きな政府や保護主義にもどることなくアメリカの繁栄を演出した。イギリスで斬新な経済・政治改革を断行したサッチャーの保守党から政権を奪ったブレア首相も，労働党の党首でありながら市場中心主義は捨てなかったし，イギリス経済はその結果現在高いパフォーマンスを維持している。最近日本の首相がアジア首脳会議その他で，「民主主義・人権・法の支配」を世界共通の価値だと主張し，この種の主張をしてこなかった日本のリーダーとして一定の好評を博した，といったこともあった。このうち特に「法の支配」がこのような文脈で語られるようになるには，間接的かもしれないがハイエクの影響が大きかったと私は理解している（サッチャーは「私はハイエクの生徒です」と明言していた）。もともと法の支配は英米では伝統的な標語だが，それだけ古くさく色あせて見えていたものを，正しい民主主義と誤った民主主義を区別する決定的な基準として復活させたのはハイエクだからである。もちろんこの場合の法を「国会が議決する法案」と考えたのでは，法の支配は単に手続きにのみにかかわる内容の薄い原理になってしまう。ではそうではなくてこの場合の法とは何なのか。それを明らかにするために，上記のハイエクの 17 年間は費やされたのだ，といってもよいかもしれない。ハイエクの答えはもちろん，『自由の条件』と『法と立法と自由』（そして上記の論文集内の諸論文）の中にある。

　日本ではやっと憲法改正が語られる時代になった。どう変えるべきか，変えるべきでないかについての私の意見はここでは触れないが，憲法制定の問題自体をどう考えるべきかについても，ハイエクの理論はわれわれに大きな手がかりを与えてくれる。ハイエクの社会主義批判は，その知的な誤謬のみを指摘する点で「礼儀正しいもの polite」（『隷属への道』に与えられたシュンペーターの

204

第2節　解説II：自由と秩序を両立させる規範のコスモロジー（2007年）

書評）であるが，彼は同じ態度を本書でも維持している。設計主義的合理主義の「事実の面で誤った想定（factually false assumption）」について述べた後で，彼はこういう。「この誤謬と運命を共にするのは，法実証主義とそれに結合した制限のない「主権」の必然性への信念である」［ハイエク 2007: 15］。成文憲法をもつ日本のような国においては議会の立法権は憲法によって制限されているから，まだ議会は法的に全能ではないといえるだろう。しかしでは「憲法制定権力」（というものがあるとすればそれ）はどうだろう。もし法的なものがそこからしか始まらないなら，この権力を法的に制限するものは原理上何もないことになるから，それは論理必然的に全能でなければならない。上記「制限のない「主権」の必然性への信念」は，憲法論ではこのような論理として反映される。これ以外に一体どんな議論が可能なのか……。

　単純化すれば，現在の法律学者，特に憲法学者は実際にこのように考えているふしがある。各レベルの法の権威は，それを制定する主体がもっている権威の反映であり，その権威はより上位の法によって与えられる。だから最高の法を制定する主体は最高の権威をもっているのでなければならない。国際的な法定立主体がまだない現状では，国家主権を体現する国民がまさに主権──定義上他によって制限されることのない権威──の保持者であるから，国民は自由に憲法を制定できる。このような推論がまさにハイエクの批判しようとするものである。ただ，この場合の「国民」は個々人ではなく集合的に把握されたある意味幻の存在，そうでなくとも機関としての国民，であることを忘れてはならない。だから，「国民一人一人が主権者」というよく繰り返される命題は，集合的国民と個々人としての国民を混同しており，精確にはウソなのである。人権論と（国民）主権論を混同してはならない。

　上記は「人民の意思 popular will」の全能を想定する全能型民主主義と私が呼ぶ考え方である。しかし意思と意見，利益と価値，その他関連するいくつかの二分法，を駆使するハイエクの立法論がまさにここで生きてくるのである。そして，RJC はすでに存在して機能しているコスモスとしての社会秩序のルールであり，人々はその秩序の中でそのルールを正義感覚として知っている。政府はこの秩序とは区別されるタクシス＝組織（王が統治している場合にはその宮殿組織）であって，その存在意義は結局社会の自生的秩序に仕える点にある。憲法はその ROG の頂点にあるものだが，直接コスモスに妥当するルールなのではない。それはこの関係──統治組織がいかに社会と個々の国民との関係で制限されているべきか──を規定することで，統治組織の最高法規（最高のテ

第 12 章 『法と立法と自由』第 1 巻の解説

シス）となるにすぎない。もともと立憲主義はそのような理念から始まったものだが，（法の内容を根本的に変えて共産主義に向かうという選択肢が魅力を失った）現在における憲法の意義もまさにそこにある。だから，一見奇異に見えるだろう結論だけをいうなら，以下のようになるだろう。民法（ノモスの典型）が本来の法なのであって，その内容の決定は単純な意思決定モデルで捉えるべきではない。憲法は（もし憲法という名の制定法をつくるなら），このような本来の法がすでにあることを前提にして制定されるべきだから，その意味ではそれを最高法規（最高のノモス）というのは誤りである。人々の生活と幸福が政府の活動によって決まる，との発想はある種の政治マニアのそれであって，ハイエクなら第 3 巻の最終章のタイトルにあるように，王座からの「政治の退位」を語るだろう。憲法の議論は，このタクシスとしての統治機構をどう組織するかというテシス内部の問題にすぎないのである。

第13章　理性の射程（1992年）
——ハイエク社会理論における立法の位置

第1節　社会主義批判——ハイエク社会哲学の出発点

　後から見てみれば，ハイエク（1899-1992）の思想が専門分野としての経済学の限定された境界をはみ出して社会哲学へと拡大してゆくきっかけとなったのは，集産主義的な経済計画への批判を契機とした広義の社会主義的なるもの一般への批判的分析であった[1]。また，もっとも新しい（結果的には最後の）彼の著作である『致命的自負』[Hayek 1988] も，「社会主義の過誤」という副題が示すとおりこの問題を扱っていて，社会主義批判は老年のハイエクにおいても，依然関心の中心を占め続けている。彼の市場＝自由主義論，特に法社会学にも深い含意と洞察を与えるはずの，自生的な社会秩序の分析は，つねにその対極に社会主義的アプローチを置くことで，それが何でないのかを自覚する，という構造をもっている。これは一方では，彼の積極的な議論，特に資本主義分析の文脈の射程を限定することにもなっている。つまり，彼の資本主義・市場経済論は，それを基本的に是認しながらその微調整を進めようとする論者の間で行われる，このメカニズムの機能の細部にわたる論争（たとえば「市場の失敗」論など）についていかなる態度をとるかというような，専門的論点には立ち入ることが少なく，もっと概括的な視点から，自由経済秩序が何でないのか，を論じる場合が多い。ただ，社会主義圏の政治・経済・思想の全側面にわたる劇的崩壊という歴史的事件をこの数年に目撃しつつある我々にとって，その現実を見た後の後知恵を伴いながら，彼が半世紀以上前から一貫して投げかけてきた社会主義批判の論理を振り返ってみることは，ハイエク思想の理解のためにも，またその論点自体の重要性からも，意義があると思われる。

　資源を何かに使うということは，他のことには使えなくなるということであり，この損失のことを「機会費用」という。この「費用」の捉え方は，L. ミー

---

[1]　もっとも初期のものとして，Hayek [1935] に初出，後に Hayek [1949] に収録された二つの社会主義計算に関する論文，参照。ここにはすでに，後に Hayek [1944] その他で展開される基本的アイデアのほとんどが出揃っており，鍵概念としての 'spontaneous forces' の語も登場している [Hayek 1949: 124]。

207

第13章　理性の射程（1992年）

ゼスなどによって洗練され，後には人間行動一般に適用対象を拡大されること
になった，オーストリア経済学派の中心概念であり，ハイエクも基本的にそれ
に従っている。これは，個人の収入の使途などを考えるなら，我々にとっても
当然のことである。給料は，何かに使えば他には使えなくなる。この使えなく
なった様々な潜在的選択肢の全体が，当該の選択のコストなのである（ブキャ
ナン［1988］参照）。しかしその本来の含意は，給料のような貨幣化（記号化）
された費用についてではなく，むしろ実物経済について，特に労働力などにつ
いてこの考えを徹底してゆくともっと明らかになってくる（貨幣による価格を
通した費用計算は，この実物経済上のコストを一定の歪みを伴いながら反映するも
のである）。この一見経済学的な「費用」の概念が，直ちに社会における政治
支配の問題と同義または一体であることが理解されるからである。一般に経済
的な選択は，それがそのための手段であるところの目的または価値と連動して
いる。だから，何かの目的または価値に向けた用途のために労働力その他の資
源を使うことは，潜在的に可能であった他の使途を断念し，他の目的と価値の
ためにそれを利用する可能性を裏切ることと同じである。そして，ほとんどの
資源は複数の用途に使いうるから，その範囲でこのコストは常に発生する。ち
なみに私有財産制とは，この選択のコストについて，その処理を価格体系を参
照しながら行われる所有者たる各人の判断にまかせるとともに，それと別に社
会的コストを社会として集団的に問題にすることを原則としてしない，という
構造をもつような資源利用法の決定システムだとみなすことが可能である。こ
こでは，本来の社会的コストは各個人によって自己のコストつまり自己責任と
して判断されるのみである。

　一方，社会主義，特に古典的形態におけるそれは，経済的財の生産をこのよ
うな構造をもつ市場での「無政府主義的混乱」状態から経済計画に従った合理
的な組織的統制へと移すことを意図した。各人のそれではなく全体としての経
済を人間の理性に服従させることで，人間を（資本家も労働者も）経済の奴隷
の地位から解放し，本来の人間的価値と目的のために経済力を手段として十全
に利用することを目指した。またそれによって，労働それ自体を人間的な自己
実現の活動として行うことが可能になるとの認識は，様々な社会主義者の議論
において，論じるまでもない当然の前提であった。生産手段の私有を廃しそれ
を社会化することで資本家の「搾取」を終わらせる，という議論の背後には，
基本的な利害の構造を異にする階級間の対立が消滅しさえすれば，経済は真に
共通の利害をもつ人々の間の純粋なマネージメントの問題となり，ここでの諸

208

第1節　社会主義批判

問題については科学と理性の成果が直接適用できるのだ，という認識があった。そうして理性的に発見される普遍的な真理に対して，社会の合意を取りつけることはごく簡単なはずだ，との暗黙の了解があったのである。たとえこれに幾分の困難が伴うとしても，それは結局，真理の普及に関連する困難であって，これは啓蒙一般のかかえる問題，つまり大衆の無知に関連するいつもの困難にすぎない，というわけである。だから，社会主義経済秩序は，原理上エリート主義的な構造をもたざるをえないのである。

　いずれにせよ，ここで科学なり理性なりに負わされている負荷の大きさは絶大である。社会主義の集産主義的経済においては，すべての資源について，その使途を中央で計画的に統制しなければならない。様々な稀少資源の使途として，何を優先し何を後回しにすべきか。もちろんこれは，アド・ホックな決定の集合であってはならない。経済秩序は有機的な相互連関の下にあるから，個々の決定は他のすべての決定と調整されていなければならないからである。純粋に技術的な観点からしても，このような計画的経済調整が市場において成立する「価格」のシグナル機能または稀少性の指標をぬきにして可能かは大いに疑問であった。これは，1920年代以来ミーゼスが大著『社会主義』(2)の中で指摘し，ランゲとの間に有名な論争が起こった論点である。しかしハイエクが強調するのは，経済運営の技術的論点よりもむしろ政治的な論点である。つまり，このような包括的で極端に複雑な選択肢群（つまりそれは，最近の社会選択論などが数学的に扱おうとするような，社会全体が直面している物質的条件に関するすべての選択可能性であり，すべての個人的選択もここでは社会的選択としてカウントされる）の間に自覚的に優先順位をつけ，後回しにしたり諦めたりすべきものを決定することが可能となるためには，社会全体に適用されるべき諸目的または諸価値の位置づけに関する包括的なコードが必要である。あたかも，個人がその労力や収入と自分の必要との間で理性的な計画（経済化 = economizing）を行う場合と同じような，総合的な選択と計画のための価値的評価の文脈が社会全体に対して与えられ，それに従う選択を誰かが行わねばならない。しかもその選択は，科学と理性の名によって反対者を含む他の人々に対して正当化されねばならないのである。

　集産主義の実施に向けて一歩を踏み出した途端，そこで必要な集団的意思決

───────────
(2)　Mises［1922］（独語原典）およびその（2d ed. 1932 の）英訳版である Mises［1981］
　　参照。

209

第13章　理性の射程（1992年）

定は質量ともに膨大となり，それは相互に有機的に調整されていなければならないから，これをすべて民主主義の手続によって処理することは不可能となる。つまり，ワイマール共和制の運命によっても示されているとおり，社会主義的手段に期待することは，必然的に民主主義的手続の有効性に対する一般的な失望を導くのである。異なる思想と利益の間で暫定的な妥協と調整をはかってゆくという民主主義の制度は，このような複雑で一貫性を要求される意思決定にはまったく不向きなのであり，そのことは時間の経過とともに誰の目にも明らかになってしまうからである。そうなれば，人々は合理的な判断として，民主主義を捨てることを考慮しはじめるのである。

　だいたいこの「完全な価値のヒエラルキー」が，多様な人間からなる近代社会において，真正かつ永続的な形で人々の間に承認されることは，どのような手続を通そうが事実問題としてありえないと思われる。経済的選択に影響を与えずにはおかない人間の価値観・願望の多様性は，経済的な意味における階級の廃止によっても，なくなるわけではないからであり，しかもそれらは，物質的条件をめぐって相互に機会費用的な両立不可能の関係に立たざるをえない。この事実にもかかわらずこの多様性に対抗して集産主義を実施する唯一可能な方法は，この「全体的価値の体系」に擬するものを社会の外から権力によって押しつけるという方法しかない。もちろん，その合意が真正でない分だけ，この価値の押しつけはますます強権的とならざるをえない。また，価値観は様々な事実についての認識と連関するから，特定の価値体系を正しいと皆に考えさせるためには，それに都合のよいような事実認識が，価値体系とセットで押しつけられざるをえない。それゆえ，理性による経済の統制をめざして出発した社会における括弧つきの「真理」は，本来の真理から必然的に遠ざかることになってゆくのである。つまり，集産主義的経済は，粗暴な政治支配としてしか実行不可能なのである。「スターリン主義」は，一種の普通名詞として集産主義という経済体制の必然的な政治上の帰結となるのであって，ロシアの後進性その他の特殊事情に解消すべき現象ではない。ハイエクはスターリン批判が世界の共産主義者を動揺させ，その支配の実像の一部を世界に開示するにいたる1956年よりはるか以前1944年の『*The Road to Serfdom*（隷従への道）』[Hayek 1944] で，特別のデータと無関係に純粋に理論的必然として，後に明らかになるそれの実態を明確に言い当てているのである。

210

第2節　知識の利用——自由

　問題は，誰の理性がどの範囲で適用されるのか，に還元されるように思われる。この場合，理性の適用とは支配の別名と考えてよい。社会の経済全体に一貫した「一つの」理性を適用してこれを計画化しようとするなら，その全体を政治的にも徹底して支配せねばならないことを見た。この全体主義の戦略の逆は当然，支配の分散化としての個人主義である。支配が分散化される場合には，それに応じて適用される理性も分散化される。ただ，このコンテクストにおいては，「理性」の語は若干不適切であろう。ここで分散化された支配に対応するのは，普遍的理性の適用というより，非言語的なものをふくめたもっとローカルな情報・知識・技・予見・勘などを基礎とする，各人の判断力の行使つまり自由である(3)。ここで各個人が働かせる判断力は，原理上計画経済において中央の統率者が働かすそれと同じ程度の複雑性をもちうるし，そこで活用される情報は，非言語的なものを含む点，また様々な解釈を許すものである点で，中央への単純な集約を許す種類のものではありえない。むしろその判断は，個人によって結論が異なるのが当然であるような種類の判断(4)なのである。そしてその是非は，市場における競争の結果によって，事後的に明らかになるのであって，科学や理性に言及することであたかもそれらが事前に確実に知りうるかのような想定に立って行動することは，問題の性質を誤解しているのみでなく，いずれ悲劇的帰結へと導くのだ，というのである。

　市場における競争が，どれほど信頼に足るのか，がここで最大の論点となるが，その点は，残念ながらごく概括的にいくつかの点を述べることしかできない。ハイエクの経済学的議論は，正統的な経済学とはかなり異なる前提の上に立っているように思われる。ごく初期のものを除いて，あるいはそれは「経済学」と呼ぶべきでないのかもしれない。経済学は，ホモ・エコノミクスの人間モデルに依拠して，各人が合理的に自己利益のみを追求する行動の結果が，市場の構造の中に置かれた場合に，いかなる均衡または不均衡に導かれるか，を

---

(3)　佐伯［1985］，および'The Use of Knowledge in Society' in Hayek［1949］参照。

(4)　アリストテレスなら「フロネーシス」というものである。これは「実践知」「賢慮」などとも訳されるが，『ニコマコス倫理学』で語られる本来の意味は，「他でもありうることについての知」であり，エピステーメーと対置される。そこに唯一の正解があることは想定されていない問題への対処なのである。

第13章　理性の射程（1992年）

分析してきた。それはもちろん，一つのモデルであって，その内部でいくら論理的整合性をもっていても，だからといって現実社会への適用可能性が保障されるわけではない。人間は，完全なホモ・エコノミクスではないし，市場は，摩擦を伴わない完全な予定調和的メカニズムではないからである。

　ケインズのアプローチは，基本的にこの点を認める点，つまり現実の経済を一般均衡論から逸脱してゆく傾向をもつものと捉える点でハイエクのそれと共通しているが，貯蓄と投資の不一致という統計的な場面でこの不完全性を捉えて，それに中央の金融・財政政策によって操作主義的に対応しようとするものである。ここでもハイエクの目から見たその致命的欠陥は，社会主義の場合と同様，中央での操作の主体とその客体である各経済主体がともに人間であって，基本的に同程度の複雑性つまり行動調整能力をもつという点が見落とされているという点にある。人間は迷路の実験に使われるネズミではないのだから，中央の操作を事前に予測することができるのである。しかし，その予測に従って人々が前もって行動を調整してしまえば，その操作は効力を失うから，効果を発揮させようとするなら，予測された程度を越える強い操作が必要になり，これが繰り返されて累進的にこの過程が進行することで，人々の行動からなるネットワークのあり方は，均衡点からますます遠ざかる[5]。

　これに対してハイエクのアプローチは，個々人の手に分散化された支配による秩序形成をいかに可能にするか，という観点を徹底するものである。そのためには，各経済主体に，中央の操作が加わった偽りの情報ではなく，正しい情報，少なくともその正しさを主体の側で判定できるような情報，が与えられねばならない。その中心は，歪みのない各財間の相対価格であるが，それは生産と消費についての情報が正確迅速に伝わる条件の下で行われる各主体間の競争を通してのみ，市場においてつねに新たに「発見」される。この発想の究極は，最近のハイエクが述べる，貨幣発行の民営化論である[6]。その戦略は，人々に貨幣発行と使用貨幣選択の自由を保障することで，複数の貨幣に市場でその価値の安定性を競わせ，価値の大きく変動する貨幣は淘汰されるような環境を実現し，そのことによってどの貨幣も恣意的な操作の手段たりえないようにしよう，ということにある。貨幣の発行者ではなく使用者の方に，合理的判断の基

---

(5)　特に，ケインズ流の財政政策による有効需要創出は，それが相対価格の中に虚偽の情報を持ち込んでこれを混乱させ，個人が合理的に行動するための条件を奪って人々の行動調整を誤った方向へと導くことになる点，が強調される。

(6)　Hayek［1976］参照。

212

礎となる価格体系を確保することが，そのもっとも重要な目的である。この驚くべきユートピア的戦略は，ケインズが対応しようとした問題，つまり財の稀少性のインデックスとして働くはずの貨幣が実は透明ではなく，それ自体が特殊な商品として歪んだ情報を伝えることから生じる不安定化のポジティブ・フィードバックと，それに起因する景気変動に対するハイエクの解答である。その実行可能性については，専門家達による今後の議論に待たねばならない。しかしそれが，現在の正統経済学の常識からは遠い対極にあるが，ハイエクの発想からはごく自然に見える，かなり魅力的な戦略であることは，認められてよいと考える。

第3節　立　　法

　以上述べてきたことを一つの観点から要約するなら，ハイエクの広範な議論を貫通する基本的発想は，理性的判断と問題処理の活動を，社会の集団的意思決定と中央統制の場面ではなく各個人の手に確保することが，可能でもあるし有効でもある，という点にある。この文脈で，法とくに立法は，いかなる位置を与えられるのか，が次に考えるべき点である。そこでの結論を先に言うなら，我々は法の支配に服することによってはじめて，この意味の個人の自由を獲得できるのだ，というのである。だから，立法活動が盛んに行われざるをえない現代では，自由の帰趨は，法の支配と立法の関係に集約されることになる。

　『法と立法と自由』の第1巻［Hayak 1973 (1983)］においてハイエクは，二つの秩序概念とそれに対応する二つの法概念の区別を論じた。つまり，自生的秩序（コスモス）と組織（タクシス），およびそれぞれに対応する法であるノモスとテシスである[7]。「組織」は人が自覚的に構成し運用する人間集団の秩序であり，その法は命令と服従の地位関係によって各人を組織に統合する規範である。自生的秩序は，市場や言語のように，人の企図によらずに生成する人間行動のネットワークであって，それに対応する法がノモスである。このノモス概念は，歴史上慣習法や判例法としてまず成立するものとして説明されるし，その限度では比較的理解しやすい概念であると思われる。

　ただ，このノモスとテシスの用語法は，同書第3巻の立法論においては放棄されているので，この二分法が自覚的な立法活動とどう関係づけられるのか，

----

(7)　詳しくは，嶋津［1985］参照。

第13章　理性の射程（1992 年）

は我々の解釈に委ねられているといってよい。だから論者によっては，それが自覚的活動の結果である点に着目して，立法活動によって成立する制定法全体をテシスに帰属させ，ノモスはその背後にある自然法的な理念である，とされる場合もある。しかし，ハイエクが同書全体に込めている基本的主張を理解するなら，この解釈は誤りであると私は考える。つまりハイエクの理論上の意図は，集団的意思決定としての政治とは異なる種類の活動としての立法の概念を明確にし，立法機関の権限をこの意味の立法に限定することで三権分立の理念の意義を再確認する，という点にあるからである。「法の支配」はもともと，「人の支配」または「意思の支配」と対置されることではじめて本来の意義を獲得する理念なのであるが，この理念が制定法の制度が成立した後の現代においても有効であるとするためには，自覚的立法の活動を集団的意思決定（による人または意思の支配）の活動から区別する必要がある。だから，『法と立法と自由』第 1 巻でのノモス概念の提示は，第 3 巻で，「立法とは本来テシスの制定ではなくノモスの編纂のことなのだ」と言うことが可能になるような言語を鋳造（ハイエクの理解では「復活」）することを目的にした理論作業だったと解すべきなのである。

　ごく簡単に述べるなら，立法が政治と異なるのは，それが具体的な決断や利害関心から切り離された局面で一般的・抽象的なルールの確認にのみ携わるからである。ハイエクの形而上学的前提は「抽象的なるものの先行性」[8]というテーゼに表現されており，彼は，具体的な場面における決断や行動は，無数の抽象的ルールが重層的に積み重なった結果として生じると考える。だから，抽象的ルールの一部を固定しても，それと両立する具体的行動は無数にあって，その範囲で自由は保持されるのである。法の支配に服する国家権力の行使（および他人の行動）と個人の自由が原理上両立しうるのは，このためである。もちろん，政府機関の活動をコントロールするための具体的意思決定（や，政府の担当者の交代を平和裏に決定すること）を民主主義的に行うことは重要であるから，彼はそのための議会（統治院）の必要も認めるが，そこでの民主主義的意思決定は，特に国民に対する関係で「法」（＝権利）に拘束されねばならない。そして，その法に関連する意味の「立法」のみに携わり狭義の政治的意思決定に対しては責任も権限ももたない議会（立法院）を，これと別の構成原理（一

---

(8)　【後注】同名の論文として，丸祐一訳，および「ルール，知覚，理解可能性」向後裕美子訳参照。いずれもハイエク［2010］所収。

214

第 3 節　立　　法

旦選挙された後は裁判官に対する身分保障にも似た形の地位を保障され，再選をめ
ぐって政治的圧力に晒されることがない，など）に基づいて設けることを提案す
るのである。

　以上はハイエクのモデル憲法案の要約であるが，ではこの立法機関はいかな
る種類の立法活動を行うのか。ハイエクの著作の中でも，この点はまだ多分に
不明確なままに残されているように思われる。消極的にそれが何をしないかに
ついての記述はかなりあるが，積極的にいかなる立法を行うべきかについては，
明快な描像は簡単には得難いように思われる。特に，ハイエクが社会主義やケ
インズ流金融財政政策を批判する際に強調してきた，設計主義に対する厳しい
非難や，彼の哲学の基底に一貫して流れている人間の意識的理性の限界につい
てのごく悲観的な見方を前提にし，それと矛盾しない形の「立法」がいかなる
ものかを想定することは，なかなか困難な知的作業となるのかもしれない。そ
れでも我々は，もしハイエクの議論の基本線にいくぶんの魅力を感じるなら，
この先に続くべき立法像の構想について，自分の解釈をハイエク理論の後に追
加してゆかねばならないように思われる。ここでそれを直ちに行う用意は私に
はまだないが，そのための予備作業として確認されるべき点をいくつか指摘し
て，この小論の最後にしたい。

　立法は当然正義に関連するから，ここではまず，ハイエクのある意味で悪名
高い「社会的正義＝蜃気楼」説を考慮せねばならない。これと関連して，「保
守主義」についても少し述べておきたい。ハイエクには「なぜ私は保守主義者
でないか」という論文もあるが[9]，人間の行動と思考を構成する抽象的ルール
また原理の妥当性に対して，進化論的説明を試みることを除けば，その内容に
つき理性的・論証的な正当化を要求できないことを承認する，という限度で，
彼を保守主義者と呼ぶことは，多分誤りではないだろう[10]。しかし，社会の変
化一般を否定的に見る態度が保守主義に含意されるのであれば，ハイエクをそ
う呼ぶのはまったく誤りである。彼が「社会的正義」を否定するのは，それが
現代の（市場的）秩序像を理解しない保守主義的心情を背景にしている，と考
えるからなのであり，ハイエクの社会理論の中に我々に不安を抱かせる要素が
あるとすれば，それは何よりも，変化に対する驚くほど楽観的な肯定的態度の
内にある，と思われるほどである。

---

(9)　'Why I am not a conservative', a postscript of Hayek［1960］.

(10)　落合［1987］参照。

215

第13章　理性の射程（1992 年）

「広がった秩序（extended order）」または「大きな社会（Great Society）」として の現代社会は他人同士の関係を中心としており，それは一般的な行動の ルールのみを，ある程度恒久的なものとして固定（強制）しながら，それに違 反しない行動の変化はすべて正当（合法）とみなすような，「抽象的な秩序」 である。だからこそ，その秩序の具体的な相は，様々な内的・外的環境の変化 に応じて柔軟に変化し続けられるのである。極端な言い方をするなら，この秩 序は，具体的には誰も前もって予期していなかった変化をも，「正当な（不当 でない）」変化として容認する用意を，人々に要求するような種類の秩序なの である。ところが，「社会的正義」の語は，論理的必然としてというよりその 使用の具体例において，このような変化に直面して，それを「不正」と呼ぶた めに言及される，一貫した内容を伴わないシンボルとしての側面が強く，結局 は（労働組合を含む）既存の利益グループの利益を正義と呼んで，他からの競 争から守ろうとしているに過ぎない場合が多い。

　前述のハイエクの立法院の構成は，この「（抽象的）ルール（のみ）を守るこ とは，それに従った変化を容認することである」というハイエク社会理論の基 本テーゼを理解するなら，理解しやすくなると思われる。それゆえ，立法院に おいては，具体的な利益の代表者は極力排除される。我々は，具体的な「利 益」ではなく一般的な「価値」を基準にして立法せねばならない。後者はまた， 社会生活の中でその文法としてほとんど自覚されないまま学ばれる「言語感 覚」類似の「正義感覚」として，各人によって獲得されているはずだ，とも論 じられる。そして，新たな事態に直面して追加されるべき新ルールが何かを考 えることは，既存のルールの体系との整合性を保持しながらこの事態（つまり 人々の行動の不整合）を解決するようなルールを模索することであって，それ は価値的決断というよりむしろ知的な作業に属する，と考えられる。ここにお ける立法の像が，裁判官による法解釈を論じる最近の議論にも極めて類似して いる[11]ことは，注目に値する。

　しかしそれでも，社会の変化に応じて，法を構成するルールの追加・変更な どの必要は，度々起こるはずである。その際，既存のルール体系がもたらして きた帰結を一般的に考慮することは，ハイエクも排除しないだろう。ここでは，

---

(11)　たとえばDworkin［1977］など，R.ドゥオーキンの法解釈についての議論参照。た だし，ハイエクとドゥオーキンとでは，規範的なargumentの表面上の決着について， それを最終的なものと考えるかどうかにつき，微妙だが大きな差があるように，私には 思われる。

第3節　立　　法

スポーツにおいて様々なルール変更が行われるような場合を想定するべきではないだろうか。例えばバスケット・ボールにおいて，長身の選手が自陣のゴールを手で塞げば，相手はまったく得点不可能となる。元々は想定されていなかった戦術だから，ルール変更があるまでは「合法」かもしれない（ただし，既存のルールブックの解釈でこれを「違法」とする可能性はある）が，その戦術がこのゲームを無意味にすることが明らかになった時点で，「落下しつつ自陣ゴールに向かっているボールに守備側の選手が触れた場合には，ゴールしたものとみなす」というルールが新たに付け加えられる，というような例である。これは当然，不都合な結果を配慮したためであって，ある意味で「帰結主義」であるといえる。このようなごく象徴的な形でしか述べられないのは不本意であるが，ハイエクの想定する立法の中心は，この種のルール変更を，所有・契約・責任・犯罪類型などをめぐる「ノモス」に加えてゆく活動にある，と私は考える。同時にそのルールの体系は，たとえ民主主義的なそれであろうと集団的な意思決定による介入，政府の行政上の諸目的による介入から，固く守られるような，「憲法」上の防御策が講じられることも，想定されている。その際このような防御策の成功にとってもっとも重要な条件の一つは，政治的意思決定と区別しうるような「法」の概念もしくは理念が，理論家達の間と社会の中にゆきわたっていること，なのである。

第14章 ハイエクと社会福祉 (2004年)

第1節 二つの見方

　ハイエクと社会福祉の関係を考えてみたい。先入観としては，相対立する二つの見方がある。一つは日本で一般的な，「ハイエクは自由競争と市場の擁護論者であって，弱者切り捨てを平気で認める（冷酷な）思想家である」とするものである。日本的文脈では多分，この観点の詳しい説明は不要である（というか，その背景にある一種浪花節的とでもいうべき世界観にどうも共感できない私は，この観点の説明者として不適任であろう）が，結論として，これもまったく根拠がないわけではない。ハイエクは，市場の自動調節機能を損なうような，強制的手段による弱者保護（特に相対的地位の保障）を否定するからである。

　もう一方の見方を説明するには，私の面白い経験を述べるとわかりやすい。1988年にスタンフォード大学のキャンパスでリバタリアンたちの小規模な研究集会があったとき，当時（同大学のキャンパス内にある）フーバー研究所に客員で在籍していた私も，いい機会だと思って出かけてみた。報告は，ハイエクの初期の代表作である『価格と生産』と彼の景気循環論についての要を得た解説など，なかなか興味深かった。しかし，あるファナティックなリバタリアンと討論をしてみて驚いた。彼は，私がハイエクの研究で学位を取り，ノージックの『アナーキー・国家・ユートピア』を日本語に翻訳中である，ということを聞いて，「ハイエクは社会主義者だからダメだ，ノージックの方がずっといい」というのである。そんな見方がありうると予想する人は日本では少ないだろうが，このような見方（「ハイエクは軟弱な社会主義者」）にも根拠はある。一例としてハイエクは，豊かな社会が均一の「セーフティー・ネット」として福祉の網をはることを是認しているからである。

　これに関連する同じように面白い論点は，ハイエクのロールズ評価である。彼は当初，「ロールズの正義の二原理は，正しく適用されるなら，その帰結は多分私の推奨する（市場中心の）諸政策と整合するはずである」という趣旨のことをいってロールズに賛成した（『法と立法と自由』）。その後見解を変えて，「ロールズの正義論は，人間社会の未来を当初予測されている枠内へと押し込

第 14 章　ハイエクと社会福祉（2004 年）

めることに繋がるので，社会の発展を押しとどめることになり，（これは「理性の傲慢」の一例であって）賛成できない」という趣旨のことをいうようになる（*Fatal Conceit*）。ロールズ（特に前期）の正義論は，それが適用されれば濃厚な社会福祉制度を擁護するだろうから，それに対するハイエクの態度が揺れ動く，という事実も，彼の福祉に対する立場が単純ではないことを推測させるものである。この点についても，後に詳しく見るつもりである。

第 2 節　自由の体制と法──不人情の擁護

　ハイエクは市場を擁護する。しかしその議論は，基本的に帰結主義的であるから（といっても，これは「原理説明」レベルの話であって，個々の具体的な帰結が予測できるという前提にたつものではないが），市場がもたらす利益（個人の自由と社会の秩序の両立を可能にする点を中心とする）が損なわれない限りにおいて，市場と別の原理が社会に導入されることを理論上否定するものではない。ただ，そこで「導入されるもの」に対しては，ハイエクなりに理解された意味の公正さが要求される。そして，現在われわれが知っている国家が独占する福祉制度は，この点で欠陥が多い，とされるのである。以下，このような観点にたって，彼の議論を再検討してみることにする。

　ハイエクの法理論のエッセンスについて，拙稿を引用させていただく。

　　個々の要素がその活動を常に変化させることによって，全体としてのバランスが維持されているような自動制御的システムにおいて，要素の具体的な活動を固定することは，全体としてのシステムの機能を麻痺させる結果になりやすい。社会についていうなら，特定の期待をその具体的な形のまま実現させることを目的として意図的に社会に介入することは，コスモスとしての社会が営んでいる機能を破壊して，悲惨な〔誰も望まない〕結果をもたらす危険を伴っている。ハイエクによる「社会的正義」の批判は〔後に〕扱うが，ここでの議論は，その問題に直接関連しているのである。ハイエクの結論を，少し極端な形で言い換えれば，人々の期待の実現を結果として最大化するような形で社会の秩序が（変化し続ける環境の中で，それに適合しながら）維持され，進化してゆくためには，人々が現実に抱いている具体的な期待のうちある種のものが他人によって裏切られることが一貫して容認され，場合によってはそのような活動が法的に保護されることが必要である。市場におけ

220

る競争のルールは，あらゆるゲームのルールがそうであるのと同様，特定の個人に特定の期待実現を常に確保するためのルールではありえない。それはむしろ，直接的には他人の期待を裏切るような諸活動（それは実際に行われたものでも，潜在的に可能であるにすぎないものでもよいが）のうちで，その正当なものと不当なものを区別するためのルールなのであり，逆に言えば，法的に保護される期待と，それ以外のものを区別するルールなのである[1]。

このような関係を社会の中で維持することが，ハイエクの考える法の役割・目的である。個人の自由と社会の秩序・効率が両立するということは，ある意味でパズルであるが，それは，このような装置が社会に付加されることによってはじめて可能になる。ここで「他人の期待を裏切る」行動としてたとえば，次のようなものが考えられる。

＊もっと品揃えがよく価格も安い店ができたので，これまでの店で買うのを止める。
＊新しい生産方法を適用するため，以前の原料・機材の供給者との取引を打切る。
＊新しいより魅力的な生活のスタイルを採用するに際して，伝統的な消費行動とは異なった消費材に支出をふり向ける（携帯電話の費用を捻出するために，子供達がテレビ・ゲームへの出費を節約するようになる……）。
＊古い形の商品の市場が急激に縮小することになるような新商品を開発しそれを売り出す。
＊需給のバランスが供給に有利になった（たとえば農作物の不作）ので，価格を「つり上げる」。また逆の場合に商品を「買いたたく」。
＊より高い利潤が期待できる分野に資本を投下するため，これまでの分野からそれを引上げる。
＊必要な技術をもった労働者を高い賃金で引きぬく。また，会社での処遇に不満があるので，もっと条件のよいところに勤め先をかえる。
＊労働組織の合理化または市場の変化のために，不要になった労働力を他の分野に回す（現実には解雇または配転）[2]。

これらはいずれも，直接誰かの不利益を帰結する「不人情」な行動といえる

---

(1)　嶋津［1985:.135-136］一部内容を変更。
(2)　同上 p. 298，注25。一部内容を変更。

第14章　ハイエクと社会福祉（2004年）

だろう。ハイエクが「社会的正義」の観念そのものを否定する（『法と立法と自由　第2巻』）のは，ここでいう「裏切られる期待」について，それを「権利」とみなすことを容認し「裏切る」行為の方をそれに対する「侵害」とみなすことに，この観念が利用される傾向があるためである。実際に，たとえば労働運動などにおいて「社会的正義」の語によって要求されてきたものを分析した場合，これ以外の共通の要素はほとんどなかった，というのが彼の判断なのである。「自由の」制度の中で人は，かならずしも理解できない理由と事情のために，そして明らかに自分の責任でないのに，これまで（あたかも「権利」であるかのようにして）安住していた生活を奪われることがある。それは，他の人々がどこかで，これまでの行動のパタンを変えたためである。その意味で，「他者の自由は自らの地獄」といった事態が発生することは，相互依存により支えられている社会において，少なくとも短期的な状況では避けられない。しかしこれを許さないと，社会は新たな条件（自然環境の変化，新たな資源の発見，技術の進歩，人々の嗜好の変化など）に対応することができず，硬直した秩序が強制的に維持されることになる。上記の期待を，裏切られないように保護すること（それを「権利」と認めること）は，さもなければ行動を変更するはずの人々からその自由を奪うことであり，それは直接・間接の強制なしにはなしえないことだからである。つまり「自由」は常に「他者の期待を裏切る自由」の側面をもつが，自由な体制においては，その一部が権利として保護されるのである。一般に人々が自由に活動する社会生活においては，人々の期待は衝突することが避けられないが，その場合に保護されるべき期待とそうでないものの間に区別を設けることを任務とするのが，私法の体系（ハイエクはこれを「ノモス」と呼ぶ）なのである。もちろん，この体系は普通人々の日常生活の中でそれへの従い方（自覚的とはかぎらないが）が（言語の文法の場合に似て）学習されており，人々はそれに応じて期待を形成するので，現実に対立が発生することは必ずしも多くはないだろう。そしてむしろ表面上の対立がない場合にこそ，そのルールは（意識されないかもしれないが）より円滑に機能しているのである。

　こうして各人は「保護された領域（protected sphere）」をもち，その中で自由を享受する。この体制は，伝統的な意味の「法（＝私法または近代法）」が確保してきたものである。専制君主のイメージで捉えられるホッブズの主権者も，実は私法を制定することがその主な任務であり，決して全体主義的な国家の支配者とは想定されていない［本書第4章］。これはまた，ベンサムが「立法の科学」として擁護するものの基本的内容でもあり，この「科学」は決して，集

第2節　自由の体制と法

合主義的な「幸福追求」のために個人を道具化することを容認するわけではない（少なくとも，自己利益の最善の判断者は当該個人である，という視点を中心とするベンサムのヴァージョンの功利主義において）。そのようなルールが，主権者による命令としてしか実現しえないというホッブズの議論や，社会的な利害計算によってゼロから設計主義的にそのあるべき内容を決定でき，それに基づいて行われる立法がかならずコモン・ローに優越すると主張するベンサムの功利主義には，それぞれ誤りがふくまれているとはいえ，結果として実現するはずの「法」が私的所有権を含む個人的自由の体制と整合する上記のようなものであることは，彼らの議論の当然の前提になっている。

　それぞれの保護領域の中で自由に行動する無数の個人からなる社会が，現実に有効な秩序を形成し，各人の自由が，本人の意図と独立に，相互に他者の可能性を拡大する機能をもつ，という表見上の奇跡またはパズルが起こる秘密は，それらの自由な行動が，市場からの情報を得て，それに適合的に行われることにある。この，行為者がそれを明示的に意図しないまま無数の行為間に有機的秩序が生成する，という市場のメカニズムが存在することの発見は，アダム・スミスなどの「（スコットランド）道徳哲学」の中心的成果であり，それは学としての経済学が成立する契機となった。

　このメカニズム全体を廃棄して全面的な意識的理性の計画によってそれを置き換え，生産を社会化・合理化して豊かで平等な理想社会を実現する，というアイデアは，サン・シモンなどのフランス社会主義者たちが，ナポレオン時代以降の自然科学万能の幻想が力を得た時代に主張し始めたものである。そしてマルクス，エンゲルスの中でもそのアイデアは，議論の主題というよりむしろその前提とされ，「法の廃絶と国家の枯死」が語られた。そこでは，資本主義崩壊のメカニズムの分析（根拠薄弱なそれを含むが）には力点が置かれているが，それに対置される代替的体制の内容としては，このアイデアがただ示唆されているだけである場合が多い。法理論においてこの流れを代表するのは，ケルゼンなどの法実証主義者である。彼は，私法（それは公法モデルに統合されて独自の観念としては否定される）と市場秩序に対する民主主義の優越（もしくは絶対的な立法権）を認めることで，後者の権威による前者の体制全体の廃絶を論理的に可能にする。これは，暴力革命を否定する一方で，民主主義による集合的決定のルートを通した全面的な社会主義化を，擁護するもしくは歴史的にそれを不可避と考えるような見解，と一体となった法理論なのである。そしてこれらすべての理論は，上記の個人の保護領域つまり個人の自由を基礎とする社

第 14 章　ハイエクと社会福祉（2004 年）

会秩序を否定することで，全体主義へと道を開くことになった（このような体制の非効率性は，ミーゼスやハイエクが 1930 年代から，いわゆる社会主義経済計算論争において予言していたものだが，ソヴィエト体制の崩壊後すでに 10 数年を経た現在，もはやその点について多言を費やす必要はないだろう）。

　ハイエク（その著作はほぼすべてソヴィエト崩壊前に書かれた）は，このような理解を前提として，市場を自由な個人と社会秩序を両立させる唯一の手段として擁護する。

第 3 節　国家の役割——夜警国家を超えて

　当初に述べたエピソードにおいて，リバタリアンがハイエクのことを「社会主義者だ」と非難する理由は，ハイエクが国家の役割を，いわゆる夜警国家（「法と秩序」の維持）の範囲を超えてかなり広範に認めることが原因である。福祉と所得の再分配の問題は別に論じるとして，まずそれ以外の分野で国家のなすべき仕事を彼が論じている箇所を見てみよう。それはたとえば『自由の条件』第 15 章「経済政策と法の支配」においてである(3)。そこではまず，貨幣制度（ただしこれについては後に「非国有化」が主張されるようになる）と度量衡の制定，測量，土地登記制度，統計資料などによる情報の提供と，教育援助を挙げ，これらは「個人が利用できる手段を提供する」ものとして是認される。そして，経済学においていわゆる公共財として定義されるものの存在を認め，「衛生および保健サービスの大部分，……道路の建設と維持，……都市の文化施設」を供給することなどは，「政府〔地方政府を含む〕の行動に疑問を呈することがほとんど不可能な分野」と考えられる。防衛関連の秘密保持，特定分野〔多分基礎分野〕の研究助成なども言及されている。ただこれは政府による独占を当然視するものではなく，「政府が財政的な責任を一部または全部引き受けるが，実行は独立の競争的主体（複数）に任せる」ことで，一般的により効果的に達成される，と述べ，「反対すべきものは，国営企業自体ではなく国家独占」だとする。その他，「一般的なルールの形で定めることのできる経済活動の一般的規制」にも，一部容認できるものがある，とする。これらの規制は一般に，そのコスト（特に大きいのは，潜在的に可能な発展を阻害して，その結

---

(3)　Hayek［1962: 220-233］（気賀・古賀訳『自由と法——自由の条件 II』春秋社，1987 年）。

第3節　国家の役割

果全体的な生産性を低下させるというコスト）が過小評価されがちだが，「〔それ
らの〕コストが十分考慮され，それが所与の目標を達成するのに払うに値する
と考えられるかぎり，これについて語るべきことはほとんどない」という。こ
うして，「工場法」（労働基準法）の分野に属する法規制も，原理的には擁護さ
れるのである。ただ，彼が強調するのは，一般に行政行為が広範な裁量を必要
とする，というのは誤りであって，通常の市民の権利に関わる行政行為は一般
に，妥当すると考えられるルールとの関連で事後の司法審査が可能なものがほ
とんどであり，そのように扱われるべきだ，というのである。彼の法理論は常
に，手続よりも内容上の規制力に着目するから，議会で是認された行政裁量よ
り，行政的に定められた事前の（内容にかかわる）ルールの方が，法の支配の
観点からしても望ましい，というのである。

　ただ，商品やサービスの価格と数量の統制は結局，「事実上，何が誰により
誰のために生産されるべきかを恣意的に決める権限を当局に与える」ことにな
るので，許されない，という。

　その他，上記の各私人の「保護された領域」の画定，つまり私有権の境界決
定も，それを具体化する場合には「市場メカニズムが可能なかぎり効果的かつ
有益に機能するためにはその内容は厳密にいかなるものであるべきか」が問題
になる。しかしこれは，（経済学者というより）法律家達による気の長い経験と
漸進的進化にまかされるしかない，というのである（この結論は近時のいわゆる
「法と経済学」によるコモン・ロー判例の弁証と整合する）。現代的論点を挙げるな
ら，わが国のマンションなどの集合住宅をめぐる人々の予期の調整など（地震
などに起因するものを含む）は，新しい社会関係を「権利」の区分によって解決
しようとする例として，もっとも顕著なものの一つであろう（ここでは立法が
大きな役割を果たしつつある）。また，契約についても，契約は自由であるが，
典型契約の類型化によって反対の意志表示がない限り一定の内容が補充される
という方式を採用することで「私的取引はずっと容易になる」，という法学者
の常識を是認している[4]。

　こうしてハイエクは，「レッセ・フェール」「（市場への）非介入」「夜警国
家」を退けるとともに，「法の支配」を擁護する。ここで重要なのは，この法
の支配は，上記のような広範な政府の活動を，その原理と調和する限度で容認
するのではあるが，それは「分配的正義」または「社会的正義」の要求とは相

---

(4)　本書第5章（論文発表は1993年）参照。

第14章　ハイエクと社会福祉（2004年）

容れない，という点である。後者は，法の支配の理念が忘れられるのに決定的な役割を果たした，として繰り返し批判される。そこで想定されている分配的正義とは，各個人が，「当該サービスが仲間にとってもつ価値〔市場で評価される価値〕ではなく，真価と功績についての誰か別人〔意図的な分配の決定者〕の構想（conception）にしたがって報酬を受ける」ということである（これはノージックが「パタンつき（正義）原理」と呼んだもの[5]とほぼ同じである）。法の支配の下でこれが実現不可能であるのは，異なる個人（どう異なっているかは事前にはわからない）を政府が平等に取り扱えば帰結は不平等となり，個々人に自分の財と能力の自由な利用を許せばその結果は予測不可能だから，である。

第4節　累進課税の否定

　ハイエクも自認するとおり，彼の議論の中でもっとも現代の常識と対立するのは，彼が累進課税を基本的に否定する点であろう（『自由の条件』第20章）。その根拠としては，経済的・政治的・道徳的なものがある。

　経済的な面では，それが人々の活動を誤導する，というのが主要な論点である。長期に渡って準備と投資をした後短期にその収穫を得るような活動や，確率は低いが成功すると大きな利益を生むような活動は，収穫年度または成功年度に高額課税されるため，全体として抑圧される。また，収益力の高い有力な新参の企業者は，迅速な成長を抑えられ，結果として既存の大企業の寡占状態が新規参入から保護される効果をもつので，それはイノベーションを遅滞させる。経営主体間の競争は，その結果によって資本財がより有効な形に再分配されてゆく過程とみなせるが，累進課税は各主体の相対所得をそれがなかった場合と比べて変化させ，資源配分の調節メカニズム本来の機能を阻害するのである。また，実際に高税率を課される階層から得られる税収は，全体の内の小さな部分しか占めていないので，財政上の必要はあまり理由にならない，というデータ（当時の英米における）も挙げられている。

　政治的には，累進制を一旦導入すると（最初はどこでもごく低率で導入される），民主主義の下でそれが加速することを止めることが不可能だ，という点が中心である。そして，「多数派が，単に多数派であるという理由によって，自分自

---

(5)　ノージック「2004・263-271, 360-369」。

身に適用しないルールを少数派に適用する資格がある，という発想は，民主主義自体よりもずっと基底にある原理，民主主義の正当性がその上に基礎をもつ原理に対する侵害である」[Hayek 1962: 314] という。普遍主義的な法の支配は，この原理を表現するものであり，支配するものとそれに服する者が同じルールの適用を受ける，ということがその中心をなすが，累進制が一旦是認された後では，その内容を多数派が恣意的に操作することに対する有効な歯止めとなる論理はどこにもなくなる，というのである。実際の運用においても，現在（1950 年代末当時でも現代でも）の累進的税制においてもっとも利得を受けているのは，下層というより政治的な力をもつ中間の階層なのである。この根底には，大きな利得を不必要で望ましくないものとする人々の見方があり，それは多数派である給与所得者の心情を反映している。結局これによってわれわれは，多数派にとって適当な所得と映るもの以外は認められないような社会に向かうことになる。しかし，個人の活動が社会的・経済的にもつ価値には，給与所得については妥当するかもしれないこの種の上限はないし，「ある活動にかかる時間と，それから社会が受ける利益との間に必然的な関係はない」というのである。

　道徳的にはまず，累進制が「同一労働同一賃金」の原則を破壊する点が挙げられる。まったく同じ物やサービスであっても，全体の所得が少ない者がその一単位を提供する場合とそれが大きい者が提供する場合とで，税引き後の所得には大きな差ができる。単位あたりでみれば，勤勉で有能な提供者には少なく，怠惰で非効率な提供者には大きな報酬が与えられることにもなるわけである。その他これは，少数者に課される差別的な税負担であり，大きすぎる所得が他の階級の所得と調和しないという理由で正常なインセンティブが機能しないようにすることである。これらの抽象的事実が理解されれば，人々の判断も変わるはずだ，と彼は言うのである。

　提案として打ち出されるのは，国民総所得中の国家予算の割合を所得税率の上限とする，という案である。この範囲で間接税の逆累進性を補うような穏やかな累進税率が課されることは是認するが，基本的にはこれは比例税に近いものである。比例税制の弁護としては，国家のサービスによる貢献が各所得単位に均等に含まれている，という想定は妥当なものだ，という点が挙げられている。国家の緊急事態などには予算を増額する必要が起こるが，国家予算全体の国民総所得に対する割合の増大に応じて，この直接税の上限もその比率を高めることになるので，そのような事態への柔軟な対応もこれによって可能だ，と

第14章　ハイエクと社会福祉（2004年）

いうのである。

第5節　社　会　保　障

最初に述べたようにハイエクは（中心的には『自由の条件』第19章において），均質のセーフティー・ネットを容認する。

　　再度，公的救済のシステムが利用可能であることは当然と考えておこう。これは，均一の最低水準を，必要性を証明された事例に対して準備するものであり，その結果共同体のメンバーは誰も，食料と住まいの欠如にさらされる必要はなくなる，というものである。[Hayek 1962: 300-301]

　彼が否定するのは，社会保障の制度が，自力で生活できない者への補助という名目で導入されながら，その目的を超えて，あるべき所得分配を実現する手段として利用される傾向をもつことである。それゆえ，いわゆる「生活扶助」は本来，多数派の出費で比較的少数の自立できない者たちを，受け手の掛け金支払いとは無関係に保護する制度であるから，それ自体の問題は少ない。ただその財源として強い累進課税と組み合わされる場合には，それは，多数派である中位の所得階層がその政治力を使って，主に自分たち以外の高所得階層の負担によって下位の所得層に所得を移転する制度となる可能性がある。この場合にはそれは，多数派が自己の負担によらないで良心の満足を得るための制度，という側面が強くなり，不公正の嫌疑がかけられるだろう。または，ハイエクの意味での「法の支配」を巧妙に回避するものであり，これが可能になる点が累進制への主な反論のポイントであった。

　いわゆる社会保険の諸制度についても，その原理は否定されない。上記の公的扶助は，比較的豊かな社会において，かなり高い水準になってゆくであろう。その場合，自分で危急の備えが可能な者についても，人々の中にそれを怠る傾向が生じるのは自然である。それを放置して公的扶助の対象がむやみに増加するのでは制度は維持できないから，その防止のために強制加入の保険制度が導入されることは「自明の論理的帰結（obvious corollary）」である。そしてその原理は，自動車保険の加入強制と同じ（他人に負担をかけないという義務を履行するための担保）だ，というのである [Hayek 1962: 285-286]。そして，政府が補助金を出してその制度の発展を促進することも，移行措置としてなら許される，という。「この点までは，「社会保険」の全体的装置の正当化は，ほとん

228

第 5 節 社会保障

どの自由の擁護者達に受け入れられるだろう。」問題はその後，特にこの制度が国家によって独占的に運営され，それが非能率にさらされるとともに，別の目的（「社会的正義」）を追求するための恣意と強制の道具となることにある。

　もし社会保険が，上記のように加入を強制される自動車保険のようなものであるなら（人々は自分の選択する保険会社とその契約を結ぶ），保険がカバーする対象と保険額は当初の契約内容によって確定し，掛け金との関連も明示されているはずである。しかし政府による独占的なサービスである場合には，この両方においてそれは恣意的な決定を許すものとなり，この制度を利用して，「社会的標準」として個々人の受け取るべきものを決定しそれを与えることができるようになる(6)。再分配の道具にそれが転化するのである。

　この分野の「専門家」とされる者のほぼ全員が，この政策の基礎にある原則・理念に賛成しているので（元々そのような人が専門家になるので），専門家のアドヴァイスは常にこの方向（再分配）を促進するものばかりになるが，それは「反対を主張する経済学者や法律家」が専門家と見なされないためである。しかし，各分野の専門家たち（彼らは他の分野のことを知らないし，現時点で自分たちに知られていないもっとよい解決策が出現する可能性をあまり想定しない）の希望が制限を受けずに満たされてゆく世界とは，資源配分のバランスを欠いた恐るべき社会にならざるを得ない，という点は，「科学主義」として『科学による反革命』でハイエクが強調したことである。さらに，政府が独占する社会保険の制度について，その宣伝活動が公費で行われることについても，彼は批判している。本来，オーストリア学派的な機会費用の発想から見れば，資源をあることに使うことは他のことに使わないことであるのに，（何か他の価値の犠牲において当該の価値が追求されるにもかかわらず，犠牲になるものについての情報はないまま）中立性を欠いた見解のみが政府の費用において組織的に流されることは，民主主義的決定をゆがめ，それを操作することになる危険が大きい，というのである。

　老齢年金については，本来大恐慌と（第二次大）戦中のインフレにより生じ

---

(6)　ただ，再分配は本来の保険にはできない，とハイエクは言うが，法的に加入者内の細分類を禁止するようなルールの下では可能だし，まさに自動車の強制保険において，低危険ドライバー・グループから高危険ドライバー・グループへの所得移転が実際行われている（細分類が一定の範囲で認められている任意保険においては，これはより小さなものになるが）。また，アメリカの民間が運営する医療保険においても，たとえば保険加入者に対する事前のエイズ・テストを禁止するようなルールの下では，同じようなグループ間の所得移転が実現している。本書第5章参照。

第14章　ハイエクと社会福祉（2004年）

た特定世代の問題（以前の蓄えでの生活は不可能）を解決するために導入された
ものである。この経緯を考えれば賦課方式は避けられないが，この制度が恒久
化することで，掛け金支払いとのリンクを事実上離れた受取り額につき，異な
る要求に対して適用できる正義の基準はなくなる。また，まだ働ける人が今働
いている人の負担で給付を受ける制度は，その実質が「保険」でない以上，恣
意的とならざるを得ない。

　医療保険については，医療の必要性は客観的に決まる，という前提は，急速
に進歩しつつある医療の下では特に誤りである，という点が強調される。また，
終末医療など回復を期待できない医療においては，効率（「医療のコストは生産
性の向上で回収できる」）による弁護論は問題にならないが，その場合にも物質
的価値と非物質的価値との考量を，個人に代わって誰かがせねばならない。そ
して，医療を無料化したイギリスでは，順番待ちの列が長くなり，特に回復の
見込みのない人で病院が満員になっていて，それ以上に治療を受けるべき人が
待たされることが多い，と述べられている（これは多分，高額の自由診療を認め
れば，一部解決すると思われる）。また，医師の実質的公務員化が進むことで，
守秘義務の上でも問題が発生し，その極致はソ連における医療施設を通した国
家による抑圧だ，としている。

　失業保険についても欠陥が指摘される。これは，安定的な職種につく者の負
担で，季節労働，その他予備労働力が必要な職種など不安定な職種を補助する
制度となる。これらは本来，賃金の弾力性と労働者の移動によって解決すべき
問題であるが，失業保険によって，この面での市場の機能が鈍くなる。高賃金
を要求して，その結果失業を発生させる労働組合の責任回避と勢力拡大にこの
制度が利用されている面もある。

　要するに社会保険は，再分配を目的として運用されている現実があるが，あ
るべき分配パタンを決定する正義の観念は，真正なものとしては成立しないの
であって，事実上それは政治的な力の間の綱引きに左右される恣意的な分配と
なる。また，これを実施する過程で官僚が大きな力を揮うようになる。しかし，
国家のもっとも重要な目的は強制から個人を守ることであるのに，この官僚の
力から個人を守るのに国家に依存することはできないから，個人は無力なまま
権力と向き合わねばならなくなる。一時的なものとして導入される社会保障も，
恒久化することを避けるのは難しい。しかしその結果，特に発展途上国などで
は，そのコストが経済成長を阻害し，人々の窮乏からの解放を逆に困難にして
いる。自由な社会は最低限の収入保障とは両立する。しかしそれは，多数が生

230

活できない少数のために，納得してコストを負担するものでなければならない。また，上記のように，国家が独占するのではない民間の保険会社が引き受ける強制加入の保険制度（一定の条件をみたす様々なアイデアがそこで試されるはずであるが）も，自由な社会と矛盾するものではないが，これらは本来の保険として運用されねばならない。

第6節　結論にかえて

　以上，ハイエクの福祉に関する議論の概略を振り返ってみた。そのねらいは，彼の議論がいかなる理由で何に反対しているのか，を確認することにある。そして，それらの条件が充たされ，彼が批判するような欠陥を免れることができるような制度がもしあれば，彼はそれを是認する用意があるだろう，ということを明らかにすることである。『隷従への道』（原書 1944 年）以来，彼は自分と社会主義者との間に，価値観上の違いがあるとは考えないのであって，主要な対立は，採用される手段とそれがもたらす結果の関係に対する理解の差にある。

　しかし，『隷従への道』が書かれた頃には，社会主義とは生産手段の国有化を通した生産の計画化を意味していた。彼のこれに対する分析は基本的に正しい，という理解が現在では一般であろうが，同種の過程が，累進課税と国家による社会福祉政策を通した所得の再分配という現代の社会民主主義的な戦略についても妥当する（とハイエクはいうが[7]）のだろうか。経験的には，どうもその兆候は見えない，と思われる。社民的な政府が人権を踏みにじって個人の自由に対して抑圧的になったり，民主主義の手続を廃止して政権の座を降りず専制に走ったり，ということは，少なくとも先進国に関するかぎり，戦後史の中にはなかったのである[8]。たとえばスウェーデンの高負担・高福祉の制度は，

---

[7]　*The Road to Serfdom* の 1976 年版に付された序文参照。

[8]　たとえば，著名な米国の社会主義者として生きたシドニー・フックは自伝［Hook 1987: 353］で，ハイエクを意識しながら次のようにいう。「今日，福祉国家または混合経済は，その濫用と気まぐれ，その受益者・納税者双方による詐術から切り離されれば，活発な民主主義の政治生活と両立するように見える。それは不可避の隷従への道ではない。私は，全体主義の進展とともに，われわれの選択は社会主義か資本主義かだ，という初期の信念を捨て，それは状況に応じてそれぞれの要素が多かったり少なかったりするのだ，と考えるようになった。今日の主要な選択は，全体主義と自由な社会の間にあり，後者の基礎は政治上の民主主義にある。」ただし，「政治上の民主主義」だけで全体主義から自由な社会を守れるか，には大きな疑問がある，と言わねばならない。

第14章　ハイエクと社会福祉（2004年）

もちろん個人の経済活動に関しては抑圧的である。しかしそれが，様々な立場からの政治的発言や情報・真理問題について抑圧的だ（隷従への道理論ではそうなるはずだが）として非難する論者はほとんどいない。それがよいか否かはともかく，そのようなシステム（経済活動以外の点では抑圧的でない高福祉の体制）が可能であることは，事実において明らかである，といわねばならない。

　その理由の一部は，人々が経験から学んで以前より賢明になったという点にあるだろう。これは，社会主義，特に経済の計画化という方策と全体主義との不可避の関係を分析したハイエクをはじめとする理論活動が，その核心部において広く理解され，社会主義を理想化する議論が支持を受ける危険が薄れたということであろう。しかしそれ以外に，この「福祉国家」の体制は，生産手段国有化のヴァージョンとは異なって，その原理においてハイエクの主張とも整合する面を多くもっていると思われるのである。

　たとえば，その代表者であるロールズの正義論では，

　①平等な自由権の優越（第1原理）　②格差が開かれた地位に付随すべきこと（つまり競争と新規参入者に開かれていること）（第2原理の前半）　③正義論においては，嫉妬心の問題（それに起因する人々の不幸）を無視すべきこと

　という条件（これらは当然ハイエクも是認するにちがいない）の下で，④格差が，恵まれない者（グループの代表的個人）にとって最善の利益をもたらすようなものであること（第2原理の後半，ただしこの原理の前後半の順序は逆に書かれている箇所もある）という「格差原理」が主張された。

　ハイエクは，ロールズの議論が，「それらの制約群が満足されるなら，結果として生じる分配がいかなるものであれ，それは正義にかなうものとして受け入れられるのである」（ロールズの論文 'Constitutional Liberty and the Concept of Justice' よりハイエクが引用）という前提の下で主張されているとすれば，これは，ハイエクの議論（特に「原理説明」の議論）と対立するものではない，という [Hayek 1976: 100]。ハイエクの観点からしても，個人の自由な活動と競争に基づく市場経済は，たとえば発展途上国において飢餓から人々を解放するのにもっとも有効な体制であると考えられるから，その限度では格差原理をも部分的には充たすであろう。しかし後にハイエクは，ロールズの議論は誤りだ，として次のように言う [Hayek 1988: 74]。

　　個々人の活動の必要な変化から生じる生産物の価値は，予想されなかった出来事によってその変化が必要となったのであるから，正義にかなうように

第6節　結論にかえて

見えることはめったにない。……そのような道徳的に盲目の結果に対する嫌悪——理解できる嫌悪だが——から，……人々はある形容矛盾，つまり〈進化のコントロール〉，を達成したいと考えるようになる。進化を現在の願望に従って形作ろうとするのである。その結果が性質上誰かが知ること，知りうることによって決定することができないようなある状況を，正義にかなうようにしようという実りなき努力は，その過程自体の機能を損なうだけである。〔改行〕そのような正義の要求は，自然に似た（naturalistic）進化の過程に対しては不適切である。……過去に起こったことに対してだけでなく，現在進行中のことに対しても不適切なのである。……進化は正義にかなうものではありえないのである。〔改行〕実際，すべての未来の変化が正義にかなうものであれと主張するならそれは，進化が止まることを要求するに等しい。〔社会発展の〕初期の時代に，魔術的な力が何か平等主義的または功績主義的な信仰箇条を実施する権力を与えられたと想像してみるだけでよい。そのような出来事は文明の進化を不可能にしたはずだ，ということがわかるであろう。ロールズ的な世界は，〔もしあったとすれば〕決して文明の域に達することができなかったはずである。運による格差を抑圧することで，それはほとんどの新しい可能性の発見をつぶしてしまっただろうからである。

　しかし福祉国家の方策は，個人の自由な経済活動は是認し，むしろそれに依拠した上で累進的な税率を収益に対して課し，それを財源にして成長と両立する限度で福祉を実現しようとする（多分成長率は引き下げられるが）。これが本来の限度を逸脱して制御不能になる危険性の有無・程度を分析するには結局，現代民主主義の問題を扱わねばならない。しかし残念ながら，この問題を論じるには別稿が必要となる。

　暫定的な結論として言えることは次の点である。ハイエクは最初に述べたように，帰結主義的な観点から私有財産の制度と市場を擁護し，価値的には個人の自由と公正の観点からこれらの制度（私法その他の諸制度と，これらの制度と一体になった価値群を含む）を擁護する。彼の議論の構造が，いかなる方策によって何が可能か・不可能か，に関する原理的な因果説明（原理説明）に依存する以上，議論の帰趨は大きく経験に開かれていると言わねばならない。ハイエクの議論が誤りの可能性に開かれている事はその最大のメリットであるとともに，その可能性をより具体化する議論を展開することは，依然としてわれわれに残された知的課題であろう。

第14章　ハイエクと社会福祉（2004年）

　現時点で少なくとも言えることは，現代において社会福祉の制度がもし成功するとすれば，それは，ロールズの第1原理も明示しているように，何よりも個人主義的な観点を基礎とせねばならない，という点であろう。ロールズにおいては，各個人は他人には関心を持たず，自分の利益のみを考えて正義の原理を選ぶ。ただそこに「無知のヴェール」がかかっていて，自分だけが利益を得るような偏った取り決めをするための自分に関する情報が与えられていない。こうして正義の原理が選択された後で，結果として自分が恵まれたグループに属することになったとしても，その者は，他者への義務としてではなく，当初自分がコミットした（はずの）正義のルールに従って，公正の名において再分配的な制度における自分の義務を果たさねばならない。この体制の下で彼の所有するものが何かあるとしてもそれは，このルールによってはじめて彼のものとなる。だからあえて言えば，税引き分の方が元々の「彼のもの」なのである(9)。類似したことは，ドゥオーキンの主張する「資源の平等」論と，そこで社会福祉の政策を擁護するために持ち出される「仮想的保険市場」[Dworkin 2000] の議論にも見られる。つまり，結果として社会的に成功した者とそうでない者の間に，ゲームに入る前に基本的な平等が成立しているような架空の場面を想定して，そこで各人が自分の安全のために保険をかける，という状況を考えるのである。この基礎にある平等は，コスト（他の者の観点からするその財の価値，もしくは機会費用）に着目するものであるから，この保険市場も決して当人達がそれに必要な掛け金を払う用意がないような，コスト無視の平等（たとえばケイパビリティーの平等）を実現するものにはならない。このようなアプローチは，個人主義的な前提から社会保障を擁護するための有望な方策であると考えられる。個人の自由が優先し，その前提の下，それを先に進めるものとしての福祉，というものが理論的に定式化できるなら，それとハイエクとの整合性を考えることが有益となろう。

　いずれにせよ，ある論敵を想定して築き上げられた理論を，その当時存在していなかったすべての相手を論駁するものとして扱うことは危険である。それゆえ，当面は以前の論敵に対応したハイエクの批判的理論の新たな論敵に対する適用可能性は，個々に新たに検討せねばならない。

---

(9)　この点については，渡辺幹雄氏（山口大学）の議論から示唆を受けた。

234

第15章　ハイエクの法理論に関する一試論 (1980年)

第1節　序　　論

　ハイエク (1899-1992) は1974年に経済学上の業績によってノーベル賞を受けており自由主義経済学者として名高いが，彼はもともと法学徒として出発したのであって[1]，また最近の旺盛な著作活動の成果も法理論をその重要な一部としている。ただそれは，哲学，心理学，政治学，経済学，思想史などにまたがる広い学問領域に関わっており，その全体を俯瞰することは簡単ではない。少なくとも言えることは，彼の思想全体が極めて整合的な一つの体系をなしており，しかもその体系は，オーソドックスな法哲学の対象である，法と正義の問題を正面から扱っているということである。

　ハイエクは彼の理論の一つの「系」として法実証主義，特にケルゼンの理論を批判する。しかし，よくあるように形而上学的，独断的な立場に立ってそうするのではない。この小論でそのごく一部を紹介するようなハイエクの立場に立って考えれば，法実証主義者の法理論の方が，非実証的で誤った認識論に基づいているということになるかも知れない。法実証主義自体を論じることは，この小論の目的ではないが，ハイエクの法理論が現代の法哲学に対してもつ意義を理解する上で，彼の理論を法実証主義との対比で眺めてみることが有益ではないかと考える。法実証主義の内容は必ずしも単純ではないが，H・L・Aハートによると「法実証主義」の語は少なくとも英米において次の主張のうち一つまたはいくつかを採用する理論をさすものと理解されている [Hart 1961: 253]。

① 　法は人間による命令である。
② 　法と道徳の間，つまりある法とあるべき法の間に必然的関係はない。

---

(1) 　彼は1921年に法学，1925年に政治学の博士号をいずれもウィーン大学で得ている。当時同大学の教授としてケルゼンがいたのであって，ハイエクのケルゼン批判は，彼のこの経歴からしても決して付け焼刃的なものでないことが推測される。ハイエクの自伝としてハイエク [2000] 参照。

第15章　ハイエクの法理論に関する一試論（1980年）

③　法的諸概念の分析や研究は，歴史的研究や社会学的研究及び道徳，社会的目標，機能その他の見地からする法の批判的評価（と敵対するわけではないが，それら）から区別されるべき重要な学問である。

④　法制度は閉じたシステムであって，既定の法ルールから，論理的手段のみによって正しい判断を演繹しうる。

⑤　道徳判断は，事実言明と異なって，合理的論議，証拠，証明などによって確立することができない（倫理学上の不可知論）。

そして，このうち，ベンサムとオースティンは①②③をとるが④⑤をとらず，一方ケルゼンは②③⑤を認めるが①④を認めないとされる。

ハイエクの法実証主義批判は右の①〜⑤のすべてに関わっているが，彼の法理論の性格をより明確にするために，ハイエクによるケルゼン批判の一部を，先にここで見ておこう。

〔裁判所の適用すべき法の内容は立法者が創造するのであって，その際立法者は完全なフリーハンドを持つのだという，法実証主義の中心的主張は〕法実証主義の高度に発達した形態としての，ケルゼンの「純粋法学」においては，非常に誤解を招くような形で通常の用法ではない特異な意味にいくつかの言葉が一貫して使われることによって，もっともらしく見えるようにさせられる。

第一は，そしてこれがもっとも重要なのだが「法」と「ルール」を関係づけるのに都合がよいように，ケルゼンは「ルール」のかわりに「規範」を置き換える。そして，言葉に暴力を加えて，この「規範」を彼が「個別的規範」と呼ぶもの，つまり，すべての命法と ought- 言明を含む形で使う。第二は，「秩序」という語を事態の事実上の状態（a fact of state of affairs）という意味ではなく，特定の行為を命じている「規範」について使い，そうすることによってケルゼンは，行為のルールのうちあるものだけが特定の環境の下で秩序の形成へと導くのであって，それゆえそれらのルールは他のルールと区別しなければならない，という洞察を，みずから不可能にしてしまっている。第三に，規範について「存在」という語を「妥当性」と同義に使い，そして「妥当性」は究極的な権威による何らかの意志的行為つまり「根本規範」から論理的に導けるものとして定義する。第四に，ケルゼンは「創造する」「制定する」「設ける」（erzeugen, setzen）などの語を，人間の行為によって形成されるものすべてを含む形で使い，そうすることによって，人間の企

図の諸結果だけでなく，言語，道徳，エチケットなどの諸ルールのように自生的に生成したものまでが「制定されたつまり実定的な諸規範」とみなされることを不可避にしてしまう。[Hayek 1976: 48-49]

第2節　秩序と法

外国人（F）に日本人（J）が日本語を教える場合を考えてみよう。

F：　……S_1（日本語風の文）……
J：　そうではなくて「……S_2……」と言うべきです。
F：　何故ですか。私の習った文法では……。だから「S_1」が正しいはずです。

この時Jは「より正しい日本語の文法の知識」によってFに答えねばならないだろうか。もしそうなら，「文法」を習っていない日本人は原理上外国人に日本語を教えることができないはずである。「文法」に言及しないでFに答えようとすれば，Jの答は「S_2というのが日本語のルールだから，あなたはそれに従わねばならないのです」という形になるだろう。正しい日本語を話す能力と，それを文法的に説明する能力は別のものであり，Jは後者の能力は持たなくとも前者の能力は持っているのであるから。

しかし，もしJが正しい日本語を話せるというのなら，Jは日本語の文法をある意味で「知っている」と言ってもよい。そうでなければ，どうしてJは他の日本人と日本語で「話す」ことができるのか。もちろん，その場合の「（文法＝ルールを）知っている」は「それを意識している」こととも「それを記述できる」ことともつながらない意味でそう言えるにすぎない。しかし，ルールを「使い」またはそれに「従う」ことが，何らかの獲得すべき「能力」を前提にしていることは疑間の余地がない。では，「Jは正しい日本語の言語感覚をもっている」といえばどうだろうか。それとも，個人の「感じ方」について「正しい感じ方」とか「誤った感じ方」とかいうのはおかしいといわねばならないのだろうか[2]。

---

(2)　また，本文の例については，もう一つ重要な問題が残っている。それは，「FがS_1と言った時，どうしてJは，Fが言おうとしているのはS_2なのだとわかったのか」という問題である。Jは，その段階で，Fの「言いたいこと」を既に理解してしまっているといえるのではないだろうか。この場合何が「伝わった」というべきなのか。

第 15 章　ハイエクの法理論に関する一試論（1980 年）

1　正しい行為のルール

ハイエクは，しばしば法を言語とのアナロジーで語っている[3]。もし，「文法」というものを，文法学者が「発見」する以前から「存在」するものであって，かつ，それに従って言語を語っている人々にとってもそれを定式化することはかなり困難であると同時に，人々のうちの誰かがそう命じたから他の人がそれに従っているというものではない，そういう行なわれているルールの一例だとすれば，これは，「自然法」として論じられてきたものが持っているとされる性格に一部似たところがあるといえるだろう[4]。もちろん，意識的な活動としての立法活動が持つ，ルールの確認，変更等の力は，「国語審議会」などが持つそれと大きな差があるが，これを程度の差にすぎないと考えることは不可能ではない。つまり，これらはいずれも，元来機能しているルールに依存した，ルールの「部分修正」であって，立法活動や国語審議会が個々のルールによって成立している全体としての秩序を無から創造するのではない，ということになる。この考え方は，我々のよく知っている「法の支配」という概念と，根本において同じである。

「人間は従う法なしに生存したことなどないのだが，何十万年もの間，法を，表現できるという意味で「知る」ことなしに生きてきたのである。」[Hayek 1973: 43]

この意味での法は，法社会学の対象としてのそれにすぎず，規範法学の対象ではないというような反論が予想される。しかし，この二つの学の対象を完全

---

(3)　Hayek［1973: 19］および［1978: 7］。またケルゼンも「文法学という科学が言語法を命ずるのではない」という（「法学的方法と社会学的方法の差異について」森田寛二訳［ケルゼン 1977: 14］）。このかぎりで，「法学」と「文法学」のアナロジーはあてはまるが，「法」と「文法」のアナロジーは，ケルゼンが考えた以上の問題を含んでいる。つまりそれは「立法者がなくとも妥当するルール」の概念に導くという点で。

(4)　「自然法」という言葉に対するハイエクの態度は次のとおりである。
　　　混乱の主な原因の一つは，法実証主義に反対する学説のすべてが，「自然法」という誤解を招く名の下に同じラベルを貼られ一まとめにされることにある。しかし，それらの学説のいくつかは，法実証主義に反対するということ以外，何も共通性がない。……
　　　それゆえ，この本〔『法と立法と自由』〕の立場もまた，法実証主義者達からは自然法論とみなされるだろう。しかし確かにこの本は，過去において，支持者によってはそれを「natural」と呼ぶこともあった（法の）理論を展開しているが，その語の現代の用法は余りにも誤解を招くものであるから，その語の使用は避けるべきである［Hayek 1976: 59］。

第 2 節　秩序と法

に切断しうるのかどうかがまさに問題なのである(5)。

人間の行為の結果として生れるものではあるが，意図的に構成されたものではなく，かつ全体として人間の役に立っているような社会的制度という第三のカテゴリーを導入することによって，伝統的な自然的（natural）と人為的（artificial）の二分法はあやしいものになる。

これを図示すれば次のようになろう。

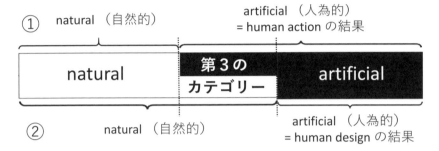

第3のカテゴリー：人間の行為の結果ではあるが人間の企図（デザイン）の結果ではないもの
人間が意図せず作り上げたもの（設計によらない制度・システム・価値体系・習慣・言語・・・）

ギリシャ時代から「physei (by nature)」の反対は，「nomō (by convention)」であったり「thesei (by deliberate decision)」であったりして混乱が見られた。そして現在における「natural」と「artificial」の区別が図の区別①なのか②なのかが曖昧であるために，特定の同じ事象が，別の著者によってnaturalとされたりartificialとされたりした。しかし，

　B. マンデヴィルやD・ヒュームなどの思想家が，〔図の区別①，区別②の〕いずれの定義をとるかによって〔naturalとartificialの〕二つのカテゴリーのあちらに入ったりこちらに入ったりするため，他の事象から区別されるべき第三のクラスの事象に属させねばならないような事象――これを後にA. ファーガソンが「人の行為の結果ではあるが人の企図の結果ではない（事

---

(5)　あるアメリカの法思想史家は次のように述べている。「社会学はドイツにおいて比較的遅れて普及したが〔GesellschaftswissenschaftとRechts od. Staatswissenschaftとの〕分断は完全であった。政治思想の形式的・規範的側面は社会的・経済的側面から切断された。結果的に，法学・政治思想の領域は，外・規範的な考慮を厳格に排除するものとして，より截然と画定された。」〔Emerson 1928: viii-ix〕この完全な分断は，彼にも健全なものに見えないようである。

239

第 15 章　ハイエクの法理論に関する一試論（1980 年）

象）」とした——が存在することを明らかにした。[Hayek 1973: 20]

　ハイエクが，この第3のカテゴリーの中に言語や法を入れようとすることは
いうまでもない。個々の法が複雑にからみ合った結果維持されている社会秩序
全体も，このカテゴリーの中に含められる。この考えは，もともと自由主義的
な経済学者として市場や貨幣の理論を研究した彼にとって，ごく自然な着想又
は発見としてあったと推測される。そして，この「自生的秩序」の概念を徹底
することによって，彼の自由主義的な法理論が生れる。[Hayek 1973: 78-81]

　　自由の敵達は常に，人事に秩序がもたらされるには，誰かが命令し，他の
　人々が服従することが必要だとの主張を彼等の議論の基礎にしている。一般
　的な法の下における自由のシステムに対する攻撃の多くが，人知の命令によ
　る意図的な組織化によらなくとも人間の活動が有効に調整されていること，
　を想像することができないということから生れている。[Hayek 1960: 159]

　しかし，「意図」されていないものがどうして役に立つのか。これに対する
答はどうしても進化論的にならざるをえない[6]。つまり，それが役に立ち，他
にあった制度より優れていたから残ってきたのだと。それゆえ，挙証責任は変
えようとする側にある。
　たとえば「それに違反したからといって実効性のある制裁手段がないような
契約は，気軽に結ぶが決して履行しない」という原則に従って各人が行動する
ような社会（または社会内の一グループ）を考えうる。この原則はその個人に
とって，ある意味で「現実的」で「合理的」だが，守らなくても自分に実害の
ない契約を守るような人は侮辱の対象にしかならないとすれば，この社会は全
体として対内的，対外的に経済活動が盛んになるには非常に不利であり，社会
間の競争で何らかの形で淘汰さる可能性が高い。その意味で，個々の構成員が
この原則を採用している社会は，あまり「合理的」であるとはいえない。もし
そうならこの場合「契約は守るべし」というのは，このような弱い意味で一種
の自然法であると言ってもよいことになるだろう。
　刑事法についても，制定法が法となるためにはその内容が，その社会に行な

───────────
(6)　実際には，ハイエクの理論はもっとラディカルである。人間の，理性を含む精神自
　　体が，進化の過程を経た結果として現在あり，その進化をもたらした一つ一つの事情を
　　すべて再現することが不可能である以上，「合理性」の概念は，何らかの修正を受ける
　　べきだとするのである。Hayek [1973: 17-19] および [1967: 31-34]，またローレンツ
　　[1974] 参照。

240

われている行為のルールと極端に対立しえないことは明らかである。ある社会が維持しうる司法機構の規模には限度がある。国民の大半を刑務所に入れることなど，不可能であるから，法は原理上，例外的な場合を除いて，社会の構成員によって概ね自発的に守られるものでなければならない。これを逆転させて，サンクションの機能にのみ注目することは視野を狭める結果となり，法の全体像を見失わせることになろう。法の中心的な機能は，違反されることにあるのではなく，守られることにある。そしてこのことは，言語・習慣・ゲームその他のルール一般について言えることである。道徳等の他のルールから法を区別するメルクマールとして，法のもつサンクションの機能を持出すことは場合によって有効だろうが，だからといってこの機能が法の中心的なそれだということにはならないし，まして，「法は制裁があるから守られる」と考えねばならないわけではない(7)。どんな国家も，国家組織による制裁のみに頼って法を守らせることができるほど強力な機構は持たないのである(8)。

2　進化論的な合理性の概念(9)

　もし，コミュニケーションや言語化された言明を含めたわれわれの行為を支

---

(7)　この点は次の文にも見られるようにケルゼンも認めている。

　　　法と実在の一致を惹起するものは，決して，必ずしも刑罰や強制執行に対する恐怖ではなく，宗教的・道徳的動機，社会的風習に対する顧慮，社会的破門の不安のことがあり，極めてしばしば違法な行動を行わせるようないかなる刺戟もないことである。人の事実的行動と法律秩序とのこの適合関係は，……法律秩序の妥当性にとって重要な意味のあるものであるが，それは必ずしも法律秩序の実効性に基くとは限らないで，この適合を惹起又は促進することを機能とするイデオロギーの機能に基くことがわけても多い。[ケルゼン 1925: 56-57]

(8)　【後注】しかし「恐怖（terror）」を媒介する場合には，これは可能かもしれない。革命直後ロシアでも毛沢東の中国でも，共産党は特に初期には大量のテロを実行した。頻発する公開処刑などを通して「この連中の言うことに従わなければ殺される」という恐怖を大半の人々が感じるようになると，反抗は収まり，一応平静な社会が実現するのである。世界での共産主義による犠牲者の総数を約1億人と見積もっている Courtois = Margolin［1999］などを読むと，人々の恐怖がひしひしと感じられる。この種の恐怖を生み出すことが目的の場合，処刑や処罰される者が真に有罪であることは必要条件ではない。むしろ無実の者がいわれなく大量に処刑される方が，恐怖はより強く醸成されるだろう。

(9)　当然この進化論的（または批判的）合理主義の問題は，K. ポパーの哲学にも関連している。ポパーとハイエクの間には，ウィーン時代以来私的にも学問的にも密接な相互作用がある。ハイエクは Hayek［1978］の序文で次のように述べている。

　　　私の初期の著作の読者達は，私が以前に「科学主義（scientism）」と呼んでいた〔たとえば Hayek［1952-1］〕態度についての私の議論のトーンが，少し変化したことに気

第15章　ハイエクの法理論に関する一試論（1980年）

配しているルールを，すべて記述したり話し合ったりすることが不可能だということが正しいなら，これは，われわれの言語化された知識の可能性に対するそれ固有の限界，特に，われわれの精神のような，複雑な精神を完全に説明することの不可能性を示している。

　もしわれわれの表現しうることが他人に理解されうる理由が，他人の精神の構造がこちらの精神構造を支配しているのと同じルールによって支配されていることにあるなら，このルールそれ自体について話し合うということはできないということになろう。このことは次のことを示唆している。つまり，われわれは，自覚的に語りうる以上のこと，いやそれだけでなく，意識したり自覚的にテストしたりできる以上のことを，ある意味において常に知っているのであり，われわれが苦もなく行っていることの多くは，われわれが述べたり反省したりすることができる領域の外にある前提に依存している。……もし無限後退に陥りたくなければ，すべての意識的な思考は，それ自体は意識的ではありえないルール，つまり超意識的メカニズム（super-conscious mechanism）*……によって統制されている……と仮定しなければならない(10)。

　ハイエクは，大著『法と立法と自由』の最初の部分で，「設計的合理主義（constructivist rationalism）」を批判し，「進化論的合理主義（evolutionary rationalism）」を擁護している。この二つの区別は，ハイエクの思想全体を貫く基本的な立場に関連している。このことは同書を一読して明らかであるが，この立場の背後に，上に引用したようなハイエクの「心理学」がある。これは，数学における有名なゲーデルの不完全性定理を一つの特殊例とするような，一般的な認識論上の見解であり(11)，実は法の理論に対しても重要な帰結をもたら

付けられるかも知れない。この変化の理由は，カール・ポパー卿が私に次のことを教えてくれたことにある。つまり自然科学者達は，彼らの多くが，自分達が行っていると言いまた他の諸学にも模倣するように迫っていることを，実際には行っていないということである。これによって，諸学の二つのグループ間にある差は大幅に狭められた。そして，私が〔scientism についての〕議論を〔この本でも〕維持している理由は，非常に多くの社会科学者達が依然として，彼等が自然科学の方法だと誤解しているものを模倣しようと努力しているということ以外にない。

(10)　Hayek［1967: 60-62］このうち*の部分に，ハイエクが次のような注をつけていることも注目される。「あるいは「meta-conscious（メタ意識的）」〔メカニズム〕の方がよいかもしれない。なぜなら問題は，メタ数学，メタ言語，メタ法ルールを生じさせた問題群と本質的に同じだからである。」ここでメタ法ルールとは「法の法」のことである。

(11)　Hayek［1967: 62］．同様のコンテクストで，ゲーデルの不完全性定理に言及するも

242

第 2 節　秩序と法

す見解であるが，現在までのところ，「法哲学者」，「倫理学者」，「社会科学者」達の間ではあまり省みられず，主に「心理学者」達の一部にその研究がまかされているので，それは「心理学」の分野に入れられている。そして，他の専門家達からは，「それは心理学にすぎない」と言われる場合が多い。

　設計的合理主義とは，デカルトに始まる，言明化しうる疑いえない前提からの論理的な演繹によって確実な認識に到達しようとする「合理主義」の考え方である。特に問題にされるのは，これを倫理・法・政治・社会についても無制限に適用しようとする考え方であって，ホッブズ，ベンサム及び現在の法実証主義者達がここに含まれる(12)。この立場は，結局「社会の諸々の制度は，人間の意図的な企画（deliberate design）の産物であるし，そうでなければならない」[Hayek 1973: 5] という考えを，すべての理論の前提にする。しかし，この前提は事実として誤っているし，要請としては，人間の理性的活動についての素朴な無理解に発している。そしてこの考え方に従うことは，前述の自生的秩序の無視につながるだけでなく，右の秩序と不可分に結びついている個々の価値（それらを演繹的に正当化することは不可能，少なくとも困難である）を，非合理なものとして軽視し，それによって，いずれはこの秩序を破壊してしまうかもしれない(13)。

　これは，一種の挙証責任問題と考えることができる。設計的合理主義は，理性の意識的な判断によって妥当と認められた制度だけを認め，他は「非合理」として排除しようとするのに対し，進化論的または批判的合理主義は，現在ある制度の「合理性」を prima facie に推定し，それが不都合だと確認された場合だけ修正しようとする。そして，後者の考え方が「批判的」とされるのは，ひとつにはそれが理性の能力に対する批判に基づいていることによる。つまり人間の理性は，設計的合理主義によって担うことを要求されている重荷を担うことが，原理上できないし，また実際にも担っていないのである(14)。

のとして，ピアジェ [1971: 55, 89]。ただし「constructivism」の語は，ハイエクとピアジェで正反対の意味に使われている。つまりピアジェは，A. ビネーの「（思考結果ではなく思考規制の意味での）思考は精神の無意識的活動である」という逆説（同書 p. 236）を含めて「construct」の語を使用している。Hayek [1973: 29] 参照。

(12)　Hayek [1973: 5, 52]. なおこの問題は，ハイエクが 1964 年に来日した際，立教大学で行った講演のテーマとして扱われた。'Kinds of Rationalism', [Hayek 1967: ch. 5] としてその講演の内容が収められている。

(13)　Hayek [1973] は全体としてこの問題を扱っている。

(14)　Hayek [1973: 29-31]，および 'The Error of Constructivism' [1978: ch. 1] 参照。

第 15 章　ハイエクの法理論に関する一試論（1980 年）

3　法と目的

　社会の自生的秩序がどのような目的に仕えているかをすべて知ることは原理
上できない(15)。たとえば，売買の制度だけを見た場合でも，個々の売り手や買
い手が個々の商品を売り買いするには，人それぞれの「目的」があるし，結婚
とか私有財産制度なども同様である(16)。まして法制度全体となれば，それが
「そのための役にたっているもの」はほとんど無限に多様である。もちろん抽
象的に「目的」を語ることはある程度できるが，自生的秩序の目的が，少数の
単純な言明でつくせると考えねばならない理由はない(17)。この秩序全体は，多
くのルール（「正しい行為についての規則」）によって構成されている。個々の
ルールがどのように相互に補完し合って全体の秩序になっているかも，知りう
るとは限らない。つまり，あるルールを除去した場合，それは全体としての秩
序に大きな影響を及ぼすかも知れない。それゆえ，個々のルールの「目的」を
一つづつ個別的に問題にすることは多くの場合適切ではない。あえていうなら，
個々のルールは，全体としての秩序に仕えているのだということになろう
[Hayek 1973: 96-101]。

　まして，一つのルールを具体的な事例に適用した場合について，その事例の
みを視野においてその適・不適を論じることはできないはずである。どのよう
なルールでも，それを適用されたおかげで不利な又は不幸な結果を蒙る人はい
るのであって，そのこと自体を「不正」と考えるべきではないという点で，
「正当性」はルール適用の結果について個々に問題にすることはできない(18)。

　以上のハイエクの議論から，筆者なりの一応の結論を引出せば，次のように

---

(15)　Hayek［1973: 112-113］法は言語とともに multi-purpose instrument の一つとされ
　　る。

(16)　ハイエクは「自由主義」を，各人が持っている情報を，各人の目的のために利用す
　　ることが許される社会・政治制度として定義している［Hayek 1973: 55-56］。それゆえ，
　　最終的な目的，または価値は，個人の側にあるとされる。

(17)　Hayek［1973: 38］。J. ロールズが，'the good' と justice を区別し 'conception of
　　the good' の選択は個々人にまかせるのも同じ考えである［Rawls 1971: 93］。

(18)　Hayek［1973: 102-106］。また，そうだとすれば，法解釈学において問題にすべきも
　　のとして，「具体的妥当性」と「法的安定性」以外に，もう一つ重要な要素があること
　　になる。それは「具体的妥当性」に従って新しい型によって事案を解決する場合，その
　　新しい型がその種の事件に一般的に適用されるルールとなった時，それが全体としての
　　秩序に与える影響如何という要素である。しかしこの問題は，通常裁判官の能力を越え
　　ている。これが「裁判官がある意味で保守的であらねばならない」理由である。

　　　　　　　　　　　　　　　　　　　　　　　　　第2節　秩序と法

なる。彼の考え方は，一般に判例法などで正当とされてきたこと，及び裁判外
の社会で正当とされていることを「正当 (just)」の基準として重視するという
考えにつながる [Hayek 1973: 110-111 参照]。

　各個人が自覚する「利害の打算」と「正当性の感じ（または正義感覚——sense
of justice)」[Hayek 1978: 8, 1973: 118] はしばしば対立するし，いずれにせよ
これらは別の概念である。それゆえ，「正義」を自覚された諸利益に何らかの
形で解消する試みが成功するかは疑問である [Hayek 1973: 80 参照]。そして，
ここで前述の，個人の中にある「言語感覚」と客観的なものと考えられる「文
法」の関係を想起すれば，この「正当性の感じ」を「言語感覚」の位置に置い
た場合に「文法」の位置に来るものが考えられる。これを「正当性（または正
義)」と呼ぶのである[19]。そして，この「感じ」は，当然誤りうるものではあ
るが，ハイエクのいう前述の「超意識的メカニズム」の働きをその背後に想定
すれば，決して非合理なものではなく，ルールをマスターし「使う」という高
度な人間の能力の現われなのである。そしてこの能力があるからこそ，全体と
しての自生的な秩序が形成，維持されるのであるから，この「感じ」は，人間
の社会的な生存に不可欠な働きをするものとして，自覚的に尊重，保護，洗練
されねばならない[20]。またこの考えは，（自覚され言語化された）「目的」よりも
「権利」を重視する発想と整合性をもつ。

　　このような〔設計的合理主義の見解をとる〕科学者達はしばしば，科学的
　　な見地から敬意をはらうに値する唯一の価値判断は，われわれのもっている
　　諸価値が実は無価値なのだという判断だという風に思わせる。この態度は，
　　……受容されている諸価値と支配的な事実的秩序間の関連を十分理解しない
　　ことの結果である。我々にできること，そして我々がなすべきことは，それ
　　について疑問が投げかけられている価値のすべてを，我々の聴衆や読者が
　　我々と共有していると推定することができる他の諸価値を基準にして，一つ
　　づつ吟味すること以外にないのである [Hayek 1978: 22]。

----

(19)　この考え方は，J.ロールズの 'reflective equilibrium' の方法とも似ている [Rawls
　　1971]。ロールズの場合均衡するべき両端は，具体的な convictions と一般的な
　　principles である。そして，均衡点における principles を「存在」と考えるか一種の
　　regulative idea と考えるかは一応任意である。ロールズの優れた解釈として参照 Dworkin
　　[1973]。
(20)　私には「法解釈学」とはこれを行う学問のように見える。

　　　　　　　　　　　　　　　　　　　　　　　　　　　　　　　　　　　245

第15章　ハイエクの法理論に関する一試論（1980年）

4　立法の役割

　ハイエクは，前述の自生的秩序を構成している法を「自由の法」または「ノモス」と呼ぶのに対して，自覚的な立法活動により制定される法を「テシス」と呼ぶ。歴史的に見ると，議会の中心的な役割は，徴税等に関する政府（または王）の活動へのチェック及び協力にあった。その後も議会の主な関心は，政府のコントロールにあったのであって，これがノモスに無制限に介入することができると考えられるようになるのは，政府の行なう，または「行なうべき」サービスの範囲が拡大し，「社会的正義に基づく財の再分配」をもこの範囲に含めることが当然視されるようになったこと，及び，議会の代表する「国民の利益」が，ノモスが各国民に与えている利益または「権利」と同視されがちになることによっている。上位機関の「命令」に下位機関が服従するという，人為的な組織の法の原理が，この種の組織とは構成原理を異にする自生的秩序（たとえば市場原理によって動いている秩序としてのカタラクシー）[Hayek 1976: 107-132] に無制限に持込まれることによって，社会全体が「組織」として観念される。その結果の一つは，「私法」の全体としての公法化である[21]。

　伝統的に「法の編纂」と称されたような，行なわれている法の発見・成文化や，各部分間の矛盾の調整，環境の変化によって時代遅れとなっている成文法の一部修正などの機能を果すという意味での立法が，有意義であることは当然である。問題は，これを越えてどこまで「立法」がノモスに介入できるかである。

　これに対する解答は「立法は一体何をなしうるのか」という問に対する答に依存する。正しい行為のルールにとって，ルール適用の個々の結果自体は問題にできないとハイエクはいう。しかしもしそれが，定形的に不都合な結果をもたらすことがわかっている場合，それを，一般的に不適当なルールとみなして修正することが必要になることが考えられる。所与のものを自覚して吟味修正してゆく活動は，まさに理性の本体であろう。問題は，その回避しようとした

---

(21)　ハイエクは指導的な法実証主義者がほとんど公法の専門家であることを指摘する [Hayek 1976: 46]。しかし，もともと「法」と呼ばれたのは私法（英米法では刑法を含む）の方であって，この概念が，政府機関の命令に対する市民の服従を要求する際に利用されて，公法が生れてきたのである。そして法実証主義によって，私法が公法をパラダイムとして形成された「法」概念に押込められることによって，この過程は完結する。「法」の用語の逆転である [Hayek 1973:131-134]。

246

不都合以上の予期せぬ不都合をもたらさずに、それを修正・改善する能力が，意図的，目的的な立法活動にあるかどうかにかかっている。

　これに対するハイエクの答は，基本的に否定的である。それは，前述の進化論的な理性概念とも関連するが，より具体的には，内部諸集団の利益代表としての議員が，多数決によって財の再分配を行う場合に議会のもつ，避け難い性格に対する彼の悲観的な観察に基づいている[22]。議会が，国民の代表により構成されるという形式から，その権力の全能を導くことは許されない。

第3節　おわりに

　ケルゼンの「純粋法学」は，彼自身もある部分では認めているとおり，それだけで自己充足的なものではありえない。それは「根本規範」の神秘性として現れるだけでなく，各「実定法」を解釈するための規範が実定法ではありえない，ということにも現われている。つまり，たとえ「正しい法（またはあるべき法）」の問題を除外して「法（＝実定法）」を認識できるとの前提にたっても，やはり「正しい解釈」の問題を除外することは不可能である。もし「正しい解釈」すらも「法学」の任務からはずすべきだというなら，法学部で行なわれている「判例評釈」なるものも法学として成立の余地がなくなってしまうであろう。「法学の純粋性」は，無制限に拡大適用されることを予想していない一つの理念と考えた方が，より説得的である。さもなければ，それを自称または要求する理論の「科学性」が問題となってしまう。

　もちろん，独善的で「イデオロギッシュ」な議論が「科学」の装いの下で行なわれる危険があることはいうまでもない。しかし，それを恐れるあまり，科学的に扱えるかも知れない対象を，硬直した「科学」観によって初めから締出してしまう危険を，われわれは今，犯すべきなのだろうか[23]。つまり，それを「法学」の対象にどの程度含めるかはさておき，「自然法」や「正義」の名の下に議論されてきたことを，科学の対象から一括して排除してしまおうとする試みは，あまり科学的ではない「科学」の虚像を根拠にしているのではないか。

　ハイエクの法理論は，彼の「社会的正義」（それは蜃気楼であるとされる）に

---

(22)　Hayek［1979］は全体として，この問題を扱って，議会改革計画を提示している。

(23)　ハイエクの議論の性格と同じ傾向を思わせるウィーナー［1978: esp. 464-465］も参照されたい。ハイエクがサイバネティクスを意識していることにつき Hayek［1979: xii］参照。

第15章　ハイエクの法理論に関する一試論（1980年）

関する理論及び現状の国制に対する批判に基づく一つのユートピア論と一体となっているが，それをここで検討することは紙幅の制約上割愛せざるをえない。ただ，1925年に社会主義の経済学を批判した論文の中で，ハイエクが既に彼の基本的な考えを提示していたことを示す次の文をあげて結びとしたい。この文は主に経済政策について述べているが，ここから彼の思想がその後政治，法，国制の問題に発展してゆくことは，内的必然のように見える。

　すべての社会事象を意図的に規律できれば，それは独立した個々人の，一見でたらめな相互交通よりもうまくゆくにちがいない，との信念は，半世紀以上にわたって常に支持を受けて来たのであって，あれやこれやの目的のために，人間の活動のほとんどを中央で管理することを要求しない政治団体は，今や世界中どこにもほとんどなくなったかのようである。ますます，単なる偶然の結果，つまり他の方向に進むこともありえた特異な歴史的発展により生れたものとみなされるようになってきた，自由な社会の諸制度を改善することは，ごく簡単なことに思われた。そのようなカオスに秩序をもたらすこと，社会を組織するために理性を適用すること，人間の様々な願望と普遍的な正義の諸理念に従って，社会をあらゆる徴細な点まで意図的に形づくることは，合理的な存在にとって唯一のとるべき途に思われた。しかし今日明らかになったことは——すべての陣営がたぶん認めると思われるのだが——この想念が発展を見た期間の大部分において，このような（社会の）再構成が孕んでいるもっとも深刻な諸問題のうち，いくつかは認識されることさえなかったし，いずれにせよその解決がうまくいった問題はずっと少ししかなかったということである［Hayek 1949: 119］。

【文　　献】

Abraham, Kenneth S. 1987 'Making Sense of the Liability Insurance Crisis', Ohio State Law Journal, Vol. 48: 399

Ackerman, Bruce A. 1984 *Reconstructing American Law*, Harvard UP

── ed. 1975. *Economics Foundation of Property Law*, Little, Brown and Company

Anscombe, Elizabeth 1958 'On brute facts', in *Analysis,* vol. 18, No. 3

Austin, J. L. 1962 *How to do things with words* / ed. by J. O. Urmson, 'The William James lectures delivered at Harvard University in 1955'

Becker, Gary S. 1968 'Crime and Punishment: An Economic Approach' 76 J. Pol. Econ. 196

── 1976 *The Economic Approach to Human Behavior*, University of Chicago Press

Becker, Lawrence C. 1977 *Property Rights: Philosophic Foundations*, Routledge & Kegan Paul.

Benson, Bruce L. 1990 *The Enterprise of Law; Justice without the State*, Pacific Research Institute for Public Policy

Bowles, Roger 1982 *Law and Economy*, Martin Robertson Oxford

Buchanan, James 1975 *The Limits of Liberty*, University of Chicago Press

── 1986 *Liberty, Market and State*, New York UP

Brennan, Geoffrey and James M. Buchanan 1985 *The Reason of Rules*, Cambridge UP

Calabresi, Guido 1970 *The Costs of Accident*, Yale UP

Caldwell, Bruce 1982 *Beyond Positivism; Economic Methodology in the Twentieth Century*, George Allen and Unwin

Carter, Alan 1988 *The Philosophical Foundations of Property Rights*, Harvester Wheatsheaf

Church, George J. 1986 'Sorry, Your Policy Is Canceled,' *Time* May 24

Coase, Ronald 1994 *Essays on Economics and Economists*, The University of Chicago Press

Courtois, Stéphane & Jean-Louis Margolin 1999 *The Black Book of Communism; Crimes, Terror, Repression*, translated by Jonathan Murphy and Mark Kramer, Harvard UP

Cunningham, Robert L. ed. 1979 *Liberty and the Rule of Law*

Dawkins, Richard 1976 *The Selfish Gene*, Oxford UP

Dworkin, Ronald 1973 'The Original Position,' *University of Chicago Law Review*: Vol. 40: Iss. 3, Article 4.

── 1977 *Taking Rights Seriously*, Harvard UP

【文　　献】

—— 2000 *Sovereign Virtue: The Theory and Practice of Equality*, Harvard UP

Emerson, Rupert, 1928 *State and sovereignty in modern Germany*, Yale UP

Epstein, Richard A. 1995 *Simple Rules for a Complex World*, Harvard UP

Gay, Joshua ed. 2002 *Free Software, Free Society: Selected Essays of Richard M. Stallman*, Free Software Foundation

Gray, John 1984 *Hayek on Liberty*, Blackwell

Goldberg, V. P. ed. 1989 *Readings in the Economics of Contract Law*, Cambridge UP

Grunebaum, James 1987 *Private Ownership*, Routledge & Kegan Paul

Hart, Herbert L. A. 1961 *The Concept of Law*, Clarendon Press

Hayek, Friedrich August von ed. 1935 *The Collectivist Economic Planning*, Routledge

Hayek, Friedrich August von 1944 (1976) *The Road to Serfdom*, Routledge

—— 1949 *Individualism and Economic Order*, Routledge

—— 1952-1 *The Counter-Revolution of Science*, Routledge

—— 1952-2 *The Sensory Order*, University of Chicago Press

—— 1960 *The Constitution of Liberty*, Routledge

—— 1967 *Studies in Philosophy, Politics and Economics*, Routledge

—— 1969 *Freiburger Studien: gesammelte Aufsätze*, Mohr

—— 1982 *Law, Legislation and Liberty: A New Statement of the Liberal Principles of Justice and Political Economy* (following 3 volumes combined), Routledge

      1973 vol 1; *Rules and Order*

      1976 vol 2; *The Mirage of Social Justice*

      1979 vol 3; *The Political Order of a Free People*

—— 1978. *New Studies in Philosophy, Politics, Economics and the History of Ideas*, Routledge

—— 1988 *The Fatal Conceit: The Errors of Socialism*, Routledge

—— 1994 *Hayek on Hayek: An Autobiographical Dialogue*, ed by Stephen Kresge and Leif Wenar, Routledge

Hook, Sidney 1987 *Out of Step: Unquiet Life in the 20th Century*, Harper and Row

Hume, David 1978 *A Treatise of Human Nature*, ed. by Selby-Bigge, Oxford UP

Honore, Tony 1988 'Responsibility and Luck', *The Law Quarterly Review*, Vol. 104

Koslowski, Peter ed. 1985 *Economics and Philosophy*, J. C. B. Mohr

Lessig, Lawrence 2008 *Remix : Making Art and Commerce Thrive in the Hybrid Economy*, Penguin Press

Malloy, Robin P. 1990 *Law and Economics; A Comparative Approach to Theory and Practice*, West

Meeks, J. and G. Tulip eds 1991 *Thoughtful Economic Man, Essays on Rationality,*

Moral Rules and Benevolence, Cambridge UP

Mercuro, Nicholas & Timothy P. Ryan 1984 *Law, Economics and Public Policy*, JAI Press

Mises, Ludwig von 1922 *Die Gemeinwirtschaft: Untersuchungen über den Sozialismus*, Gustav Fischer（Jena）

—— 1981 *Socialism: an economic and sociological analysis* / translated by J. Kahane, Liberty Classics

Ngo, Andy 2021 *Unmasked; Inside Antifa's Radical Plan to Destroy Democracy*, Center Street, Hachette Book Group

Oliver, J. M. 1979 *Law and Economics*, George Allen and Unwin

Omvedt, Gail 2003 *Buddhism in India; Challenging Brahmannism and Caste*, SAGE Publications, London

Pennock, J. R. & J. W. Chapman eds. 1982 *Ethics, Economics, and the Law*, NOMOS XXIV, New York UP

Polinsky, A. Mitchell 1983 *An Introduction to Law and Economics*, Little Brown and Co.

Posner, Richard A. 1973 *Economic Analysis of Law*, Little Brown and Co.

—— 1981 *The Economics of Justice*, Harvard UP

—— 1985 *The Federal Courts; Crisis and Reform*, Harvard UP

Priest, George L. 1987-1 'The Current Insurance Crisis and Modern Tort Law', *The Yale Law Journal*, Vol. 96

—— 1987-2 'Puzzles of the Tort Crisis', *Ohio State Law Journal*, Vol. 48: 479

Rawls, John 1971 *A Theory of Justice*, Harvard UP

Robinson, Daniel N. 2002 *Praise and Blame; Moral Realism and Its Applications*, Princeton UP.

Rorty, Richard M. ed. 1967（1992）*The Linguistic Turn, Essays in Philosophical Method*, University of Chicago Press

Ryan, Alan 1987 *Property*, Open University Press

Searle, John R. 1969 'How to derive 'ought' from 'is'', in W. D. Hudson ed., *The Is-Ought Question*, MacMillan Press

Shimazu, Itaru 2005 'The Individual and Collective Decisions: Concept of Law and Social Change', in *Law and Justice in a Global Society*, IVR 2005, Granada, anales de la catedra francisco suarez no. 39

Smith, Adam 1982 *Lectures on Jurisprudence*, Liberty Classics

Smith, John Maynard 1975 *The Theory of Evolution*, Penguin Books

Sowell, Thomas 1987 *A Conflict of Visions*, William Morrow & Co.

Sugarman, Stephen D. 1989 *Doing Away with Personal Injury Law*, Quorum Books

【文　　献】

Sunstein, Cass R. 1997 *Free Markets and Social Justice*, Oxford UP
── 2002 *Risk and Reason; Safety, Law, and the Environment*, Cambridge UP
── 2005 *Laws of Fear; Beyond the Precautionary Principle*, Cambridge UP
── and Richard Thaler 2008 *Nudge*, Yale UP
Weber, Max 1972 *Gesammelte Aufsätze zur Religionssoziologie I*, J. C. B. Mohr
Zerbe & Goldberg eds. 1991 *Research in Law and Economics* Vol. 14, JAI Press

＊　＊　＊　＊　＊

安藤馨 2007『統治と功利──功利主義リベラリズムの擁護』勁草書房
内田貴 1990『契約の再生』弘文堂
イェーリング, R. 1982『権利のための闘争』村上淳一訳, 岩波文庫
ウィーナー, N. 1978「科学と社会」鎮目恭夫訳,『現代の科学Ⅱ』（世界の名著80）
　　中央公論社,（原文が発表されたのは1961年）
エピクテトス 1980「語録」および「要録」いずれも鹿野治助訳,『キケロ, エピクテ
　　トス, マルクス・アウレリウス』（世界の名著13）中央公論社
奥野正寛・鈴村興太郎 1988『ミクロ経済学』岩波書店
オークショット, M. 1988『政治における合理主義』（増補版, 2013）, 嶋津格・森村
　　進他訳, 勁草書房
落合仁司 1987『保守主義の社会理論』勁草書房
オリバー, J. M. 1986（Oliver 1979）『法と経済学入門』河上正二・武蔵武彦訳, 同文
　　館
桂木隆夫 1988『自由と懐疑：ヒューム法哲学の構造とその生成』木鐸社
── 1989「自生的秩序と論争」法哲学年報1988
加藤一郎 1957『不法行為』有斐閣
加藤雅信編著 1989『損害賠償から社会保障へ：人身被害の救済のために』三省堂
亀本洋 2009「法, 法学と経済学──コースの理論を手がかりとして──」法哲学年報
　　2008
── 2012『格差原理』成文堂
── 2015『ロールズとデザート』成文堂
カラブレイジ, G. 1993（Calabresi 1970）『事故の費用』小林秀文訳, 信山社
川浜昇 1993「「法と経済学」と法解釈学の関係について──批判的検討──」民商法雑
　　誌108-109号
クーター, R. D. & T. S. ユーレン 1990『法と経済学』太田勝造訳, 商事法務研究会
クーター, R. D. 1997『法と経済学の考え方』太田勝造訳, 木鐸社
クーン, T. 1971『科学革命の構造』中山茂訳, みすず書房
クカサス, C & P. ペティット 1996『ロールズ：〈正義論〉とその批判者たち』山田
　　八千子・嶋津格訳, 勁草書房

252

【文　献】

蔵研也 2007『無政府社会と法の進化──アナルコキャピタリズムの是非』木鐸社

クリエイティブ・コモンズ・ジャパン編 2005『クリエイティブ・コモンズ──デジタ
　　ル時代の知的財産権』NTT 出版

クルトワ, S 他 2016『共産主義黒書〈ソ連編〉』ちくま学芸文庫

── 2017『共産主義黒書〈アジア篇〉』ちくま学芸文庫

ケルゼン, H. 1977『法学論』ケルゼン選集 5., 木鐸社

── 1925『純粋法学』横田喜三郎訳, 岩波書店

コース, R. H. 1994-1.『「法と経済学」の原点』松浦好治編, 木鐸社

── 1994-2.『不法行為法の新世界』松浦好治編, 木鐸社

コールドウェル, B. J. 1989 (Caldwell 1982)『実証主義を超えて：20 世紀経済科学方
　　法論』堀田一善・渡部直樹監訳, 中央経済社

小林公 1985「約束と信頼──契約の拘束力に関する一考察」上原行雄・長尾龍一編
　　『自由と規範──法哲学の現代的展開』東京大学出版会

── 1991『合理的選択と契約』弘文堂

小林秀之 & 神田秀樹 1986『「法と経済学」入門』弘文堂

小柳春一郎 2015『原子力損害賠償制度の成立と展開』日本評論社

佐伯啓思 1985『隠された思考──市場経済のメタフィジックス』筑摩書房

── 2001『国家についての考察』飛鳥新社

── 2008『日本の愛国心』NTT 出版

サンスティン, C. 2002 (Sunstein 1997)『自由市場と社会正義』有松晃他訳, 食料・
　　農業政策研究センター国際部会

島崎敢 2016『心配学──「本当の確率」となぜずれる？』光文社新書

嶋津格 1973「民主主義の正統性とジレンマ」緑会雑誌　復刊 8 号

── 1985『自生的秩序──ハイエクの法理論とその基礎』木鐸社

── 2011『問いとしての〈正しさ〉』NTT 出版

── 2022「移民の奔流と国民国家──米国の不法移民問題を中心に」広渡清吾・大西
　　楠テア編著『移動と帰属の法理論──変容するアイデンティティ』岩波書店

シュレーディンガー, E. 1951（2008）『生命とは何か』岡小天・鎮目恭夫訳, 岩波文
　　庫

スミス, アダム 2003『道徳感情論(上)』・『同(下)』水田洋訳, 岩波文庫

セン, A. 1989『合理的な愚か者』大庭・川本訳, 勁草書房

ノージック, R. 2004『アナーキー・国家・ユートピア』嶋津格訳, 木鐸社

ハイエク, F. A. von 2000『ハイエク, ハイエクを語る』嶋津格訳, 名古屋大学出版
　　会

── 2007『法と立法と自由 I　ルールと秩序』矢島鈞次・水吉俊彦訳,（新版ハイエ
　　ク全集 I 期第 8 巻）春秋社

── 2010 ハイエク全集第 II 期第 7 巻,『哲学論集』嶋津格監訳, 春秋社

【文　　献】

林田清明 1996『《法と経済学》の法理論』北海道大学図書刊行会

パシュカーニス 1967『法の一般理論とマルクス主義』稲子恒夫訳，日本評論社

ピアジェ, J. 1971『哲学の知恵と幻想』岸田秀・滝沢武久訳，みすず書房

ファインバーグ, J. 2018『倫理学と法学の架橋——ファインバーグ論文選』嶋津格・
　　飯田亘之編集・監訳，東信堂

ブキャナン, J. 1988『選択のコスト』山田太門訳，春秋社

福田歓一 1971『近代政治原理成立史序説』岩波書店

藤倉皓一郎 1992「環境問題と企業の責任」自由と正義 43 巻 1 号

フレミング, D 1991「環境問題の保険と法に与える影響」ジュリスト 989 号

ヘンリック, J. 2019『文化がヒトを進化させた——人類の繁栄と〈文化 – 遺伝子革
　　命〉』今西康子訳，白揚社

ホー, B. 2023『信頼の経済学——人類の繁栄を支えるメカニズム』庭田よう子訳，慶
　　應義塾大学出版会

ポズナー, R. A. 1991（Posner 1981）『正義の経済学』馬場孝一・國武輝久監訳，木鐸
　　社

ホッブズ, T. 1979『ホッブズ』永井道雄・宗片邦義訳，中央公論社　世界の名著 28

ポパー, K. 1971『歴史主義の貧困』久野収・市井三郎訳，中央公論社

—— 1974『客観的知識——進化論的アプローチ』木鐸社

ポリンスキー, A. M. 1986（Polinsky 1983）『入門　法と経済』原田博夫・中島巌訳，
　　HBJ 出版局

マーキュロ, N. & T. ライアン 1986（Mercuro & Ryan 1984）『法と経済学』関谷登訳，
　　成文堂

マーロイ, R. P. 1994（Malloy 1990）『法に潜む経済イデオロギー』馬場孝一・國武輝
　　久訳，木鐸社

ミーゼス, L. 1991『ヒューマン・アクション』村田稔雄訳，春秋社

水谷・越智・土屋編著 2003『情報倫理の構築』新世社

ミラー, リチャード S. & 松本恒雄 1987「アメリカ合衆国における不法行為法改革の
　　動向(上)(下)」判例タイムズ 621 & 622 号

森際康友, 1981&1982「法・言語・行為——H・L・A・ハートの法概念論の一分析」
　　(一)&(二)，『法学協会雑誌』98 巻 11 号 & 99 巻 1 号

森村進 1989『権利と人格』創文社

—— 1995『財産権の理論』弘文堂

—— 2007「「公・私」区分の多義性」学術の動向 2007 年 8 月号

楊継縄 2012『毛沢東　大躍進秘録』伊藤正・田口佐紀子・多田麻美訳，文藝春秋社

ラムザイヤー, M. 1990『法と経済学——日本法の経済分析——』弘文堂

リュトゲ, C. 2020『「競争」は社会の役に立つのか——競争の倫理入門』嶋津格訳，慶
　　應義塾大学出版会

254

【文　献】

レッシグ, L. 2001 『CODE──インターネットの合法・違法・プライバシー』山形浩生・柏木亮二訳，翔泳社

―― 2010（Lessig 2008）『REMIX──ハイブリッド経済で栄える文化と商業のあり方』山形浩生訳，翔泳社

ロールズ, J. 2004 『公正としての正義　再説』田中成明・亀本洋・平井亮輔訳，岩波書店

ローレンツ, K. 1974 『鏡の背面──人間的認識の自然誌的考察，上・下』谷口茂訳，思索社

渡辺幹雄 2001 『ロールズ正義論再説』春秋社

【初出一覧】

（第1章）「人間モデルにおける規範意識の位置——法学と経済学の間隙を埋める」，宇佐美誠編著『法学と経済学のあいだ』勁草書房（2010年）

（第2章）「経済学の洞察と法学——「法と経済学」を論ず」，岩波講座『現代の法15 現代法学の思想と方法』（1997年）

（第3章）「法と経済——総括コメントの試み」，法哲学年報2008（2009年）

（第4章）「所有権は何のためか」，法哲学年報1991（1992年）

（第5章）「進化論的契約論素描」，千葉大学法学論集8巻1・2号（1993年）

（第6章）「不法行為法における「不運」の位置について」，棚瀬孝雄編『現代の不法行為法——法の理念と生活世界』有斐閣（1994年）

（第7章）「リスクと「安全・安心」」，法の理論37（2019年）

（第8章）「IT社会の規範的考察——知的財産法を中心に」，Law and Technology No. 72（2016年）

（第9章）「規制緩和・民営化は何のためか」，ジュリスト No. 1356，2008.5.1&15合併号（2008年）

（第10章）「平等への妄執（obsession）を抉る——ロールズ論の好著2冊」，法と哲学 第2号（2016年）

（第11章）「ハイエク——忘却の淵から蘇った不死鳥」，法学セミナー 366号（1985）

（第12章第1節）「（旧版）解説」，ハイエク全集第8巻『法と立法と自由I』（1987年）

（第12章第2節）「新版解説——自由と秩序を両立させる規範のコスモロジー」，ハイエク全集第I集・第8巻『法と立法と自由I』（2007年）

（第13章）「理性の射程——ハイエク社会理論における立法の位置」，法社会学44号（1992年）

（第14章）「ハイエクと社会福祉」，塩野谷・鈴村・後藤編『福祉の公共哲学』東京大学出版会（2004年）

（第15章）「F. A. ハイエクの法理論に関する一試論」，法哲学年報1979（1980年）

〈著者紹介〉

嶋 津　　格（しまづ　いたる）

千葉大学名誉教授

1949 年京都府生まれ，東京大学大学院法学政治学研究科修了。法学博士

〈主要著作〉

『自生的秩序』木鐸社，1985 年

『問いとしての＜正しさ＞』NTT 出版，2011 年

『法・国家・知の問題』信山社，近刊予定

翻訳（監訳を含む）

R. ノージック『アナーキー・国家・ユートピア』木鐸社，1992 年

S. クレスゲ他編ハイエク著『ハイエク，ハイエクを語る』名古屋大学出版会，2000 年

F. A. ハイエク『哲学論集』春秋社，2010 年

M. オークショット『増補版　政治における合理主義』勁草書房，2013 年

J. ファインバーグ『倫理学と法学の架橋──ファインバーグ論文選』東信堂，2018 年

C. リュトゲ『「競争」は社会の役に立つのか──競争の倫理入門』慶應義塾大学出版会，2020 年

学術選書

265

法哲学

経済的人間と規範意識

法学と経済学のすきまは埋められるか

2025（令和 7）年 1 月 20 日　第 1 版第 1 刷発行

28291-01012：P280 ¥7600E　012-035-005

著　者　嶋 津　　格

発行者　今井 貴　稲葉文子

発行所　株式会社 **信山社**

〒113-0033　東京都文京区本郷 6-2-9-102

Tel 03-3818-1019　Fax 03-3818-0344

henshu@shinzansha.co.jp

笠間才木支店　〒309-1611　茨城県笠間市笠間 515-3

Tel 0296-71-9081　Fax 0296-71-9082

笠間来栖支店　〒309-1625　茨城県笠間市来栖 2345-1

Tel 0296-71-0215　Fax 0296-72-5410

出版契約 2025-28291-01012　Printed in Japan

©嶋津格, 2025　　印刷・製本／ワイズ書籍（M）・牧製本

ISBN978-4-7972-8291-7 C3332　分類 321.100 法哲学

JCOPY 〈(社)出版者著作権管理機構　委託出版物〉

本書の無断複写は著作権法上での例外を除き禁じられています。複写される場合は，
そのつど事前に，(社)出版者著作権管理機構（電話 03-5244-5088，FAX 03-5244-5089,
e-mail: info@jcopy.or.jp）の許諾を得てください。

法と哲学 第10号 井上達夫 責任編集

◆2024年刊行最新号◆
巻頭言「この世界の荒海で」(井上達夫)、特集「戦争と正義」、
座談会『法と哲学』の「得られた10年」、そして目指す未来」等を掲載。

◆ 法と哲学新書シリーズ ◆

くじ引きしませんか？
― デモクラシーからサバイバルまで ―

瀧川裕英 編著

◆くじ引きは(どこまで)公正なのか―古代と現代に
　おける空想的事例をめぐって/古田徹也
◆選挙制・任命制・抽選制/岡﨑晴輝
◆くじ引き投票制の可能性/瀧川裕英
◆投票かじゃんけんか？/坂井豊貴
◆くじによる財の配分―リスクの観点から/飯田 高

タバコ吸ってもいいですか
― 喫煙規制と自由の相剋 ―

児玉 聡 編著

◆喫煙はどこまで個人の自由か―喫煙の倫理学/児玉 聡
◆喫煙しない自由からの闘争―喫煙規制問題を倫理学する/奥田太郎
◆医療経済学の立場から見た喫煙と喫煙対策/後藤 励
◆ある喫煙者の反省文/亀本 洋
◆ネオ・ピューリタニズムに抗して―喫煙の人生論と法哲学/井上達夫

法律婚って変じゃない？
― 結婚の法と哲学 ―

山田八千子 編著

◆1 暇人の暇な問い―法律婚や嫡出推定って、変じゃね？/安念潤司
◆2 民法から婚姻を削除するとどうなるか―民法における婚姻の機能とその代替可能性
　　/大島梨沙
◆3 〈婚姻の契約法化〉を契約法から考える―契約・結婚・親密圏/山田八千子
◆4 ロールズにおける家族法と契約法/若松良樹
◆5 熟議的な結婚/田村哲樹
◆6 「結婚でないもの」とは何か/池田弘乃
◆7 家族主義の再生産と宗教の協働―クィア神学から「結婚」を考える/堀江有里

信山社